CAROLIN RÜCKERT   MATTHIAS KERR

Natürlich lernen

CAROLIN RÜCKERT
MATTHIAS KERR

Natürlich lernen

IMPULSE AUS
DER DRAUSSEN-
SCHULE

Schule neu denken:
Was Eltern für eine kindgerechte und
lebensnahe Schulzeit tun können

Wir verwenden meist das generische Maskulinum, häufig in Beispielen aber auch die weiblichen Formen oder manchmal auch einfach beide Geschlechter und so oft es geht ein genderneutrales Ersatzwort. Gemeint sind immer alle Menschen, egal ob Frauen, ob Männer oder alle dazwischen und darüber hinaus.

Penguin Random House Verlagsgruppe FSC® N001967

Copyright © 2024 Kösel-Verlag, München,
in der Penguin Random House Verlagsgruppe GmbH,
Neumarkter Str. 28, 81673 München
Redaktion: Dr. Daniela Gasteiger
Umschlag: FAVORITBUERO, München
Umschlagmotiv: U1 – Sviatlana Yankouskaya/Shutterstock.com;
U4 – lacroix/stock.adobe.com
Innenteil: Carolin Rückert: 10, 66, 150, 187; Getty Images: 59 (Westend61);
iStock.com: 68 (Imgorthand); 185 (Georgijevic); stock.adobe.com:
Vignetten: Biene, Libelle, Vögel (LitaStudio); Blumen (dariachekman); Blätter (lukeruk);
Florale Ornamente (Oleksandra); Fotos: 12 (Ekaterina); 30 (Алексей Синельников);
52 (Frank Lambert); 63 (shangarey); 112, 140 (yanadjan); 148 (Tsagay); 160 (Mangostar);
180 (karelnoppe); 190 (LIGHTFIELD STUDIOS); 222 (Kristin Gründler);
Abbildung mit freundlicher Genehmigung des Rowohlt Verlags: 124;
© 2015 by Center for Curriculum Redesign: 154
Satz: satz-bau Leingärtner, Nabburg
Druck und Bindung: Alföldi Nyomda Zrt., Debrecen
Printed in Hungary
ISBN 978-3-466-31198-9

www.koesel.de

Für Vincent, Theo, Manaia, Hemi
und alle Schulkinder.

INHALT

Wer wir sind

Wir, Carolin Rückert und Matthias Kerr, möchten Sie mit auf eine Reise nehmen. Eine Reise zu einer anderen Art von Schule. Einer Schule, die Kinder nicht nur unterrichtet, sondern auch begeistert, ermutigt und ganzheitlich fördert. Dieses Buch ist eine Einladung, sich für eine Bildung einzusetzen, die unseren Kindern gerecht wird. Die nicht nur Wissen vermittelt, sondern auch Inspiration und Empowerment.

Wir sind ein ungewöhnliches Autorenduo, denn wir haben unterschiedliche Hintergründe: Carolin ist Lehrerin und Gründerin der Draußenschule, einer privaten Grundschule mit einem besonderen Konzept. Matthias ist Elternteil dieser Schule, Wildnispädagoge und Elterncoach. Als Pädagogen, Eltern und engagierte Bürger sind wir nicht nur Beobachter, sondern auch Akteure in einem Bildungssystem, das sich oft mehr um Strukturen als um Schüler kümmert. Unsere eigenen Erfahrungen – privat und beruflich – haben uns gezeigt, dass Schule mehr sein kann und muss als ein Ort des Lernens nach Schema F.

Die Schule sollte ein Ort des Entdeckens, des Wachstums und der Freude sein, ein Ort, an dem Kinder nicht nur Fakten, sondern auch Lebenskompetenz, Neugier und Selbstvertrauen erwerben. Wir wollen eine Schule, die lebensnah ist und Kindern hilft, sich in einer komplexen Welt zu orientieren und zu entfalten. Wir wollen eine Schule, in der Kinder nicht nur aus Büchern lernen, sondern auch für das Leben. Wir wollen Schule anders gestalten.

Schule geht auch anders!

Es ist der Montag nach den großen Ferien. Die ersten Sonnenstrahlen wecken Tom aus seinen Träumen. Er muss wieder in die Schule – und das macht ihm wenig Freude. Beim Frühstück denkt er an den Vormittag, der vor ihm liegt. An Mathe. Eigentlich mag er das Fach, aber der Lehrer ist so langweilig und der Klassenraum so bedrückend. Tom sehnt sich nach den Sommerwochen zurück und stellt sich vor: Wie wäre es, wenn die Schule anders wäre? Ein bisschen mehr wie seine Zeit damals im Waldkindergarten, als jeder Tag voller Spannung und Neugier war – und Neues lernen so natürlich wie atmen?

Ja, wie wäre es? Genau das ist die Frage. Für uns Eltern stellt sie sich so: Muss sich mein Kind dem Schulsystem, so wie es vielerorts derzeit aussieht, anpassen oder gibt es andere Möglichkeiten, Schule zu gestalten?

Wir sind überzeugt: Es gibt andere Möglichkeiten. Wollen wir unsere Schul- und Lernkultur aber wirklich auf breiter Basis ändern, brauchen wir einen großen Einstellungswandel. Wir müssen weg von dem, was andere für selbstverständlich halten, und hin zu dem, was unsere Kinder wirklich brauchen. Dieses Buch ist daher ein Appell, die Schulen weiter zu öffnen und Bildung neu zu denken. Es richtet sich vor allem an Eltern, um ihnen andere Blickwinkel auf das zukünftige Lernen ihrer Kinder zu eröffnen, mögliche Wege dahin aufzuzeigen – und Impulse zu geben, mit welcher Haltung sie die Entwicklung und das Lernen ihres Kindes best-möglich begleiten können. Aber auch veränderungsbereite Lehrkräfte, die erste Schritte wagen wollen, werden viele Anregungen finden.

NATÜRLICH LERNEN HEISST FÜRS LEBEN LERNEN

»Jetzt beginnt der Ernst des Lebens«, sagt man scherzhaft, wenn Kinder ein-geschult werden. Was heißt das eigentlich? Heißt das: Die Zeit für Spiele, für freies Toben in der Natur – vorüber? Sich kreativ ausleben, mal laut sein und dann wieder nachdenklich – passé? Der »Ernst des Lebens« ist ein merkwürdig fatalistischer Begriff angesichts der Tatsache, dass diese klei-nen Menschen gerade erst den Kindergarten hinter sich gelassen haben. Und einer, die sich hoffentlich nicht erfüllt. Denn das Leben und Lernen an Schulen sollte für unsere Kinder nicht schwer sein, sondern ihnen leicht-fallen.

Auch für uns Eltern bricht mit dem Schulstart eine neue Ära an. Wir fra-gen uns: Hausaufgaben begleiten, sein Kind auf Tests und Klassenarbeiten vorbereiten – was wird die Schulzeit für unseren Familienalltag bedeuten? Inwieweit wollen oder müssen wir uns als Eltern in die Aufgaben, die die Schule mit sich bringt, hineinbegeben? In diese Gedanken mischt sich auch die eine oder andere Sorge: Unser Kind ist doch noch so klein? Wird es Pro-bleme haben, sich an die Schule zu gewöhnen, sich in der neuen Umgebung zurechtzufinden? Wird mein Kind noch als Person und Persönlichkeit ge-sehen oder wird es in der Gruppe untergehen? Wird es darunter leiden, ständig bewertet zu werden, ständig unter dem Druck zu stehen, abliefern zu müssen?

Aus vielen Gesprächen und den Bewerbungen für die Draußenschule wis-sen wir, dass viele Eltern sich eine andere Schulpraxis für ihr Kind wünschen, in der diese Sorgen zum großen Teil unbegründet sind. Vor allem drei Hoff-nungen begegnen uns immer wieder:

Viele Eltern wünschen sich ein schulisches Umfeld, das stärker auf die Bedürfnisse ihres Kindes eingeht. Das Kind soll mit all seinen Stärken und Schwächen wahrgenommen werden. Es geht um Akzeptanz und Annahme. Dieser Wunsch richtet sich ganz klar an die Lehrerinnen und Lehrer, die nicht nur belehren, sondern auf die Individualität des Kindes eingehen, es verstehen, fördern, fordern und auch eine Bindung zu ihm aufbauen.

Auch das Wie des Lernens steht ganz oben auf der Wunschliste. Oft geht es um Entschleunigung, mehr Ruhe, Zeit, Lernen im eigenen Tempo, weniger Ellenbogenmentalität bei gleichzeitigem Konformitätszwang. Das berüchtigte Lernhamsterrad empfinden nur wenige als nachhaltig und sinnstiftend. Lebensnah, aktiv, fächerübergreifend und konkret – so sollte Lernen sein. Und nicht Noten sollen im Vordergrund stehen, sondern andere Formen der Leistungsmessung und Rückmeldung.

Das Kind in seiner Einzigartigkeit wahrnehmen und individuell fördern, aber auch zur Gemeinschaft erziehen – dieser Spagat ist für viele Eltern ebenfalls entscheidend. Es braucht ein gutes Schulklima ohne übertriebenes Konkurrenzdenken, damit dieses »Wir« sich entfalten kann. Schule soll ein Ort sein, an dem angstfreies, kooperatives Lernen selbstverständlich ist.

Unser Ansatz dafür, den wir Ihnen in diesem Buch vorstellen wollen, heißt »Natürlich lernen«. Was verstehen wir darunter? Es geht uns nicht um eine verlorene vermeintliche »Natürlichkeit«, die uns in der schnellen, digitalen Welt plötzlich schulisch abhandengekommen ist. Diese Welt des 21. Jahrhunderts denken wir vielmehr ganz explizit mit. Natürliches Lernen bedeutet, den Blickwinkel um 180 Grad zu drehen und ein neues Mindset zu schaffen: Schule muss sich mehr an den Bedürfnissen der Kinder orientieren, ganz so, wie viele Eltern es sich wünschen – nicht umgekehrt. Es kann nicht der Sinn einer Bildungseinrichtung sein, Kinder so lange an das Schulsystem anzupassen, bis sie funktionieren: Bücher raus, Brezelarme machen, Leise-Fuchs-Zeichen, Frontalreihen, langes Sitzen am

Platz, bloß nicht reden. Wir haben viele Regeln und allgemeine Standards in der Schulpraxis etabliert, die unhinterfragt praktiziert werden. Aber warum so und nicht anders?

SCHULE IST LEBENSRAUM

Wenn unsere Kinder ein gutes und glückliches Leben führen sollen, müssen wir uns dringend darüber austauschen, was Schule dafür leisten muss. Für uns heißt das vor allem, Schule als Lebensraum zu begreifen, in dem nicht nur Leistung, sondern vor allem auch das soziale Miteinander zählt. Wir dürfen nicht vergessen: Für unsere Kinder ist die Schule nicht nur ein Ort, an dem sie ein paar Stunden pro Woche etwas lernen und betreut werden. Sie verbringen einen Großteil ihrer Zeit in der Schule. Durchschnittlich mehr als 38,5 Stunden pro Woche arbeiten sie für die Schule. Im Vergleich: Nur 18 Stunden entfallen auf die Familie. Es ist ein Vollzeitjob, zu dem unsere Kinder zwölf Jahre lang verpflichtet sind. Ohne die Zeit für Hausaufgaben und die Vorbereitung auf Prüfungen zu berücksichtigen, verbringen unsere Kinder 10 000 bis 12 000 Stunden ihres Lebens in der Schule. Hier finden sie Freunde fürs Leben und ihre erste große Liebe, müssen Konflikte austragen und werden mit Eigen- und Fremd-erwartungen konfrontiert. Es geht also um viel mehr als nur darum, den Bildungsplan abzuarbeiten. Unser Ziel bei der Transformation unse-rer Schullandschaft muss eine umfassende Bildung sein, die den ganzen Menschen im Blick hat – nicht nur als *animal rationale*, sondern auch als fühlendes und soziales Wesen.

Darum muss Schule unseren Kindern sichere Bindungen ermöglichen, ihrem Wunsch nach mehr Selbstbestimmung und Eigenaktivität Raum geben und dazu beitragen, dass sie sich kompetent fühlen in dem, was sie tun. Sie soll unsere Kinder in die Lage versetzen, mit den Herausforderun-gen des Lebens und gesellschaftlichen Herausforderungen aktiv umzugehen.

Passiv herumsitzen und vor allem der Frontalunterricht, bei dem meist nur im Frage-Antwort-Modus beigetragen werden darf, sind dafür kontraproduktiv.

Wie können wir den Unterricht nun in zeit- und kindgemäßere Formen überführen? Dazu gehört vor allem ein Lernen in Bewegung und mit allen Sinnen, denn das kommt lerntheoretischen Erkenntnissen zufolge der natürlichen Neugier unserer Kinder entgegen. Sie sollen selbst Erfahrungen machen dürfen, erkunden, erforschen, explorieren, um sich die Welt des Wissens zu erschließen. Allzu oft sehen wir Schulen (noch) als geschlossene Räume – öffnen wir sie! Denn das »Draußen-Sein« gehört zum natürlichen Lernen unbedingt dazu. Das kann in der Natur sein, in Wäldern, an Bächen, Flüssen und Feldern. Aber auch der Schulhof und die regionalen Kulturräume sind eine tolle Lernumwelt. Wieso nicht einfach mal Mathe auf dem Markt machen? Es gibt viele Möglichkeiten, den Stoff nach draußen zu bringen – praxisnah und anschaulich. Einige davon möchten wir an Impulsen aus dem Schulalltag der Draußenschule beispielhaft aufzeigen, in der wir viele Formate und Ideen für einen kindgerechten Unterricht umsetzen.

Wie Schule aussehen kann, um unseren Kindern ein an ihren Bedürfnissen ausgerichtetes Lernen zu ermöglichen, gilt es also neu zu verhandeln und dafür konzeptionelle Lösungen zu finden. Eins ist aber auch klar: Einfache Lösungen, die allerorts funktionieren, gibt es nicht. Schulen brauchen mehr Freiheit für die individuelle Gestaltung vor Ort.

GEMEINSAM DEN ERSTEN SCHRITT GEHEN

Wenn wir uns um die Zukunft unserer Kinder sorgen, müssen wir bei uns selbst anfangen, unsere Einstellung, Sichtweisen und unser Engagement in und für die Schulen verändern. Die Verantwortung für die Gestaltung unserer Schulen abzugeben ist einfach. Alle Missstände auf »das System« zu schieben und abzuwarten, bis »die da oben« endlich etwas für die Kleinsten in unserer Gesellschaft tun, bringt uns aber nicht weiter. Es liegt an uns selbst, die Verantwortung zu übernehmen. Aber die gute Nachricht ist: Sie, wir alle, können das gemeinsam schaffen. Es gibt viel zu tun – fangen wir an.

Die Natur unserer Kinder

Kennen Sie diese Snickers-Werbungen aus den 2010er-Jahren? Die Clips sind inzwischen etwas in die Jahre gekommen, bringen aber wundervoll auf den Punkt, was passiert, wenn unsere Grundbedürfnisse nicht erfüllt werden. Die hungrigen und schlecht gelaunten Protagonisten in der Werbung beißen in den Schokoriegel, atmen auf und verwandeln sich von einer Diva wieder in einen entspannten Menschen. Am Ende sagt eine raue Männerstimme: »Du bist nicht du, wenn du hungrig bist!«

Wir kennen das nur zu gut: Wenn der Hunger kommt oder die Müdigkeit, wenn es zu kalt oder zu heiß ist, dann geht einfach gar nichts mehr so richtig gut, weder bei unseren Kindern noch bei uns selbst. Wir reagieren gereizt, ungeduldig und empfindlicher als sonst. Fragen wir uns als Eltern, was in der Schule gegen die Bedürfnisse unserer Kinder läuft, dann wird es hoffentlich nur selten um diese körperlichen Grundbedürfnisse gehen. Sicher, die Schule startet (zu) früh und müde Gesichter stehen morgens bei vielen auf der Tagesordnung. Manchmal ist das Frühstück zu Hause vor lauter Zeitdruck zu knapp ausgefallen und in den ersten Stunden knurrt der Magen. Aber neben den körperlichen gibt es eben auch psychologische Grundbedürfnisse. Sie sind so selbstverständlich, dass es uns fast verwundert, dass wir

darüber sprechen müssen. Aber es besteht definitiv Redebedarf! Denn die
Schule muss viel mehr tun, als für ausreichend Essenspausen zu sorgen. Sie
muss auch den Rahmen bieten, dass Kinder Geborgenheit und Selbstwirksamkeit erleben. Darum geht es im Kern, wenn wir von Natürlich Lernen und
einer kindgerechten und lebensnahen Schule sprechen. Und wenn wir uns
als Eltern die emotionalen Bedürfnisse unserer Kinder bewusst vor Augen
führen, können wir ihre Entwicklung und ihr Lernen sensibel und stärkend
begleiten.

GRUNDBEDÜRFNISSE: BINDUNG, AUTONOMIE, KOMPETENZ

Drei psychologische Grundbedürfnisse lassen sich als gemeinsamer Nen-
ner festhalten: Bindung, Kompetenz und Autonomie.[1] Sie sind die »Voraussetzung für eine gesunde Entwicklung«, schreibt die Psychologin Fabienne
Becker-Stoll. Das gilt insbesondere in der frühen Kindheit, weil Kinder
»gänzlich und existenziell von ihrer Umwelt abhängig sind, um ihre
physischen und psychischen Grundbedürfnisse befriedigen zu
können«.[2] Sehen wir uns diese Grundbedürfnisse der Reihe
nach einmal an.

Eine sichere **Bindung** ist unser wichtigstes psychologisches
Grundbedürfnis. Kinder haben ein Bedürfnis nach bestän-
digen liebevollen Beziehungen, nach Geborgenheit, Liebe, Zu-
wendung und Unterstützung. Bei Bindung geht es um enge zwi-
schenmenschliche Beziehungen, um Verlässlichkeit, Ansprechbar-
keit, Gemeinschaft, Nähe, Echtheit und Wärme. Kinder brauchen ein
gutes und verlässliches Bindungsangebot, ein Gegenüber, das emotional verfügbar ist. Uns als Eltern ist klar, wie wichtig das ist. Wir

versuchen möglichst feinfühlig zu reagieren, den Alltag ohne Überforderung zu strukturieren, aufmerksam zu sein, ohne ständig zu regulieren, und vor allem unsere Kinder mit echtem Wohlwollen zu begleiten. Denn für unsere Kinder da zu sein, bedeutet nicht nur körperliche Anwesenheit. Sind wir als Bindungspersonen nicht in der Lage, für unsere Kinder auch auf der Gefühlsebene verfügbar zu sein, hat das häufig Folgen für die psychosoziale Entwicklung. Es lässt sich beispielsweise zeigen, dass Kinder emotional nicht verfügbarer Bindungspersonen eher kontaktscheu werden. Unter anderem sind ihre Affekte manchmal nur flach ausgebildet, das heißt, sie zeigen nur wenig konkrete Gefühlsregungen bei äußeren Reizen.

Wir Eltern sind nicht immer in der Lage, emotional erreichbar zu sein, denn zu unserem Alltag gehört Stress. Diese negative Energie lassen wir dann manchmal ganz ungefiltert auf eine ohnehin schon ungünstige Situation los, nämlich dann, wenn unsere Kinder frustriert sind. Dann rutscht uns vielleicht häufiger, als uns lieb ist, ein wütendes »Reiß dich doch jetzt mal zusammen!« raus oder ein »Ist doch gar nichts passiert!«, obwohl unser Kind gerade gestürzt ist. In solchen Situationen muss uns eines aber bewusst sein: Es ist sehr wohl etwas passiert, und damit sollten wir unser Kind nicht allein lassen. Emotionsregulation ist etwas, das es vor allem von uns lernen muss. Ein emotional unausgeglichener, ärgerlicher, aggressiver oder wütender Erwachsener ist entsprechend ganz und gar nicht hilfreich, um die eigenen vielen komplizierten Gefühle auf die Reihe zu bekommen. Es gilt also »Trösten immer!« und »Meine Ruhe ist deine Ruhe«. Ich als Bindungsperson ändere mich, ich beruhige mich, ich bin emotional für dich da, damit du mit meiner Hilfe lernen kannst, dich zu beruhigen.[3]

Gute Bindungserfahrungen zu Hause sind auch für die Schule wichtig. Sie bilden eine Grundvoraussetzung für unsere Kinder, um überhaupt für Lerninhalte aufnahmebereit zu sein. Und wenn Kinder zu Hause keine emotional ansprechbaren Erwachsenen um sich haben, lässt sich das im Klassenzimmer nur bedingt auffangen. Dabei ist auch die Lehrkraft für die Kinder eine wichtige Bindungsperson. Wenn sie eine große Klasse mit vielen, ganz unterschiedlichen Kindern begleitet, ist das aber nicht so einfach zu stemmen. Fürsorge und Verständnis auch in schwierigen Situationen aufbringen, sich empathisch in die Erfahrungswelt der Kinder einfühlen und auch die unterschwelligen Signale erkennen: Das setzt eine ganze Menge von Fähigkeiten voraus, die derzeit zumindest nicht in erster Linie Bestandteil der Lehrerausbildung sind.

Das zweite Grundbedürfnis, die **Kompetenz**, hat viel damit zu tun, wie wir uns selbst wahrnehmen. Wir wollen wertgeschätzt werden – von anderen, aber vor allem von uns selbst. Dafür brauchen wir positive Erlebnisse, gute Erfahrungen, die uns das Gefühl geben, kompetent zu sein. Kompetente Kinder interagieren erfolgreich mit ihrer Umwelt. Dabei bekommen sie ein positives Feedback und lernen gleichermaßen, negative Rückmeldungen zu verhindern. Das macht etwas mit unseren Kindern. Sie fühlen sich wertvoll, gesehen und anerkannt. Nun ist das Bildungs- und ganz besonders das Benotungssystem an unseren Schulen nicht gerade darauf ausgelegt, primär positive Ergebnisse rückzumelden. Das Schulsystem, aber auch viele Eltern sind eher fehlerorientiert. »Überall steht nur, was ein Kind nicht kann, wie viele Fehler es gemacht hat und was es unbedingt verbessern muss«, schreibt Gunda Frey in ihrem Buch *Kindern geben, was sie brauchen*.[4] Die Kinder werden dadurch nicht etwa herausgefordert und ermutigt, sondern demotiviert – ihr Selbstwertgefühl sinkt. Unsinnige Verallgemeinerungen etwa, die uns viel zu häufiger über die Lippen kommen, wie zum Beispiel »Immer machst du …« oder »Nie kannst du …« können in dieser Atmosphäre zu einer *Selffulfilling Prophecy* werden.

Für uns Eltern ist das schon sehr früh ein Thema. Bereits in der Schwangerschaft kann es leicht passieren, dass wir uns wie beiläufig einen fehlerorientierten Blick auf unser noch ungeborenes Kind angewöhnen. Pränatale Tests wie Blut-, Urin- oder Fruchtwasseruntersuchungen, aber auch schon der Ultraschall sind der besorgten Suche nach Entwicklungsfehlern und -defiziten gewidmet. Nach der Geburt geht es direkt weiter damit. Für jeden noch so kleinen Entwicklungsschritt gibt es eine entsprechende Abbildung auf einer Normkurve. Das reicht aber noch nicht, denn sogar innerhalb der Norm wird dieser seltsam besorgniserregende untere oder obere Normbereich der Kurve definiert, um auch die Frage »*Wie normal ist dieses Kind denn nun ganz genau?*« beantworten zu können.

Diese Tests und Normkurven haben natürlich ihre Berechtigung. Etwa einen Förderbedarf rechtzeitig festzustellen, heißt ja auch, Unterstützung in Form von Therapien und anderen Hilfestellungen zu bekommen. Aber ganz unbewusst lernen wir als Eltern teilweise noch vor Kita, Kindergarten und Schule, uns viel zu sehr darauf zu konzentrieren, was unser Kind noch *nicht* ist, was es noch *nicht* kann, wohin es noch kommen muss – und verlieren dabei allzu leicht aus dem Blick, was unser großartig kompetentes Kind eigentlich bereits jeden Tag an vielfältigen Herausforderungen erfolgreich meistert. Problematisch daran ist besonders, dass aus dieser fehlerorientierten Perspektive früher oder später kindliche Realität werden kann. Denn irgendwann verinnerlichen unsere eigentlich sehr kompetenten Kinder diese negativen Glaubenssätze vielleicht. Dann ziehen sie sich womöglich in den Selbstwertschutz zurück. Sie werden schweigsam, zurückhaltend, verschlossen, ängstlicher oder im Gegenteil laut und ungebremst wütend – die Bindungsqualität und unser Kind fangen an zu leiden.

Hinter **Autonomie** schließlich steht das psychische Grundbedürfnis nach Selbstbestimmung. Das können wir als Erwachsene sicher absolut nachvollziehen. Hier sind wir mitten in einem herausfordernden Spagat, wenn wir unsere Kinder durch den Alltag bugsieren: Es gibt unheimlich viele Situationen, in denen wir die Freiheit und Selbstbestimmung unseres Kindes einschränken, zum Beispiel, um es zu schützen. Wir lassen unsere kleineren Kinder beispielsweise nicht frei wählen, wann und wo sie die Straße überqueren wollen. Das ist ein klarer Fall. Die Herausforderung besteht eher darin, sich in den uneindeutigen Momenten des Tages zu fragen, ob es jetzt eigentlich wirklich notwendig war, die Freiheit und Selbstbestimmung so (pro-)aktiv einzuschränken.

Ein Beispiel für eine solche typische Nadelöhrsituation, wie ich es als Vater gerne nenne: Ich versuche alles Menschenmögliche, um das Haus pünktlich mit meinen Kindern für eine Verabredung mit Freunden zu verlassen. Alles läuft prima, wir sind gut in der Zeit. Meine Kinder sind aufgeregt und freuen sich. Und dann, sobald wir in den Flur und Richtung Wohnungstür gehen, passiert es: Meinem Sohn, vier Jahre, fallen mindestens drölftausend Dinge ein, die jetzt unbedingt und mit absoluter Notwendigkeit, noch passieren müssen. Taschen werden neu gerichtet, Kuscheltiere rangeschleppt. Die Tür wird in meinen Augenwinkeln immer kleiner und kleiner – sie schrumpft zum Nadelöhr. Was mache ich? Ich erhöhe den Druck, denn ist die Öffnung kleiner, muss ich, so sagt es mir mein Primatenhirn, wahrscheinlich nur kräftig schieben, damit wir alle noch durchpassen. Mein Stresspegel steigt! Mein Sohn weigert sich, die Jacke anzuziehen, es regnet draußen ein bisschen, er will keine Schuhe, es herrscht Geschrei.

Jetzt habe ich zwei Möglichkeiten: Ich schnappe ihn mir, ziehe ihm die Jacke an und schleppe ihn kurzerhand ins Auto. Ich schränke sein Bedürfnis nach Selbstbestimmung und Freiheit aktiv ein, um pünktlich zur Verabredung zu kommen. Oder ich nehme mich zurück, gebe ihm Orientierung, aber akzeptiere, dass er ohne Jacke und Schuhe rausgeht – er wird schon merken, dass es kalt ist. Ich komme seinem Bedürfnis nach Autonomie nach, lasse ihn über seinen Körper bestimmen, und komme vermutlich genauso schnell ans Ziel (packe die Schuhe aber ein). Und falls nicht: Wenn wir ehrlich sind, kommt es auf die fünf Minuten in den seltensten Fällen wirklich an. Ich lehne mich mal aus dem Fenster mit der Annahme, dass alle Eltern ähnliche Situationen kennen.

Es liegt also an uns Erwachsenen, entsprechende Räume zu schaffen, in denen Kinder die Möglichkeit haben, den eigenen Grundbedürfnissen gemäß leben zu können. In der Schule hat diese Frage noch eine andere

Dimension. Die Schule ist als soziale Gemeinschaft in der Regel heterogener und größer als die Familie. Lehrerinnen und Lehrer leisten diesen Spagat idealerweise ständig: Sie versuchen, dem einzelnen Kind so weit wie möglich Selbstbestimmung zuzugestehen, müssen diese aber manchmal zum Wohl eines anderen oder der Gemeinschaft einschränken.

Schule muss entsprechend auch Strukturen und Orientierung schaffen. Klaus Grawe sieht darin sogar ein eigenständiges Grundbedürfnis:[5] Orientierung meint dabei etwas sehr Positives, nämlich einen klar konstruierten Möglichkeitsraum zu haben, der die (emotionale) Sicherheit bereitstellt, sich selbstständig mit sich und der Welt auseinandersetzen zu dürfen, sich auszuprobieren und Herausforderungen zu begegnen. Orientierung geben etwa klare Tagesstrukturen, feste Bezugspersonen, bestimmte gemeinschaftlich beschlossene Regeln oder Rituale.

Die Kinder verbringen unheimlich viel Lebenszeit in der Schule. Entsprechend ist es auch wichtig, eine Arbeitsatmosphäre zu schaffen, in der alle Beteiligten, Kinder wie Lehrkräfte, zur Ruhe kommen und sich konzentrieren können. Die Kinder balancieren immer wieder an ihren Grenzen entlang, stoßen dagegen oder reiben sich an den Grenzen ihrer Mitmenschen. Wir Erwachsenen – in der Schule und als Eltern – müssen sie dabei begleiten, ihre Grenzen kennenzulernen und mit ihnen zu wachsen. Dazu gehört aber auch, in einer Gemeinschaft zu lernen, dass die eigenen Grenzen oft ganz andere sind als beispielsweise die meiner Mitschülerinnen, Lehrer oder Eltern. Genau dafür braucht es Struktur und Orientierung. Und auch darin sollten Eltern und Schule eine Partnerschaft eingehen, die auf gegenseitiger Anerkennung und Vertrauen basiert und Ausdruck in einem regen, wertschätzenden Austausch findet. Denn es wird notwendigerweise in einer Entwicklungs- und Wachstumsumgebung wie der Schule immer wieder zu Reibungen kommen. Wo sich keiner einmischt und niemand verantwortlich fühlt,

25

kann auch keine gute Gemeinschaft entstehen. Dazu, wie wir als Eltern eine gute Beziehung zur Schule aufbauen, lesen Sie mehr im Kapitel *Eltern und Schule: Für gemeinsame Werte und eine gute Erziehungspartnerschaft.*

FREMDERWARTUNGEN VERSTOSSEN GEGEN DIE NATUR VON KINDERN

Wir brauchen Menschen, die dazu bereit sind, unseren Kindern zu Hause und in der Schule das Gefühl zu vermitteln, ihre Grundbedürfnisse ausleben zu können und zu dürfen. Denn Kinder entwickeln Störungen, so Gunda Frey, »weil sie in ihrer Entwicklung gestört wurden«. Wenn Kinder ihren Bedürfnissen nicht nachkommen können, weil sie nicht ausreichend (emotional) oder auch zu viel (erdrückend) begleitet werden, entwickeln sie Verhaltensauffälligkeiten, Strategien, um das negative Gefühl beim nächsten Mal zu vermeiden oder zu kompensieren.

Natürlich stören wir Erwachsene unsere Kinder nicht bewusst und mit Absicht. Umso wichtiger ist es, achtsam zu sein und wieder zu lernen, aus den Augen der Kinder zu sehen. Denn ob wir wollen oder nicht: Unsere Kinder werden in der Schule und auch zu Hause, auf dem Spielplatz und im Sportverein immer wieder zum Objekt bestimmter Vorstellungen gemacht. Diese Beobachtung nimmt der Neurobiologe Gerald Hüther zum Ausgangspunkt seiner Theorie der Potenzialentfaltung.[6] Es tut weh, wenn man immer wieder das Objekt von Erwartungen und Hoffnungen anderer wird. Es lässt sich sogar zeigen, dass bei Gefahr, aus der sozialen Gemeinschaft ausgeschlossen zu werden – und das droht unangepassten Kindern – im kindlichen Gehirn die gleichen Netzwerke wie bei körperlichem Schmerz aktiviert werden. Ein Kind, dass zum ersten Mal erlebt, dass es so, wie es ist, nicht richtig ist, muss sich möglichst schnell und erfolgreich darum bemühen, dieses Problem zu beheben – denn als Objekt behandelt zu werden ist ganz und gar nicht schön!

In der Schule werden die Kinder in vielerlei Hinsichten zu Objekten von Fremderwartungen. Das kann problematisch sein. Zunächst einmal, und das ist kein Geheimnis, hat Schule viel mit Leistung zu tun. Da sie dabei, wie bereits angedeutet, gleichzeitig eher fehlerorientiert ist, entsteht Druck. Unsere Kinder müssen abliefern! Bestenfalls sollen sie acht Stunden am Tag funktionieren, sowohl was ihre Kompetenzentwicklung angeht als auch im Umgang mit der Klassengemeinschaft. Schlagworte wie »Burnout im Kinderzimmer« sind bekannt, Depressionen, Kopfschmerzen, Übelkeit und andere Stresssymptomen nehmen schon bei Grundschulkindern zu. Ob der Stress real oder »eingebildet« ist – was auch immer das bei einem Kind heißen soll – spielt überhaupt keine Rolle, denn die Symptome sind die gleichen. Können unsere kompetenten Kinder den an sie gerichteten Erwartungen nicht gerecht werden, ist ihr Bedürfnis nach Kompetenz in Gefahr. Sie gehen womöglich, den Effekt nur noch verstärkend, in den Selbstwertschutz. Haben diese manchmal auch wenig resilienten Kinder keine emphatischen, emotional erreichbaren Erwachsenen um sich, kann das sie in ihrem Bedürfnis nach Bindung verletzen.

Die Schule oder vielmehr die Bildungspolitik, und das wird in den Kapiteln *Growth Mindset* und *Lernen ohne Noten* noch Thema sein, tut sich und allen Beteiligten keinen Gefallen damit, defizitorientiert Leistung einzufordern. Der übermäßige Leistungsdruck kommt aber nicht allein von den Schulen. Auch zu Hause gibt es manchmal Erwartungen, die auf die Schultern der Schulen und Schulkinder gleichermaßen geladen werden. Dahinter steckt vor allem Zukunftsangst: »Was soll nur aus meinem Kind werden, wenn es schon in der Schule Probleme hat? Mein Kind muss doch richtig auf eine immer gnadenlosere Arbeitswelt vorbereitet werden!« Das ist eine Fremderwartung, gespeist aus den eigenen elterlichen Sorgen und (negativen) Glaubenssätzen – letztlich auch aus der Angst vor dem sozialen Abstieg.

»Der Tag, an dem wir beginnen, uns Gedanken über die Zukunft zu machen, ist der Tag, an dem wir unsere Kindheit hinter uns lassen« schreibt Patrick Rothfuss in seinem Bestseller-Roman *Der Name des Windes* und trifft damit den Nagel auf den Kopf. Nur, dass es eben nicht unsere Kinder sind, die sich viel zu früh schon viel zu viele Gedanken über ihre Zukunft machen, sondern wir als ihre Eltern können die mögliche Zukunft unserer Kinder einfach oft nicht so recht erwarten und schauen ihr mitunter zunehmend besorgt entgegen. Das ist verständlich. Wir dürfen nur mehr darauf achten, die Kindheit von heute nicht einer vollkommen ungewissen Zukunft wegen zu opfern, indem wir diese wundervolle Zeit im Leben unserer Kinder mit unseren eigenen Ängsten, Sorgen, Vermutungen, Hoffnungen, Weisheiten und Träumen überlagern.

NATÜRLICH STATT FREMDBESTIMMT LERNEN

Wie nun dem kindlichen Bedürfnis nach Autonomie im Schulalltag ausreichend Platz einräumen – mit dieser Herausforderung haben unsere Schulen strukturell sicher am stärksten zu kämpfen. Unsere Kinder wollen lernen, sie wollen Erfahrungen sammeln dürfen (positive, aber auch negative) und die Welt mit allen Sinnen erforschen; sich wortwörtlich spielerisch die Welt selbst aneignen und sie nicht einfach vorgekaut bekommen und passiv erfahren. Natürlich lernen, das bedeutet, dazu angeregt zu werden, der eigenen kindlichen Neugierde nachgeben zu dürfen, einfach mal zu machen und Kraft des eigenen Vermögens, des eigenen Mutes, die Fragen selbst zu entdecken, die sich an jeder Ecke aufdrängen wollen. Weniger sitzen, mehr in Bewegung sein, mehr draußen sein, mehr selbst forschen dürfen. Und dazu braucht es Freiheit und Selbstbestimmung, in der Schule wie auch im Kinderzimmer, im Garten, Wald und Park. Da, wo unsere Kinder sich ungestört bewegen können, manchmal begleitet, aber auch ganz allein, findet Lernen statt. Immer. In der ein oder anderen Form lernen unsere Kinder sich selbst und sich in der Welt immer genau dann besser kennen, wenn sie die Chance haben, sich dieses Wissen selbst anzueignen. Als Eltern wollen wir diese Form der Autonomie unbedingt fördern, denn dass unsere Kinder als selbstständig denkende Menschen wachsen, ist unbestreitbar ein Anliegen an jede Form der Begleitung oder Erziehung. Zu Hause fördern wir also diese spielerische, selbstwirksame Weltaneignung. In der Schule sollten wir sie fordern!

Denn diese Art der Pädagogik findet an staatlichen Schulen kaum statt, es sei denn, es gibt besonders engagierte Lehrkräfte oder Schulleitungen, die außerhalb des Unterrichts unbezahlt Zeit und gegebenenfalls eigene finanzielle Mittel mobilisieren. Das scheint mir nicht fair, insbesondere, da ihr Auftrag so wichtig für die Zukunft in dieser Gesellschaft und auf diesem Planeten ist. Schule muss ein Ort sein, der die Strukturen und den Freiraum bietet, aber auch die Grenzen definiert und einfordert, innerhalb derer Kinder selbstwirksam sein können; autonom und selbstbestimmt ihrem Bedürfnis nach innerlicher und äußerlicher Freiheit nachkommen können. Am Ende der vielen Jahre in der Schule sollen aus diesen Kindern schließlich mündige Jugendliche und Erwachsene werden.

Die Natur des Lernens

Wenn es unser Ziel ist, Lernen natürlicher zu gestalten, dann müssen wir auch den Lebens- und Erlebensraum unserer Kinder wieder natürlicher gestalten. Dazu brauchen wir grundsätzliche Erkenntnisse, was die kindliche Entwicklung fördert und was eben nicht. Wie lernen Kinder eigentlich? Was brauchen sie dafür und was nicht? Wie erfüllen wir dabei ihre psychologischen Grundbedürfnisse? Ein Blick in die Lerntheorie zeigt: Wir können unsere Kinder beim Lernen gut begleiten, wenn wir jedes Kind in seiner ganzen Individualität respektieren und ihm Raum geben, die Welt über möglichst viele eigene Erfahrungen zu erschließen, in dem Modus, den es am meisten liebt: Spiel und Bewegung.

JEDES KIND LERNT INDIVIDUELL

Jeder Mensch lernt anders. Lernen ist ein individueller Prozess, der auf zahlreichen persönlichen Erfahrungen aufbaut: Die Sinneseindrücke, die ein Kind im Laufe seines bisherigen Lebens gesammelt hat, die Einflüsse seiner Umgebung wie Gerüche, Geräusche, Nahrung sowie Bräuche und Rituale unterscheiden sich von Familie zu Familie und ebenso in unterschiedlichen

Kulturkreisen. Wie Kinder ihre Welt wahrnehmen, hat großen Einfluss auf das Lernen. Dazu können wir gleich einen kurzen Lerntest mit uns selbst machen.

Bitte legen Sie einen Stift bereit und schauen Sie sich gleich zehn Sekunden lang die Buchstabenfolge unten an. Anschließend decken Sie sie ab und versuchen mal, die Buchstaben in der richtigen Reihenfolge am Rand des Buches zu notieren.

L r d S s u s r d S

Was konnten Sie davon wiedergeben? Wie sind Sie vorgegangen? Vermutlich haben Sie sich eher die ersten Buchstaben merken können. Oder Sie haben Buchstaben gruppiert und versucht, sich diese Kombination zu merken, zum Beispiel »Ssus«?

Unser Gehirn versucht sofort, bekannte Strukturen zu erkennen. Sie werden alle Buchstaben sofort und fehlerfrei reproduzieren können, wenn Sie nur einen kleinen Hinweis bekommen: Es sind die Anfangsbuchstaben der ersten beiden Sätze von *Leise rieselt der Schnee.*

Was aber, wenn wir etwas lernen sollen, zu dem wir bisher keine Verbindung aufgebaut haben? Uns stehen dann keine Vorerfahrungen zur Verfügung.

Schauen Sie sich einmal 20 Sekunden lang die nun folgende Buchstabenfolge an. Decken Sie sie ab und versuchen die Buchstaben in der richtigen Reihenfolge am Rand des Buches zu notieren.

නිදහස

Das ist das singhalesische Wort für *Freiheit*. Da wir die Buchstaben nicht gelernt haben, gelingt uns die Wiedergabe kaum – außer wir haben das Talent, uns Formen besonders rasch einprägen zu können. Im Normalfall können wir aber an nichts Bekanntes anknüpfen. Das macht es ungleich schwerer.

Wir können uns das so vorstellen: Indem wir wiederholt Informationen aufnehmen, entstehen sinnbildlich im Gehirn aus kleinen vernetzten Trampelpfaden zwischen den Synapsen gut begehbare Wege, schließlich Straßen und letztendlich Autobahnen. Je öfter und kontinuierlicher wir eine bestimmte Information aufnehmen, desto bewusster und abrufbarer wird sie.

Gibt es nun einen optimalen Weg, wie wir lernen? Ja, aber dieser Weg unterscheidet sich tatsächlich von Kind zu Kind. Es gibt drei Lerntypen, die auch in Mischungen auftreten können: Der erste hat ein gutes visuelles Gedächtnis, der zweite kann eher durch Zuhören lernen, während ein dritter Typ das Anfassen und konkrete Tun favorisiert. Die Art und Weise, wie eine Lehrperson den Unterricht aufbereitet, spricht damit nicht alle gleichermaßen an. Wie erfolgreich ein Kind lernt, hat also viel damit zu tun, auf welche Darbietungsform es anspringt und welche Form von Intelligenz angesprochen wird. Manchmal sind die Lernmuster leider so grundverschieden, dass Lernende mit der Art und Weise, wie Informationen vermittelt werden, überhaupt nicht klarkommen und keinen Lernkanal aktivieren können.

Was wir wissen, haben wir somit individuell selbst konstruiert – es lässt sich also auch nicht 1:1 von einer Person auf die andere übertragen. Das birgt eine gewaltige Schwierigkeit: Wir können von außen nicht sehen, *wie* Lernende Informationen abspeichern, *welches* Abbild der Realität sie individuell formen und welche Interpretationen sie vornehmen. Unsere vermeintliche objektive Wirklichkeit »da draußen« gibt es also nicht. Sie durchläuft bei jedem Einzelnen den Filter der Wahrnehmung und Sinne und wird von uns selbst hergestellt. Das bedeutet jetzt nicht, dass wir »3 x 4 = 12« anzweifeln müssen. Der Weg aber, von welchen Erkenntnissen ausgehend wir zu diesem Ergebnis kommen, kann individuell sehr unterschiedlich ausfallen. Viele Kinder entwickeln oft ganz eigene Rechenstrategien, die wir vielleicht von außen gar nicht so einfach nachvollziehen können, auch wenn sie zum gleichen Ergebnis führen.

Ob wir bestimmte Denkmuster, Texte oder Kommunikation leichter oder schwerer nachvollziehen können, sagt häufig auch etwas über das eigene Denken aus. Als Eltern können wir uns bewusst machen, dass jeder Mensch, auch unser Kind, anders lernt und denkt – vielleicht auch anders als wir. Das zeigt, dass vereinfachende Zuschreibungen wie »besser/schlechter« oder »klüger/dümmer«, mit denen viele von uns noch aufgewachsen sind, oft fehl am Platz sind und einem Mindset entstammen, das ausgedient hat. Das Beste, was wir für unsere Kinder tun können, ist, Toleranz und Offenheit gegenüber ihrem persönlichen Lernstil zu zeigen und ihre persönlichen Ressourcen gut zu unterstützen.

ANLAGE UND UMWELT

Lernen ist Teil unseres Wesens. Wir lernen innerhalb unserer Umwelt ununterbrochen – es entspricht einfach unserer menschlichen Natur. Dabei spielen unsere individuellen Anlagen und unsere Umwelt eine ausschlaggebende Rolle. Die *Anlage* ist unsere Basis, auf der sich bestimmte Fähigkeiten und Verhalten ausbilden können. Das geht aber nur im Zusammenspiel mit unserer *Umwelt*. Die Umweltbedingungen haben einen großen Einfluss darauf, wie viel von unserem Entwicklungspotenzial realisiert werden kann.

Wie kann es beispielsweise sein, dass sich eineiige Zwillinge trotz der gleichen Gene sehr unterschiedlich entwickeln, vor allem, wenn sie nach der Geburt getrennt werden und in unterschiedlichen Familien und Bedingungen aufwachsen? Mit dieser Frage beschäftigt sich ein Fachgebiet der Biologie: die Epigenetik. Sie erklärt, wie Gene durch Umweltbedingungen an- oder ausgeschaltet werden. Bestimmte Bereiche mit Informationen werden durch Umwelteinflüsse aktiviert oder verschlossen. Lebensstil, Ernährung und Stress sind Faktoren, die Einfluss auf die Modifikation unserer genetischen Anlagen haben. Aus dem Tierreich gibt es ein beeindruckendes Beispiel, wie sich allein die Ernährung auf Körpergröße, Verhalten und Lebensdauer auswirkt. Wie lange man eine Larve mit Gelee Royale füttert, entscheidet darüber, ob aus ihr eine Arbeiterbiene oder eine Königin wird.

Auch andauernder Stress ist ein Faktor, der Einfluss auf das Entwicklungspotenzial von Heranwachsenden hat. Mit diesem Wissen erscheint es unverantwortlich, Kinder dauerhaftem Stress auszusetzen. Das gilt für die Schule, aber auch das Leben in der Familie: Wenn wir als Eltern auf unsere Kinder großen Druck ausüben, damit sie eine Fähigkeit entwickeln oder ein bestimmtes Hobby »durchhalten«, dann ist das ausgesprochen kontraproduktiv. Kinder sind keine Gefäße, die man mit beliebigen Inhalten und Erfahrungen befüllen kann, sodass daraus immer gleichartige Interessen und Kompetenzen erwachsen. Jedes Kind hat sein eigenes Entwicklungspotenzial, das es entdecken darf, es ist mit seinem individuellen Wesen aktiv und entwickelt sich aus sich selbst heraus. Dabei dürfen wir ihm auch zugestehen, dass es durch seine Wahrnehmung und sein Kompetenzvermögen genau das auswählt, was seinem Entwicklungsstand, seinen Interessen und Neigungen entspricht.

MIT ALLEN SINNEN LERNEN – UND EINEM GUTEN GEFÜHL

Welche Aufgabe haben wir Erwachsenen dann überhaupt noch? Vielleicht fühlen wir uns als Lehrer und Eltern überflüssig, wenn wir feststellen, dass wir kaum Einfluss darauf haben, welche Erfahrungen ein Kind verinnerlicht und welche Kompetenzen es in welchem Grad erreichen kann. Uns kann und sollte dabei aber auch bewusst werden, dass unsere enorm wichtige Rolle darin besteht, dem jeweiligen Kind möglichst optimale Rahmenbedingungen zu bieten, damit es die Erfahrungen machen kann, die es braucht.

Dabei helfen uns neue Forschungsergebnisse, die aktuell die Vorstellung vom lernenden Individuum sowie vom Lernen an sich verändern. Bildungsforschung und Gehirnforschung haben in den letzten Jahren gemeinsame Fragen bearbeitet: Wie sollen Lernen und Lernumwelten gestaltet sein, sodass man dem individuellen Lernenden entgegenkommt? Welche neuronalen Strukturen sind am Lernen beteiligt und wie werden diese vernetzt? Wie hängen Emotionen mit der Abrufbarkeit von Informationen zusammen?

Der Biochemiker und Gehirnforscher Frederic Vester beschreibt in seinem Buch *Denken, Lernen, Vergessen*, warum alle Mühe umsonst ist, wenn wir beim Lehren und Lernen gegen die biologischen Grundsätze verstoßen. Es macht beispielsweise einen gravierenden Unterschied, ob wir das, was wir lernen sollen, selbst intensiv erlebt haben – oder ob wir lediglich davon gehört oder gelesen haben. Anschaulich beschreibt er das, was im Idealfall im Körper passiert: »Erst wenn mehrere Synapsen aus möglichst vielen Gehirnbereichen gleichzeitig angeregt werden (…), löst dies in der Zelle die Kaskade von Prozessen aus, die nötig ist, um den elektrischen Schwellenwert dauerhaft zu senken und die spätere Aktivierung dieser synaptischen Verbindung, also das Erinnern, zu erleichtern.«[7]

Das bedeutet für das Erinnern, dass wir Lernstoff besser behalten und abrufen können, wenn verschiedene Sinneskanäle angesprochen werden – und besonders der, der unserem Lerntyp entspricht (vgl. Abschnitt *Jedes Kind lernt individuell*). Dies spricht unbedingt dafür, den Schulunterricht lebendiger und lebensnaher zu gestalten und Lernen auch außerhalb des Klassenzimmers zu ermöglichen. Damit erhöht sich die Chance einer Speicherung im Langzeitgedächtnis.

Ein zweiter Aspekt ist, dass sich ein gutes Gefühl positiv auf die Merkfähigkeit auswirkt. Auch im Erwachsenenalter erinnern wir uns an Erlebnisse und Ereignisse in unserer Kindheit, die mit besonders starken Emotionen verbunden waren. Geburtstage, Weihnachten, Wiedersehen – allerdings merken wir uns auch Dinge besonders gut, die mit starken Negativgefühlen verbunden waren wie der Tod eines Haustieres, der Wegzug eines Freundes, Ungerechtigkeiten in der Familie oder im Schulalltag.

Lernen ist, wie wir gesehen haben, an Erinnerungsfähigkeit, positive Gefühlskopplung und differenzierte Sinneswahrnehmung gebunden. Was können wir daraus für die Gestaltung schulischer Lernangebote ableiten? Aufgabe von Schule muss es sein, Lerninhalte derart didaktisch aufzubereiten und methodisch darzubieten, damit jedes Kind an und mit ihnen erfolgreich lernen kann. Wir müssen vor den Kindern ein Buffet an unterschiedlichen Erfahrungen und Möglichkeiten ausbreiten, um ein individuelles und umfangreiches Lernangebot bereitzustellen, also eine anregende Lernumwelt erschaffen. Dabei muss uns immer bewusst sein, dass wir wenig Einfluss darauf haben, ob und in welchem Umfang das Kind unsere Darbietungen aufnimmt. Auch innerhalb der idealen Schul-Umwelt-Bedingungen entwickeln sich Kinder unterschiedlich.

Wollen Lehrerinnen und Lehrer alle Kinder bestmöglich unterstützen, kommen sie nicht drum herum, vielfältige methodische Herangehensweisen und Lernwege anzubieten, um möglichst viele Kanäle der Wahrnehmung anzusprechen. Im Anfangsunterricht geschieht dies sehr häufig: Die Schulanfänger sehen, hören, schreiben, kneten, legen einen bestimmten Buchstaben. Dieses multisensorische Vorgehen nimmt im Laufe der Grundschulzeit aber immer mehr ab. Warum eigentlich?

Auch die Bedürfnisse und die Entwicklung der Lerngruppe sollte bei der Planung berücksichtigt werden, denn nicht nur der reine Inhalt spielt eine Rolle, sondern auch die Gruppe, die zusammen lernt. Positive Gefühle entstehen durch gemeinsames Erleben und Tun sowie dadurch, dass die

Lehrenden sich an den individuellen Kompetenzen der Kinder orientieren. Statt einen defizitorientierten Blick brauchen wir vielmehr eine Würdigung und Wertschätzung der Ressourcen, die jedes einzelne Kind mit sich bringt.

LERNEN, DAS EIGENE HANDELN BEWUSST ZU LENKEN

Lehrende können Struktur geben, helfen und ermutigen, aber Kinder müssen mit der Zeit lernen, ihr Lernen zu regulieren. Selbst-Regulation ist, wie schon der Name impliziert, nur *selbst* erlernbar. Sie ist Teil der geistigen Fähigkeiten, die Kinder sich in ihrer Entwicklung aneignen, um ihr eigenes Tun bewusst zu steuern – Fähigkeiten, die »der Ausführung von Handlungen unmittelbar vorangehen oder sie begleiten«.[8] Der Fachbegriff dafür lautet *exekutive Funktionen*. Er ist ein Sammelbegriff aus der Hirnforschung und Neuropsychologie, der neuerdings mehr Popularität in der Pädagogik gewonnen hat. Diese Fähigkeiten, die es braucht, um das eigene Handeln bewusst zu lenken, beeinflussen laut neurowissenschaftlicher Psychologie bereits im Kindes- und Jugendalter die Lernleistung sowie die sozial-emotionale Entwicklung. Folgende Fähigkeiten verbindet man mit besseren Leistungen und angemessenerem Verhalten im schulischen Kontext:

Unter der **Inhibition von Verhalten und Aufmerksamkeit** versteht man die Fähigkeit, etwas trotz bestehender Impulse nicht zu tun, um sein Ziel konsequent zu verfolgen. Mit gut funktionierender Inhibition hat sich ein Mensch so weit im Griff, dass er seine Emotionen (wie Unlust) und damit auch sein Handeln zu steuern vermag. Er widersteht Handlungen, die dem angestrebten Ziel entgegenstehen, wie Ablenkung von außen. Mit guter Impulskontrolle fällt es leichter, konzentriert bei der Sache zu bleiben oder mit Frustration adäquat umzugehen. Die Inhibition steht daher auch in Verbindung mit der Selbstregulation.

Das **Arbeitsgedächtnis** hat eine eingeschränkte Kapazität von durchschnittlich sieben Informationseinheiten. Diese können wir nur ein paar Sekunden behalten. Beim Kopfrechnen ist beispielsweise das Arbeitsgedächtnis gefragt, da das Kind kurzfristig Zahlen und Zwischenergebnisse speichern muss, um die nachfolgende Rechenoperation durchführen zu können. Dabei spielt Aufmerksamkeit eine wesentliche Rolle, die innerhalb dieses Prozesses sehr störungsempfindlich sein kann. Die permanente Reizabwehr in einem lauten Klassenzimmer kann auf Dauer sehr ermüdend wirken.

Die **kognitive Flexibilität** stellt die Funktion dar, die auf der Inhibition und dem Arbeitsgedächtnis aufbaut. Kognitive Flexibilität beschreibt zudem die Fähigkeit, Personen, Situationen, Systeme aus anderen, neuen Perspektiven zu betrachten und zwischen diesen zu wechseln.[9] Gemessen an den neuen Anforderungen, die im digitalen Zeitalter an jeden Einzelnen gestellt werden, dürfte die Fähigkeit, sich schnell und flexibel auf neue Anforderungen einzustellen und zwischen Perspektiven wechseln zu können, wohl zukünftig noch größere Beachtung erfahren.

Wir Erwachsenen müssen Kindern dafür die Zeit und auch die Möglichkeit eigener Lernerfahrungen zugestehen. Wie schnell dieser Lernprozess vonstattengeht, ist bei jedem Kind unterschiedlich. Das bedeutet wiederum: Es ist nicht möglich, dass alle Kinder einer Lerngruppe (Klasse) zur gleichen Zeit gleichartig dieselben Inhalte und Kompetenzen lernen können. Darum wird es im Kapitel *Lernen ohne Scham und Vergleiche* noch gehen.

Im Schulalltag stehen diesen Herausforderungen allerlei Hürden gegenüber. Schulen sind Institutionen, die bestimmten Sachzwängen unterworfen sind. Das, was viele Lehrende gerne tun würden, ist nicht immer das, was sich personell, organisatorisch und zeitlich umsetzen lässt. Für die (Aus-)Bildung einer neuen Generation müssen grundsätzlich mehr finanzielle Mittel zu Verfügung gestellt werden, denn bricht man die Hürden auf einen fundamentalen Aspekt herunter, scheitert Vieles in Ermangelung finanzieller Ressourcen.

Kinder Lernerfahrungen machen lassen:

Auch wenn die Schule vielerorts das noch nicht umsetzen kann: Sie als Eltern können auch Ihren Familienalltag als natürliches Lernumfeld Ihres Kindes betrachten, auch, um seine exekutiven Funktionen zu fördern. Bieten Sie Ihrem Kind viele unterschiedliche Lernerfahrungen an. Es müssen keine teuren Kurse sein, sondern es können viele Möglichkeiten im Familienalltag spielerisch und zwanglos genutzt werden:

- *Alleine zum Bäcker gehen und Brot kaufen oder am Marktstand ein paar Äpfel kaufen (Umgang mit Geld/Wechselgeld, Wünsche sprachlich adäquat formulieren).*
- *Einen Kuchen backen (Wiegen von Zutaten, Umgang mit Mengen).*
- *Selbstständig telefonieren lernen (eine Verabredung ausmachen: wann, wo, wie lange).*
- *Sich selbst organisieren lernen (Kleidung für den nächsten Tag abends selbst richten).*
- *Ein Möbelstück aufbauen (genaues Betrachten der Schritt-für-Schritt Anleitung).*
- *Ein neues Spiel vorbereiten (Spielanleitungen selbstständig lesen und den Mitspielern erklären).*

- *Ein umfangreicheres Projekt planen, etwa einen Kompost anlegen. (Unterschiedliche Modelle vergleichen, Vorteile und Nachteile abwägen.)*

Sicherlich fallen Ihnen in Ihrem Alltag viele Möglichkeiten ein, wo Sie Ihr Kind einbeziehen können, wo es lernen und an sich selbst wachsen kann. Seien Sie geduldig. Und ja, es kostet möglicherweise doppelt so viel Zeit, bis Ihr Kind das Mehl abgewogen hat, aber es wird unglaublich stolz auf das Produkt und sein Mitwirken sein.

ENTDECKEN, ERFORSCHEN, EXPLORIEREN IN DER SCHULUMGEBUNG

Dinge selbst zu tun und zu erfahren, ist wichtig für erfolgreiches Lernen. In der Schule dominiert aber das kopflastige Arbeiten mit Texten, Bildern und Symbolen. Wissen wird dabei meist abstrakt vermittelt, statt unmittelbare eigene Erfahrungen zu ermöglichen. Genau diese unvermittelten Erlebnisse bringen jedoch oft lang anhaltende (Lern-)Effekte mit sich. Es ist etwas anderes, eine Brücke über einen Bach zu bauen, als ein Arbeitsblatt über »Brücken« auszufüllen. Genauso wie es etwas anderes ist, ein Stück Borke in den Händen zu halten, das sich von einem toten Baum gelöst hat, und die Spuren eines Borken-, Bock- oder Prachtkäfers zu sehen und mit den Fingern nachzufahren, als nur etwas über Baumsterben oder bedrohte Ökosysteme erzählt zu bekommen.

Wichtig ist, natürliche Frei(e)Räume als Ausgleich zu schaffen, denn die Lebenswelt der Kinder und die Lernerfahrungen, die sie darin machen können, haben sich in den letzten Jahrzehnten stark verändert. Kinder brauchen Begegnungen oder das Lernen aus erster Hand, Primärerfahrungen – und nicht nur solche, die ihnen durch die Perspektiven einer anderen Person vermittelt werden. Was bedeuten Schwerkraft, Licht und Schatten, Elektrizität, Größe, Form und Dichte? Wo begegnen uns diese Phänomene konkret im Alltag? Oft haben Kinder Vorstellungen, bestimmte Präkonzepte, mit denen sie sich ihre Umwelt erklären. Sie geraten erst in Konflikt damit, wenn sie feststellen, dass ihre Erklärungsmodelle nicht plausibel sind. Kinder beobachten beispielsweise, dass in städtischen Gebieten die heruntergefallenen Laubblätter auf Straßen und Gehwegen im Herbst oft zusammengefegt und entsorgt werden – im Wald ist das offensichtlich nicht der Fall. Wie aber verschwinden dort die Blätter? Würden sie sich im Laufe der Jahre ansammeln, wäre der Wald kaum noch begehbar. Es muss also offenbar etwas mit den Blättern passieren, damit diese von Jahr zu Jahr verschwinden. Nur was genau?

Es braucht bei den Kindern also eine gewisse Irritation, eine Beobachtung, ein Kitzel der Neugier, der im Erleben und Erfahren der Umwelt oft ganz von alleine kommt. Kinder stellen viele Warum-Fragen, wenn sie unzufrieden mit ihrer bisherigen Vorstellung sind. Grundsätzlich sollte es auch in der Schule darum gehen, an die Beobachtungen und Vorstellungen der Kinder anzuknüpfen und ihr intuitives Wissen, ihre Perspektive nachzuvollziehen. Für Kinder ist beispielsweise auch die Wandlung von Stoffen nicht leicht zu verstehen: Ein Feuer vernichtet den Holzstamm, er ist danach verschwunden. Auch das umgekehrte Prinzip, dass chemische Stoffe gebunden werden, ist schwer greifbar. Können Sie als Erwachsener sofort erklären, warum ein Wald eine CO_2-*Senke* darstellt? Auch Kinder wissen in der Regel, dass ein Stein im Wasser sinkt, während ein Blatt auf der Wasserfläche schwimmt. Warum aber sinkt ein Schiff nicht? Archimedes' Entdeckung, welche besagt, dass die Auftriebskraft eines Körpers in einem Medium so groß ist wie die Gewichtskraft des vom Körper verdrängten Mediums, braucht ein eigenaktives Ausprobieren, Messen und Nachvollziehen dieses Naturgesetzes.

Leider machen Schüler vor allem Sekundärerfahrungen im Unterricht: Erfahrungen und Wissen werden über Printmedien oder digitale Hilfsmittel visualisiert. Die Kinder und Jugendlichen erleben sie nicht selbst, sondern durch die Wahrnehmung anderer, zum Beispiel durch Erklärvideos. Das spart Vorbereitungszeit, Material und Nerven – denn es ist durchaus anstrengend, 28 Kinder das Archimedische Prinzip selbst handelnd in Wasserbecken nachvollziehen zu lassen. Heureka!

Unser Bewusstsein um diese Verletzlichkeit wächst, wenn wir eine echte Beziehung zur Natur aufbauen. Und für eine solche Beziehung müssen wir Naturerfahrungen machen! Denn die ökologischen Grenzen unseres Planeten spielen nur dann eine evidente Rolle in unserem Leben, wenn wir in Verbindung mit der Natur stehen und uns selbst und die Welt als voneinander abhängig erfahren. Schule und Lehrkräfte können Naturerfahrungen fördern, sie können sie aber nicht einfach bewirken.[10] Bildung für nachhaltige Entwicklung im schulischen Kontext muss mehr sein als eine theoretische Auseinandersetzung mit Nachhaltigkeitsthemen. Dafür eignen sich spielerische Zugänge ganz besonders. Denn im Spiel erfahren sich die Kinder in ihrer Umgebung als frei und setzen sich mit ihren Erlebnissen auch emotional in Beziehung zur Umwelt. Erst wenn Kinder sich einem Naturerlebnis unbelastet öffnen, sich davon berühren lassen und darüber nachdenken, kann das Erlebte zu einer echten Naturerfahrung werden, die auch eine bleibende Lernerfahrung sein kann.[11]

SPIELERISCH UND BEWEGT LERNEN

Wenn Kinder die Welt erschließen, indem sie draußen auf spielerische Art Lernorte erkunden, wirkt sich das positiv auf ihre Entwicklung aus. Noch bis zum Ende des 19. Jahrhunderts galt Spielen als nutzloser Zeitvertreib.[12] Erst im 20. Jahrhundert begannen verschiedene Wissenschaftsdisziplinen das Spiel aus unterschiedlichen Perspektiven zu betrachten – zum Beispiel tiefenpsychologisch wie Sigmund Freud oder entwicklungspsychologisch wie Jean Piaget.

Das Spiel hat viele unterschiedliche Facetten, Kinder erfahren es aber immer als Selbstzweck. Damit ist grundsätzlich auch die Motivation verknüpft: Ein Kind spielt ein Spiel aus eigenem Antrieb, um des Spielens willen – aus eigenem Bedürfnis heraus. Am Anfang steht oft ein Gegenstand, den das Kind explorativ zum eigenen Körper in Bezug setzt und mit allen Sinnen erkundet, wie etwa eine Rassel. Spielen erfordert auch Bewegung, sowohl körperlich als auch geistig, und hat seine ganz eigene Wirklichkeit.

Kinder lernen im Spiel – das ist uns heute sehr wohl bewusst. Lehrer und Lehrerinnen stimmen dem klar zu und bedauern, dass dem Spiel im Schulalltag zu wenig Zeit und Raum gegeben wird. Das Spiel ist »die für Kinder urwüchsige Lernform«, sagt Hartmut Giest, emeritierter Professor am Institut für Grundschulpädagogik der Universität Potsdam. Gerade an Grundschulen könnte Spielen vielfältige Lernprozesse ermöglichen. Denn im Spiel erlernen Kinder motorische, soziale, persönliche und kommunikative Kompetenzen, auf die sie ihr gesamtes späteres Leben zurückgreifen werden. Sie interagieren aktiv und kreativ mit ihren Umwelten und erleben die dabei stattfindenden Lernprozesse als frei, natürlich und lustvoll.

Um Kindern bewegungsbezogene und körperlich-sinnliche Zugänge zu ihrer Umwelt zu ermöglichen, braucht es die Natur und die Umgebung der Schule, das Sich-Hinaus-Begeben. Wir können nicht über die Erfahrungen wie Abenteuer, Spannung oder Zusammenhalt im Sitzkreis »sprechen«. Kinder müssen diese Erfahrungen im dynamischen, fantasievollen Spiel erleben. Dazu braucht es in der Schule Möglichkeiten und organisatorische Strukturen, die über den Sportunterricht bzw. die beaufsichtigte Mittagspause hinausgehen. Auch in den anderen Fächern wird dann doch meistens in der gleichen Körperhaltung gelernt: sitzend.

Spielangebote können im Draußenunterricht, den wir Ihnen im nächsten Kapitel näher vorstellen, bewusst angestoßen werden. Meist braucht es dafür auch nicht viel, um Kinder ins Spielen und Agieren zu bringen. Oft reichen eine kleine Geschichte, ein paar Requisiten oder eine bestimmte Aufgabe, ein Rätsel, das spielerisch gelöst werden muss. Die Kinder können es oft gar nicht abwarten zu spielen. Anders als bei uns Erwachsenen müssen auch nicht alle Details vorab geklärt werden, bevor es losgeht. Kinder begeben sich mit ihrem ganzen Wesen ins Spiel hinein, der Rest ergibt sich irgendwie von selbst. Sie nehmen das Spiel mit Freude an, so wie es ist, ohne es zu zer-denken oder zer-reden. Oft ist die Freude an dem konkreten Spiel auch die Motivation, dieses Spiel überhaupt zu beginnen.

Das Spiel entspringt auch dem kindlichen Grundbedürfnis, gegenüber der Umwelt nach ihren Möglichkeiten Selbstwirksamkeit und Kontrolle auszuüben.[13] Kinder können in der Regel viele Momente ihres Alltags nicht selbst bestimmen, sie sind gegenüber Erwachsenen nicht gleichberechtigt. Im Spiel ändert sich das! Sie können ihren Grundbedürfnissen nach Autonomie und Kompetenz spielerisch nachkommen, ohne dies mit jemandem aushandeln zu müssen. Die Kinder beobachten natürlich, dass wir als Erwachsene ständig »Wichtiges« zu tun haben. Ihnen fehlt im Alltag aber schlicht die Voraussetzung, die Handlungsfreiheit oder eben die entsprechenden Mittel, um diese Dinge auch in der Realität umzusetzen. Sie spielen Vater-Mutter-Kind-Spiele, leiten einen Kaufladen, erfüllen wichtige Arbeiten auf der Baustelle, jagen Verbrecher, führen Operationen durch oder sind übermächtige Ritter und Magier, denen wirklich keiner etwas zu sagen hat.

Im Spiel können unsere Kinder eine vollständige soziale Wirklichkeit schaffen, in der sie so handeln, »als ob« sie erwachsen oder eine andere Person wären. Auf diese Weise können sie künstlich Herausforderungen real begreifbar machen und Strategien testen, mit ihnen umzugehen. Manchmal geht es im Spiel auch um Machtumkehr. Ganz konkret erleben wir

Erwachsenen das beispielsweise beim Memory spielen. Kinder lieben es, gegen die Erwachsenen anzutreten, denn schnell finden sie heraus, dass sie bei dieser Art von Spiel ganz klar im Vorteil sind, da ihr visuelles Wahrnehmungsvermögen definitiv leistungsstärker ist als unseres. Solche Spiele werden von unseren Kleinen gerne stetig wiederholt und haben oft Ritualcharakter (»Schauen wir mal, ob du wieder verlierst, Papa!«).

Lehrkräfte können das Spiel als methodisches Werkzeug im Unterricht mit verschiedenen inhaltlichen Schwerpunkten kreativ nutzen. Der Bildungsplan der Grundschule bietet unendlich viele Themenfelder. Angefangen von Naturphänomenen über historisch-gesellschaftliche, handwerklich-technische und ethisch-philosophische bis hin zu musisch-künstlerischen Themen – die Möglichkeiten, spielerisch zu lernen, sind unerschöpflich. Auch die Formen des Spiels sind variantenreich: Es gibt *Explorationsspiele* (Knete), *Fantasiespiele* (Stofftiere, Puppen), *Konstruktionsspiele* (Naturmaterialien, Bauklötze), *Bewegungsspiele* (Fangen, Verstecken), *Regelspiele* (Mensch ärgere dich nicht), *Rollenspiele* mit mehreren Charakteren (Theater, Räuber & Gendarm) und vieles mehr. Unsere Aufgabe ist es nur, den Kindern Angebote und Möglichkeiten verschiedener Spielformen zu eröffnen und sie dann altersgemäß einfach tun zu lassen.

LERNEN IN BEWEGUNG

In Bewegung trainieren Kinder auf spielerische Weise, was sie für ihre Entwicklung brauchen. Kinder haben ein natürliches Bedürfnis nach Toben, Klettern, Rennen, Springen, Hüpfen, Balancieren und Schaukeln. Dieser Drang endet nicht urplötzlich mit Eintritt in die Schule. Was sich allerdings meist radikal mit dem Schulstart ändert, ist der persönliche Bewegungsradius, der von nun an den Vormittag bestimmt. Dabei führt Bewegung zu einer besseren Stressbewältigung, insgesamt zu mehr Ruhe und besserer Konzentrationsleistung.[14] Bewegung hat eine positive Wirkung auf die Gesundheit, aber auch auf die kognitiven Funktionen. Bewegungserfahrungen bilden die Grundlage, damit Kinder gezielte und gesteuerte Bewegungen überhaupt lernen können. Das wird insbesondere in den ersten Lebensjahren aufgebaut.

Wir müssen Lernen im Schulalltag mit mehr Bewegung verknüpfen. Unsere Kinder sind von Natur aus in Bewegung und mit ihrem gesamten Körper bei der Sache. Das ist ihr eigentlicher Modus, auch beim Lernen. Wenn Kinder sich im Unterricht bewegen, aktivieren sie das motorische Zentrum des Gehirns – und das hilft ihnen direkt oder indirekt dabei, nachhaltig Informationen abzuspeichern und zu verarbeiten.[15] Lern- und Bildungsprozesse vollziehen sich in besonderem Maße auch durch bewegungsbezogene und körperlich-sinnliche Zugänge der Kinder zu ihrer Umwelt. Gerade im Grundschulalter, also im mittleren Kindesalter zwischen sieben und zehn Jahren, ist unsere soziomotorische Aktivität auf dem absoluten Höhepunkt![16] Langes Sitzen gehört sicher nicht zum natürlichen Verhaltensrepertoire unserer Kinder. Eine 2017 veröffentlichte Fragebogenstudie am Institut für Sport und Sportwissenschaften der Universität Heidelberg zeigt, dass Kinder und Jugendliche an Werktagen über zehn Stunden sitzend verbringen, was 71 Prozent ihrer Wachzeit entspricht. Gemeinsam mit der Zeit, die Kinder zu Hause mit Lernen und Hausaufgaben verbringen, können 57 Prozent (also rund sechs Stunden) der Gesamtsitzzeit an Werktagen mit der Schule in Verbindung gebracht werden.[17]

Dabei gibt es viele Möglichkeiten für bewegungsreiche Spiele im Unterricht, die sich auch problemlos etwa im Deutsch- oder Matheunterricht an jeder beliebigen Schule umsetzen lassen.[18] In Deutsch können Bewegungsspiele je nach Klassenstufe und Lernziel stattfinden: zur Buchstaben-

einführung, Grammatik, Rechtschreibung, zum Lesen, in Gesprächen oder bei Geschichten. Lehrkräfte können eine Buchstabenrallye veranstalten, bei der Buchstaben in die Klasse gerufen werden und sich die Kinder möglichst schnell zu einem Gegenstand bewegen müssen, der mit diesem Buchstaben beginnt. Buchstaben lassen sich mit Seilen legen und ablaufen oder mit Knete in Wörter und Sätze formen. Die Kinder können sich Buchstaben auf den Rücken schreiben und erraten. Gemeinsam können sie ganze Geschichten erfinden, schreiben, pantomimisch vorführen und schließlich vorlesen. Mit jedem Buchstaben kann das Fingeralphabet eingeübt werden, um die neue Information motorisch als Zeichensprache zu verarbeiten.

Auch im Mathematikunterricht kommt Bewegung bei der Ergänzung zu vollen Zehnerzahlen (z. B. 6 + 4 = 10) auf, indem Kegel mit bestimmten Werten umgekegelt und die Differenz geschickt errechnet werden muss. Die Kinder können das Einmaleins klatschen, trommeln oder tanzen, wobei Rhythmus, Lautstärke oder bestimmte akustische Signale darüber bestimmen, welche Zahlen mitgezählt werden, und die Reihen ergänzen: Die Kinder nehmen sich beispielsweise die 4er Reihe vor und klatschen beim Zählen. Immer dann aber, wenn eine Zahl aus der 4er Reihe kommt, klatschen sie besonders laut oder verändern den Rhythmus oder stampfen zusätzlich. Man kann Körperbewegungen Stellenwerte zuordnen, einer Kniebeuge etwa den Wert hundert, Hüpfer sind Zehner, Kopfnicken Einer. Die Lehrkraft oder eines der Kinder macht dann eine bestimmte Anzahl an Bewegungen, die anderen Kinder machen mit und benennen die Zahl. Der Fantasie sind im Grunde keine Grenzen dabei gesetzt, Bewegung und Spiel viel stärker, in den Unterricht zu integrieren.

Fragen uns unsere Kinder etwas, teilen wir als Erwachsene häufig unsere eigenen Erfahrungen. Das ist nachvollziehbar, da wir uns natürlich als Eltern in der Rolle sehen, Orientierung anzubieten. Was wir aber eigentlich wollen, ist, unsere Kinder immer wieder anzuregen, selbst weitere Fragen zu entwickeln, zu stellen und den Antworten selbst nachgehen zu können. Lernen als ein natürliches und daher auf Dauerhaftigkeit und intrinsische Motivation ausgerichtetes Vermögen bedeutet dann für uns, die kindliche Neugierde selbst zum Ausgangspunkt zu nehmen und lediglich dabei zu helfen, selbst die Antworten auf die eigenen Fragen zu finden. Das tun wir, indem auch wir unseren Kindern Fragen stellen.

Diese Kunst des Fragens, auch *Coyote Teaching* genannt, ist ein pädagogisch-didaktisches Werkzeug der Wildnispädagogik[19], um die Aufmerksamkeit immer stärker von der Oberfläche in die Tiefe der Betrachtung zu lenken, den eigenen Blickwinkel zu verändern und schließlich zu erweitern. Auf der ersten Ebene treten wir mit unseren Kindern intensiv in Kontakt, bauen Bindung auf, geben das Selbstvertrauen, sich als Fragender sicher und wohlzufühlen. Erst dann dürfen auf einer zweiten Ebene Fragen gestellt werden, die an die Grenzen des Wissens führen, aber den Raum des Denkbaren nicht verlassen. Diese Fragen regen das Wollen der Kinder an, mehr zu erfahren. Hier ist auch bei uns selbst Engagement gefragt, eigene authentische Neugierde und Einfühlungsvermögen. Auf der letzten Ebene sind Fragen möglich, die dabei helfen, die Grenzen des Kindes zu erweitern, auszudehnen, das Nicht-so-Offensichtliche in der Welt zu erkennen.

Ganz besonders draußen im Wald, in der Natur, wollen und brauchen Kinder häufig gar keine umfassenden Antworten oder abschließenden Erklärungen. Natürlich dürfen wir Fragen auch beantworten, sollten dabei aber stärker reflektieren, wie wir den Prozess des Lernens als Selbsterfahrung begleiten und die Neugierde weiter anregen können. Der Wildnispädagogik gemäß sind wir in diesen naturpädagogischen Settings also eher Begleiter, die durch geschickte eigene Fragen gemeinsame Erlebnisse schaffen und dadurch den Forschergeist der Kinder anregen.

Ein kleines Beispiel dazu. Eines der Kinder deutet staunend auf ein Insekt und fragt: »Was ist das?« Die *schnelle* Antwort lautet: »Das ist ein Ohrwurm, auch Ohrenzwicker genannt.« Die Frage ist beantwortet, Ende der Neugierde. Wir könnten aber auch anders reagieren und die kindliche Frage in die Tiefe lenken. Wir antworten dann etwa: »Wow, wofür braucht der wohl seine Zangen?« oder »Ob der wohl fliegen kann?« und regen das Kind dazu an, die Entdeckung genauer zu betrachten, zu beobachten und weitere Fragen zu stellen.

Ebene des Fragens & Ziele	Beispiel: »Hey, da vorne ist ein Grashüpfer!«	Kommentar für uns als Begleiter für natürliches Lernen
Fragen, die Vertrauen aufbauen: Einfache Gegenfrage, durch Beobachtung zu lösen. Etwa 70 Prozent der Fragen sind auf dieser Ebene.	• »Ah, und wo hüpft er hin?« • »Ist er alleine unterwegs?« • »Haben Grashüpfer Fühler?« • »Was machen ihre Beine, wenn sie hüpfen?« Schleicht euch mal an.	Kinder motivieren, zu forschen und Fragen zu stellen. Ziel sind erste Erfolgserlebnisse und Selbstsicherheit aufzubauen. Kinder entwickeln und stellen nur Fragen, wenn sie sich wohlfühlen.

Ebene des Fragens & Ziele	Beispiel: »Hey, da vorne ist ein Grashüpfer!«	Kommentar für uns als Begleiter für natürliches Lernen
Fragen, die an die Grenzen führen: Fragen, die intensiveres Nachdenken erfordern und genauere Beobachtungen. Etwa 25 Prozent der Fragen sind auf dieser Ebene.	• »Kann er eigentlich fliegen?« • »Wie weit kann er etwa springen?« • »Könnt ihr bestimmen, woher der Gesang genau kommt?«	Fragen, die an die Grenzen des Wissens führen, aber nicht darüber hinausgehen! Hier geht es auch darum, ein Gefühl dafür zu bekommen, an welchen Punkt die Kinder augenblicklich stehen und was sie brauchen.
Fragen, die Grenzen erweitern: Diese Fragen, erweitern die Grenzen, sind nicht durch einfache Eigenbeobachtung einholbar. Fragen nutzen Neugierde, um forschendes Lernen zu befördern. Etwa 5 Prozent der Fragen sind auf dieser Ebene.	• »Was isst der Grashüpfer eigentlich?« • »Wieso kann er so weit springen?« • »Wieso macht er diese Geräusche und wie werden sie genau erzeugt?« 	Diese Fragen führen dazu, den Blickwinkel zu erweitern. Sie können von den Kindern nur forschend beantwortet werden, z. B. mit Bestimmungsbüchern, einer App oder anderen Medien. Sie können auch später zu Hause erforscht werden. Diese Fragen sind wichtig, weil sie immer dazu führen, den Blickwinkel zu erweitern und in unbekannte Bereiche vorzudringen.

Draußenunterricht: Lernen in, mit und über die Natur

Viele Gedanken, die wir Ihnen in diesem Buch vorstellen, stehen mit der Idee des Draußenunterrichts in Verbindung oder werden dort erfolgreich eingesetzt. Zum Draußenunterricht kam ich vor einigen Jahren durch eine verstörende Beobachtung. Ich hatte viele Jahre als Klassenlehrerin in höheren Klassenstufen gearbeitet und dort meine Siebt- und Achtklässler durch den zähen Schulalltag manövriert. Die meisten hatten wegen ihrer bisherigen Schulerfahrungen oder ihrer aktuellen Lebensphase die Lust an Schule und Lernen vollkommen verloren. Nach einigen Jahren wechselte ich an eine Mannheimer Grundschule und war umso erschrockener, dass viele Schulanfänger nach dem ersten Schuljahr ähnliche Unlustbekundungen und Schulermüdungserscheinungen zeigten wie ihr zukünftiges 14-jähriges Ich.

Wie konnte das sein? Die allermeisten Kinder waren doch beim Schuleintritt hoch motiviert und hatten sich sehr auf die Schule gefreut. Diese Freude war jedoch spätestens nach dem ersten Schuljahr kaum noch spürbar. Glücklicherweise ging es nicht allen Schulanfängern so, aber trotzdem war ein großer Teil der Kinder irgendwie und irgendwann in diesem ersten Schuljahr abgehängt worden.

Eine Kollegin teilte meine Beobachtung. Wir hatten dann die Idee, dass wir viel öfter mit unseren Schülern aus dem beengten Klassenzimmer herausmussten. Das sollte neuen Schwung in die festgefahrene Situation bringen. Glücklicherweise gab uns die Schulleitung grünes Licht und wir durften im Tandem mit unseren Zweitklässlern alle zwei Wochen für vier Schulstunden in den fußläufigen Stadtwald gehen, um dort Unterricht zu machen. Der Waldtag hatte Erfolg. Wir entwickelten immer mehr Routine darin, unseren Unterricht im Wald methodisch und didaktisch umzusetzen. Nebenher ließen wir uns zu Waldpädagoginnen ausbilden.

Unsere Schüler freuten sich immer sehr auf den Unterricht außerhalb des Klassenzimmers. Auch die Eltern berichteten uns von den positiven Veränderungen, die davon ausgingen. Selbstverständlich gab es auch Bedenken und kritische Stimmen. Die meisten Gegenargumente gingen in die Richtung, dass wir durch den Waldtag doch sehr viel Unterrichtszeit verlieren würden, in der die Kinder nichts lernen könnten. Auch manche Kollegen waren der Ansicht, dass die Zeit für wichtigen Unterrichtsstoff, insbesondere in Mathematik und Deutsch, sowieso schon sehr knapp bemessen sei und wir im Vergleich zu den Parallelklassen ins Hintertreffen geraten würden. Das hat uns jedoch eher zusätzlich angespornt, die Inhalte aus den Fächern Mathematik und Deutsch ins Draußen zu »übersetzen« und gleichwertig aufzuarbeiten. Aber auch andere fachliche Inhalte aus den Bereichen Kunst, Musik, Sport und Sachunterricht ließen sich hervorragend verlagern. Erstaunliches konnten wir feststellen: Trotz der Draußenzeit waren unsere Schüler und Schülerinnen inhaltlich nicht abgehängt und erzielten ebenso gute Ergebnisse wie die Parallelklassen.

Im darauffolgenden Schuljahr durften sich die Eltern zukünftiger Erstklässler bei der Schulanmeldung aktiv entscheiden, ob ihr Kind in die Waldklasse gehen sollte oder nicht. Mit unserem Ansatz hatten wir durchschlagenden Erfolg. Wesentlich mehr Eltern wollten, dass ihr Kind die Waldklasse besucht, als es unsere Kapazitäten zuließen. Das Konzept, phasenweise den Unterricht nach Draußen zu verlegen und mit Bewegung sowie kognitiven und gemeinschaftlichen Herausforderungen zu verbinden, fand großen Anklang. Insbesondere Eltern von Kindern, die in Bewegung und Handlung besser lernen können, waren begeistert. Am Haus des Waldes in Stuttgart haben wir für interessierte Pädagogen mehrere Fortbildungen zum Thema Draußenunterricht angeboten. Irgendwann stellten wir fest, dass wir zwar in Deutschland recht pionierartig unterwegs waren, es international dafür aber schon längst einen Namen gab: *Education Outside the Classroom*, kurz EOtC.

Einmal damit begonnen, interessierte ich mich immer mehr für das Unterrichten außerhalb des Klassenzimmers. Mir wurde klar, dass es neben Naturräumen auch noch unzählige weitere spannende Lernorte gibt, die man aufsuchen könnte, und das wollte ich unbedingt umsetzen. Trotz aller Motivation stellte ich aber fest, dass es in der öffentlichen Schule strukturelle Hürden gab, die ich nicht überwinden konnte. Ich schrieb meine Ideen für ein Konzept einer privaten Grundschule nieder und daraus wurde letztendlich die Draußenschule – eine Grundschule in freier Trägerschaft. Wer mehr darüber wissen will, findet in diesem Kapitel meinen Erfahrungsbericht dazu. Mittlerweile gibt es in Deutschland einige Draußenschulen im Bereich der Privatschulen. Das Konzept scheint aber auch in der allgemeinen Öffentlichkeit immer mehr Anklang zu finden.

WAS IST ÜBERHAUPT DRAUSSENUNTERRICHT?

Draußenunterricht ist ein aus dem skandinavischen Raum stammendes pädagogisches Konzept, das in Form der *Udeskole* (übersetzt: Draußenschule) an privaten wie auch öffentlichen Schulen umgesetzt wird. Der Begriff

Draußenunterricht ist sehr weit gefasst und enthält viele weitere Ansätze wie *Erfahrungsbezogenes Lernen* oder *Forschendes Lernen*. Draußenunterricht stellt daher kein geschlossenes Konzept dar, sondern ist eher als eine ganze Gruppe von Konzepten oder Ideen zu verstehen.[20] Er ist weder mit der in Deutschland bekannten *Erlebnispädagogik* gleichzusetzen, noch handelt es sich um *außerschulischen Unterricht*, wie Lehrgänge, Ausflüge oder Projekttage. Vielmehr ist es ein regelmäßiger, in den schulischen Strukturen fest verankerter Unterricht außerhalb des Klassenzimmers. Die fachlichen Inhalte, die ins Draußen verlegt werden, nehmen Bezug auf den Bildungsplan. Es gibt mehrere Gründe, warum der Ansatz entwickelt wurde: Kritik an der Einseitigkeit des traditionellen Unterrichts, aber auch die Beobachtung, dass der Kontakt von Kindern zur Natur abnimmt. Der norwegische Wissenschaftler Arne Jordet bringt das als Pionier der norwegischen Graswurzel-Bewegung auf den Punkt: »Beim Outdoor-Unterricht lernen Schüler über die Natur in der Natur, über Gesellschaft in der Gesellschaft und über lokale Umgebung in der lokalen Umgebung.«[21]

Die Draußenschule ist also ein schul- und outdoorpädagogisches Konzept, bei dem Schulklassen das Klassenzimmer über das gesamte Schuljahr regelmäßig verlassen und regionale Natur- und Kulturräume aufsuchen. Dieser Fach-Unterricht außerhalb des Klassenzimmers kann vormittags und nachmittags stattfinden. Die jeweiligen Lernorte sind dem aktuellen Lerngeschehen angepasst, nehmen also bestenfalls auf, was auch gerade im Unterricht besprochen wird. Dieser Ort kann eine Streuobstwiese, ein Marktstand, eine mittelalterliche Burgruine oder eine Zeitungsredaktion sein. Dabei kann der Draußenort zum einen eher die *Lernkulisse* darstellen, wie beim Sportunterricht im Park – theoretisch ginge das Sportangebot ja auch in der Turnhalle. Der Draußenort kann aber auch der direkte *Lernort* sein und in direktem Zusammenhang mit dem Thema stehen: wie das Ökosystem Teich, die Geschichte der Mobilität in der Automobilausstellung oder ein Besuch im Rathaus, um die Verwaltung der Gemeinde kennenzulernen.

Kernelemente des Draußenunterrichts

- Der Draußenunterricht ist fest in die zeitlichen und organisatorischen Abläufe an der Schule integriert.
  - → Draußenunterricht findet regelmäßig statt – nicht nur bei gutem Wetter. (Geschulte) Pädagogen organisieren und verantworten diesen Unterricht.

- Der Begriff »Draußen« steht für Natur- und Kulturräume außerhalb des Schulgebäudes.
  - → An exemplarischen Lernorten können Kinder sich natürliche, technische oder gesellschaftliche Phänomene quer zu allen Fächern der Schule erschließen. Die Auswahl der Inhalte entspringt der Auseinandersetzung der Kinder mit ihrer Umwelt. Orientierung liefern die fachlichen und überfachlichen Standards der Bildungspläne der jeweiligen Bundesländer.

- Im Vordergrund steht fächerverbindendes/fächerübergreifendes Lernen, das die Schüler auf mehreren Ebenen fordert: geistig und sozial, aber auch körperlich-sinnlich.
  - → Lernen in diesem Kontext baut ein fachliches und methodisches Fundament, schließt soziales Lernen mit ein und trägt zur besseren Bewältigung von (zukünftiger) Lebenswirklichkeit bei. Je nach Themenfeld und aufgesuchtem Lernort können externe Fachleute unterstützend eingebunden sein.

- Beim Draußenunterricht werden eigenverantwortliche Lernprozesse gefördert. Forschendes, erfahrungsbezogenes Lernen in den konkreten Lernkontexten nehmen einen großen Stellenwert ein.

→ Durch Beobachtungen und Fragen der Kinder (Wie bringt die Biene den Pollen zum Bienenstock?) sowie dem Erlernen von fachlichen Arbeitsweisen (Beobachten, Betrachten, Zeichnen, Vergleichen, Kategorien bilden, Messen) wird wissenschaftliches Denken gefördert (Problem/Hypothese, Versuch planen und durchführen, auswerten und deuten). Zusammenhänge werden verdeutlicht (Bienenbestäubung ermöglicht Fruchtbildung und sichert damit auch die Nahrungsgrundlagen für uns Menschen). Maßgeblich ist dabei das Interesse der Kinder an einer Sache oder an einem Problem. Die Kinder werden angeregt, durch die Beobachtung der Natur Fragen zu stellen, Zusammenhänge zu erkennen, um das Gelernte wiederum auf andere Gebiete zu übertragen.

• Draußenunterricht eignet sich für aktive und kooperative Lernformen.
  → Gerade durch die Weite des »Draußenklassenzimmers« können verschiedene Kleingruppen mit genügend Abstand voneinander sehr gut arbeiten. Die Kinder planen ihre Aufgabe, besorgen sich das benötigte Material, bauen, konstruieren und präsentieren ihre Ergebnisse. In einer Art Museumsgang können sich die unterschiedlichen Gruppen gegenseitig besuchen und Produkte und Ergebnisse vergleichen und analysieren.

• Draußenunterricht ist offen für ganzheitliche und kreative Lernformen.
  → Dabei werden Kopf, Herz und Hand aktiviert – alle Kinder sind aktiv und motiviert: Sie schleppen Naturmaterialien heran, sammeln, buddeln und bauen. Dabei müssen sie sich untereinander absprechen, Kompromisse aushandeln, vielleicht auch mal eigene Ideen zurückstecken. Soziales Lernen findet im Draußenunterricht praktisch immer statt.

- *Draußenunterricht ist sehr gut geplanter Unterricht.*
  - → *Entgegen landläufiger Vorurteile ist Draußenunterricht kein planloses Herumgewusel in der Natur, sondern bedarf gründlicher Planung und Abwägung. Bei der Auswahl der Lernorte ist es eine Herausforderung, sowohl Struktur, d. h. einen Orientierungsrahmen, als auch größtmöglichen Freiraum und Gestaltungsmöglichkeiten für die Kinder zu schaffen. Ein Sicherheitsmanagement sowie individuelle Aspekte (z. B. Allergien) müssen genauso bedacht werden wie die Rhythmisierung von Lerninhalten. Welche Elemente eignen sich für das Lernen im Freien, welche für das Klassenzimmer? Im Optimalfall werden Draußen- und Drinnen-Unterricht miteinander in Verbindung gebracht. Hier kann der Einsatz von Tablets ein hilfreiches Tool sein, was wir im Kapitel Lernen mit Medien näher erläutern werden.*

DRAUSSENLERNEN ALS WICHTIGE RESSOURCE FÜR ALLE (GANZTAGS-)SCHULEN

Wir lernen Natur ganz einfach am besten in der Natur kennen. Unsere Kinder brauchen Naturerlebnisse, Naturkontakte und Naturerfahrungen, um aus Bildungsinhalten echte Lebensinhalte zu machen, die Bedeutung für unser alltägliches Handeln haben.[22] Natürlich lernen bedeutet draußen lernen, im Spiel und in der Bewegung zu lernen. Die meisten Lehrkräfte wissen das bereits. Was wir uns jetzt anschauen müssen, ist, welche Strukturen, Organisationsformen und Perspektiven es ansonsten braucht, um solche natürlichen Lernvorgänge besser in die allgemeine Praxis umsetzen zu können. Draußenlernen kann eine wichtige Ressource darstellen – insbesondere im Ganztagsschulmodell, das bundesweit angestrebt und bereits politisch beschlossen ist. Das Konzept der Ganztagsschule wurde im Jahr 2021 vom Bundestag auf den Weg gebracht und stufenweise ab 2026 eingeführt. Das bedeutet, dass der individuelle Anspruch für alle Kinder auf eine Ganztagsbetreuung beschlossen wurde und damit ein gesetzlich verankerter Rechtsanspruch auf einen Ganztagsschulplatz.[23]

Mit dem Ausbau von Ganztagsschulen haben wir die Chance, Draußenlernen an Schulen zu etablieren und den Kindern praxisnahe und authentische Lernerfahrungen zu ermöglichen. *Draußenlernen* kann auch eine Antwort darauf sein, wie wir mit der Zeit, die sich aus dem Ganztagsbetrieb ergibt, sinnvoll umgehen können. Das Lernen außerhalb des Klassenzimmers braucht klare Strukturen, die verbindlich in der zeitlichen und organisatorischen Schulstruktur verankert sind, sollen sie nicht zur Beliebigkeit abgleiten. Verschiedene Formen des Draußenlernens sind denkbar, eine Gemeinsamkeit liegt aber in der Verzahnung von bildungsplanbezogenen Inhalten – dem Lernen drinnen und draußen. Themen werden also vernetzt, handlungsorientiertes und entdeckendes Lernen spielen bei diesem Ansatz eine ebenso große Rolle. Als Lernorte eignen sich sowohl Innen- und

Außenräume, die gut von der Schule aus erreichbar sind. Das können Natur-räume (Wald, Wiese, Bachlauf) oder kulturelle bzw. gesellschaftliche Räume (Museum, Bibliothek, Handwerksbetrieb, Wochenmarkt) sein, die mit dem jeweiligen Unterrichtsthema in Beziehung gesetzt werden.

Beim Thema Draußenunterricht geht die Theorie-Praxis-Schere in der deutschen Bildungslandschaft noch weit auseinander: Viele Lehrer würden sicherlich bestätigen, dass Lernen außerhalb des Klassenzimmers aus vieler-lei Hinsicht eine Bereicherung ist. Praktisch findet es aus allerlei Gründen eher sporadisch statt.

Die Organisation von Schule mit all ihren institutionellen Rahmenbedin-gungen wie Stundenplänen, Fachlehrerprinzip oder (Schul-)Rechtsfragen machen es sehr schwer, Unterricht außerhalb des Klassenzimmers in dieser regelmäßigen und curricular verankerten Form einzuführen. Im Vergleich zu den skandinavischen Ländern, der Schweiz, Neuseeland und Großbritannien ist Draußenlernen oder *Outdoor Education*, wie es dort häufig bezeichnet wird, in Deutschland noch immer kaum bekannt. Die *Udeskole* (Draußen-schule) ist eine wachsende Graswurzelbewegung, die beispielsweise in einem Fünftel aller öffentlichen und privaten Schulen in Dänemark praktiziert wird.[24]

»Schule im Leben. Die Stiftung für Draußenlernen« hat es sich daher zum Ziel gemacht, diesen vielversprechenden Lernansatz auch in Deutsch-land bekannter zu machen und bietet vielfältige Formen des Aus-tauschs.[25] Lassen auch Sie sich inspirieren! Denn Natürlich Lernen findet besonders draußen statt.

NATÜRLICH LERNEN – IM DRAUSSENUNTERRICHT

Um ein Verständnis zu entwickeln, was Kinder brauchen, um aus ihrer Natur heraus optimal lernen zu können, müssen wir die evolutionsbiologischen Rahmenbedingungen kennen. Was hat uns als lernende Spezies so erfolgreich gemacht? Wie lernen wir auf natürliche Weise, was entspricht unserer Veranlagung?

Das menschliche Gehirn ist in der Lage, eine immense Anzahl an neuronalen Verknüpfungen auszubilden, die jedoch nutzungsabhängig sind. Ob und wie es gelingt, bestimmte Anlagen zu entfalten, hängt ganz wesentlich von den Rahmenbedingungen ab, die ein Kind vorfindet, das haben wir in den ersten beiden Kapiteln besprochen. Entscheidend ist, dass Kinder sich grundsätzlich sicher und geborgen fühlen müssen, um neue Situationen und Informationen als Herausforderung zu erleben – und nicht als unüberwindbare Hürde. Sicherheit und Geborgenheit sowie die Zugehörigkeit zu einer sozialen Gruppe sind grundlegende Bedürfnisse, damit Kinder sich optimal entwickeln zu können. Die emotionalen, sozialen und intellektuellen Kompetenzen ihrer Bezugspersonen haben direkten Einfluss auf diese (Gehirn-) Entwicklung. Dazu zählt neben dem Elternhaus natürlich auch die Schule. Der US-amerikanische Schriftsteller Henry Adams verdichtet diese Feststellung in folgendem Satz: »Ein Lehrer arbeitet für die Ewigkeit. Niemand kann sagen, wo sein Einfluss endet.«

Schulzeit ist Lebenszeit – wir müssen sie sinnvoll und nachhaltig für unsere Kinder nutzen. Sie brauchen kompetente Erwachsene, die sie begleiten, und geeignete Umgebungen, in denen sie *Natürlich lernen* können. Der Draußenunterricht bietet in vielerlei Hinsicht ein großes Potenzial dafür. Leider haben Kinder und Jugendliche heute nur selten die Möglichkeit, Natur zu erkunden, zu erleben und darin zu spielen. Naturerfahrungsräume fehlen und werden immer häufiger ersetzt. Naturräume, die Kinder zum Spiel nutzen können, sind in innerstädtischen Bereichen immer seltener zu finden und oft gefährlich zu erreichen. Selbst wenn solche Grünflächen existieren, führen die Wege dorthin meist über gefährliche Kreuzungen und Straßen.

Der pädagogische Begriff dafür lautet *Veränderte Kindheit.* Er meint, dass Kinder heute in bewegungsärmeren, naturferneren Umfeldern mit vorgegebenen Zeitmustern aufwachsen. Während früher das freie Spiel im öffentlichen Raum selbstverständlich war, sind heute angeleitete Tätigkeiten in geschützten Räumen eher üblich, mit allen möglichen Folgen in der körperlichen und psychosozialen Entwicklung. Naturerlebnisse sind für eine gesunde kindliche Entwicklung von großer Bedeutung, gehen aber zurück. Kinder beobachten Tiere beispielsweise weniger auf der Wiese oder im Wald, sondern erforschen sie eher zu Hause mittels *Tiptoi*® mit Bild und Ton. Dieser Trend wird sich durch *Augmented Reality* noch verstärken. Wenn man beispielsweise den Erfolg von *Pokemon Go* betrachtet, ist davon

auszugehen, dass das Kinderzimmer ein mehr als lukrativer Markt ist. Die Grenzen zwischen der realen Umwelt und erweiterter »Schein-Welt« werden fließender.

Heranwachsende verlieren durch den beschleunigten Alltag, das digitalisierte Leben und die Verstädterung zunehmend den Zugang zur Natur. Frühe Erfahrungen mit Pflanzen und Tieren stellen aber die Weichen, ob Natur auch im Erwachsenenalter für uns eine Bedeutung hat und Wertschätzung erfährt.

Draußenunterricht ist eine Möglichkeit, um ganzheitliches Lernen, Bewegung und Naturerfahrung sowie eine Auseinandersetzung mit dem lokalen Nahraum im schulischen Unterricht zu verankern. Die Theorie, der Fachunterricht zu Nachhaltigkeitsthemen wie beispielsweise Müll, Wasserkreisläufe, Artenvielfalt und Holzwirtschaft sind nämlich nur eine Seite der Medaille. Ohne positive Erlebnisse in der Natur, ohne Praxisbezug bleibt das Thema Nachhaltigkeit ein abstrakter Trend, den man sich werbewirksam irgendwo hinschreiben kann.

Wissenschaftliche Unterstützung bekommt Draußenunterricht auch von der Forschung, welche die positiven Auswirkungen auf die soziale und persönliche Entwicklung, akademische Leistung und körperliche Aktivität von Schülern bestätigt.[26]

UNBEGRENZTER RAUM

Die Fähigkeit, sich zu bewegen, zeichnet Lebewesen aus. Im Umkehrschluss kann man sagen, dass Dinge, die sich (ohne Input von externer Energie) nicht bewegen können, auch nicht lebendig sind, wie Steine oder Flugzeuge. Bewegung ist Teil unseres Mensch-Seins. Wir müssen verstehen und akzeptieren, dass Kinder ein viel größeres Bedürfnis haben, sich zu bewegen, als Erwachsene. Manche Kinder haben sogar ein erstaunlich großes Bedürfnis danach. Teilweise können sie sich durch oder in Bewegungsabläufen auch besser konzentrieren. Wir kennen das, wenn wir spazieren gehen, um in Ruhe nachzudenken. Manchmal kommen einem vielleicht sogar beim Joggen die besten Ideen.

Kindern, die ihrem Bewegungsdrang im Klassenzimmer nachgeben wollen, werden oft Verhaltensauffälligkeiten attestiert. »Bewegungskinder« werden im heutigen Schulkontext schnell in Schubladen gesteckt, denn sie stören durch ihre Aktivitäten den Unterricht. Damit Unterricht, in der Form, in der wir ihn kennen, überhaupt stattfinden kann, müssen Kinder sehr lange am Platz sitzen bleiben und dabei möglichst ruhig sein. Ist dieser Anspruch aber überhaupt »natürlich« für Kinder innerhalb dieser Altersklasse? Sicherlich fällt es manchen Kindern leichter, sich den Bedingungen von typischem Klassenzimmerunterricht anzupassen. Viele Kinder tun sich damit jedoch ziemlich schwer. Das kann für alle Beteiligten zu einer echten Nervenprobe werden. Für die Kinder, aber auch für die Lehrperson. In kleinen Klassenzimmern mit 25 Kindern kann man sich einfach nicht konzentrieren, wenn es aus allen Ecken klappert, murmelt, schreit und ständig jemand herumläuft. Warum also nicht etwas am eigentlichen Übel ändern – den Raum!

Der Draußenraum hat keine Grenzen, alles wird weiter, entspannter – die Begrenztheit und Enge verschwinden. Bewegungsfreudige Kinder bewegen sich dann immer noch genauso viel, es fällt nur weniger auf. Der Draußenraum schluckt die Geräuschkulisse bzw. überlagert sie durch eigene Geräusche wie beispielsweise Vogelgezwitscher oder Wind. Das bringt natürlich neue Herausforderungen für die Unterrichtsorganisation. Kurze Inputphasen, in denen etwas erklärt und gesagt wird, müssen auch im Draußenunterricht in physischer Nähe zu den Kindern stattfinden. Sonst muss man wie ein Schiedsrichter mit Trillerpfeife einmal quer über den Platz brüllen. Um ein geeignetes Ritual dafür zu schaffen, hat sich der Seilkreis sehr bewährt. Alle Kinder kommen in bestimmten angekündigten Phasen zu diesem Kreis, manchmal halten sie sich sogar am Seil fest. Wenn alle da und zur Ruhe gekommen sind, darf das Seil auf den Boden gelegt werden. Die Kinder können stehen bleiben oder sich um das Seil herumsetzen. Der Seilkreis kann dann liegen bleiben und als Basis dienen, wo alle sich nach einer bestimmten Zeitspanne wieder treffen, wenn beispielsweise ein Arbeitsauftrag beendet ist.

MOTIVATION UND FLOW-ERFAHRUNG

Können Sie sich noch an ein eigenes zeitvergessenes Spiel erinnern, eine *Flow*-Erfahrung?[27] Vielleicht haben Sie Stein um Stein herangeschleppt, um in einem Bachlauf einen kleinen Staudamm zu bauen? Oder haben viele Gänseblümchen gesammelt und aneinander gefädelt, um eine Kette zu bekommen? Da war kein Druck dahinter, und Sie waren aus sich selbst heraus motiviert, Ihr Projekt zu beenden.

Das Spielen in realen und kreativitätsanregenden Naturräumen ist für Kinder wichtig. Sie brauchen auch nicht viel dafür: Naturorte (Wiese, Wald,

Bach), Naturmaterialien (Steine, Stöcke, Blätter, Matsch) und andere Kinder, die mitspielen, reichen ihnen vollkommen aus. Sie widmen sich der Sache oder einer Tätigkeit um ihrer selbst willen und werden dafür weder von außen belohnt, noch hat Misserfolg eine Konsequenz. Im Gegenteil, wenn etwas nicht gleich klappt, ist die Anstrengungsbereitschaft sehr groß, um die Sache zum Erfolg zu bringen. Was eigentlich Freude bringt, ist der Prozess, das Tun, weniger das Ergebnis. Die Motivation ist eine wichtige Stellgröße für Lernerfolg, besseres Verständnis und Zufriedenheit mit den eigenen Leistungen. Dieser Antrieb wird auch mit dem Erreichen höherer Bildungsabschlüsse in Verbindung gebracht.

Eine größer angelegte Studie im Rahmen des dänischen TEACHOUT-Projektes[28] untersuchte den Zusammenhang zwischen der regelmäßigen Teilnahme an Unterricht außerhalb des Klassenzimmers und der schulischen Motivation von Grundschülern (in Dänemark von neun bis 13 Jahren). Mehrstufige Analysen zeigten, dass regelmäßiger Unterricht außerhalb des Klassenzimmers mit einer Verbesserung der intrinsischen Motivation einherging. Wir selbst konnten in unserem Draußenunterricht beobachten, dass die Kinder immer dann hoch motiviert bei der Sache waren, wenn sie sich viel bewegen und dabei etwas mit ihren Händen tun durften. Beim Bauen, Tüfteln, Experimentieren, Sortieren und Arrangieren durften sie ausdrücklich Umwege und Fehler machen. Das Vertrauen der Kinder in ihre eigenen Fähigkeiten und der Ideenreichtum, mit dem sie ihre Aufgaben angingen, verbesserten sich enorm.

Auch das Miteinander in solchen Gruppensituationen ist grundsätzlich ein Thema. Beispielsweise ist es schwierig, ein Feuer zu entzünden und am Laufen zu halten, wenn immer wieder feuchte Materialien auf dem Lagerfeuer landen. Dann qualmt und stinkt es fürchterlich und alle regen sich auf. Die Kinder beginnen, sich untereinander zu regulieren und zu beraten. Ältere Kinder können ihr Wissen an Jüngere weitergeben: »Das darfst du nicht nehmen, das brennt nicht gut.«

Natürlich gibt es auch im Draußenraum Konflikte und Auseinandersetzungen. Da draußen aber andere Materialien (Stöcke, Steine) als im Klassenzimmer herumliegen, müssen im Vorfeld eindeutige Regeln besprochen werden, wie damit umzugehen ist.

SOZIALE KOMPETENZEN UND PROSOZIALES VERHALTEN

Ziel von Schule ist es, neben inhaltlichen, fachbezogenen Kompetenzen auch die sozialen und personalen Kompetenzen der Kinder zu fördern. Ein gutes Miteinander ist grundlegend für ein positives Lernklima und ermöglicht wiederum gute schulische Leistungen. Insbesondere Kinder, die in schulischen Fächern schwächere Leistungen zeigen, können im Unterricht außerhalb des Klassenzimmers die Chance bekommen, Fähigkeiten zu präsentieren, die im Schulkontext kaum sichtbar sind: eine gute Orientierungsfähigkeit haben, freiwillig Müll aufsammeln, anderen Kindern beim Tragen helfen, ein

Feuer machen können. Das Gefühl in der Gruppe akzeptiert und eingebunden zu sein, ist für *alle* Kinder wichtig, besonders aber für Kinder, deren Leistungen in der Schule schwächer eingestuft werden. Draußenunterricht ist eine gute Möglichkeit an Schulen, mehr Kontakt zur Natur zu ermöglichen, kindgerecht Inhalte zu vermitteln und gleichermaßen den eigentlich wesentlichen Bedürfnissen von Kindern nachzukommen: mehr Bewegung, mehr Selbstbestimmung, die planerische Auseinandersetzung mit Aufgaben, denen sie mit allen Sinnen nachkommen dürfen.

VORBEHALTE GEGEN DEN DRAUSSENUNTERRICHT ABBAUEN

»Ich schaffe doch schon so mein Pensum an schulischen Aufgaben fast nicht. Wie soll ich denn nun auch noch regelmäßig Draußenunterricht planen und durchführen?« So oder ähnlich könnten Kollegen reagieren, wenn man bei einer Konferenz den Vorschlag unterbreitet, Draußenunterricht als regelmäßige Unterrichtsform an der Schule zu etablieren. Vielleicht ist es daher ratsam, zunächst klein, im Tandem oder einer kleinen Gruppe von gleichgesinnten Kollegen und Kolleginnen, zu starten.

Draußenunterricht zahlt sich definitiv aus, geht aber tatsächlich zunächst auch mit einem erhöhten Arbeitsaufwand einher. Eine Kollegin beschrieb den größeren Planungsbedarf so: »Wenn ich mal keine Zeit habe, die nächste Mathestunde vorzubereiten, kann ich einfach die nächste Buchseite aufschlagen und ein paar Arbeitsblätter kopieren. Im Wald ist das nicht möglich.« Unsere praktischen Erfahrungen über die Jahre zeigten aber auch, dass sich kontinuierlicher Draußenunterricht durch Rituale, Praktiken und wiederkehrende Anforderungen einspielt und sowohl die Kinder als auch wir als Pädagogen Routine und Sicherheit im Draußenunterricht bekamen. Der

Anfang ist immer eine kleine Herausforderung. Vielleicht nimmt man sich zunächst ein inhaltlich weniger aufwendiges Thema vor und probiert sich anfangs mit der neuen Umgebung, den Ritualen und Methoden aus. Lieber simpel starten und dann Stück für Stück vorankommen.

DRAUSSENUNTERRICHT – DAS IST JA WIE STÄNDIG AUSFLUG, DANN WIRD JA GAR NICHTS MEHR GESCHAFFT …

Draußenunterricht ist kein *Add-on* ist und die Lehrkraft muss den eigentlichen Unterrichtsstoff nicht noch mal im Klassenzimmer wiederholen. Draußenunterricht *ist* Unterrichtszeit! Aber verwechseln die Schüler den Draußenunterricht nicht mit Ausflugszeit? Wir haben festgestellt, dass es tatsächlich einen Unterschied macht, wenn schon von Anfang an regelmäßig Draußenunterricht stattfindet und die Erstklässler ausgehend vom Kindergarten in das Konzept hineinwachsen. Besonders Schulanfänger haben großen Bedarf, sich frei zu bewegen. Draußen können Kinder Aufgaben in allen möglichen Haltungen erledigen (Sitzen, Knien, Stehen usw.). Gerade die Offenheit des Raumes erlaubt dies, ohne dadurch andere zu stören. Für diese Kinder ist das Lernen und Arbeiten im Draußenunterricht dann völlig selbstverständlich.

Klassen, die Unterricht außerhalb des Klassenzimmers nicht gewohnt sind, müssen sich in die räumliche Öffnung zunächst einfinden. Das ist nicht weiter verwunderlich, nach drei oder vier Jahren »Klassenzimmerhaltung«. Hier ist es wichtig, gemeinsam klare Regeln zu definieren sowie Rituale zu etablieren, an denen die Kinder sich orientieren können. Weiterhin befürchten Lehrerinnen und Lehrer, dass Verhaltensauffälligkeiten von Schülern, die sich schon im Klassenzimmer als herausfordernd darstellten, ohne die Beschränkung durch räumliche Strukturen für sie nicht mehr handhabbar wären. Wir wollen hier kein romantisiertes Bild zeichnen: Ja, herausfordernde Kinder sind auch außerhalb des Klassenzimmers herausfordernd.

Trotzdem wäre es für die Klasse als Ganzes sehr schade, deshalb darauf zu verzichtet. Mit den Kindern muss besprochen werden, warum es wichtig ist, dass sich beispielsweise im Straßenverkehr alle an die vereinbarten Regeln halten.

DRAUSSENUNTERRICHT – STÄNDIG MACHT IHR WIEDER EINE EXTRAWURST!

Als ich mit einer Kollegin an einer staatlichen Grundschule zweiwöchentlich einen Draußenunterrichtstag im nahe gelegenen Wald veranstaltet haben, haben wir an diesen Waldtagen keine Hausaufgaben aufgegeben, weil die Kinder nach dem längeren Fußmarsch und dem mehrstündigen Aufenthalt an der frischen Luft sehr ausgepowert waren. Das kam nicht bei allen Kollegen gut an, da sie es als Ungerechtigkeit den Parallelklassen gegenüber empfunden haben. Unterricht grundsätzlich anders zu gestalten als die Kollegen, macht einen möglicherweise zunächst zum Sonderling. Da sich der Unterricht außerhalb des Klassenzimmers methodisch und didaktisch anders strukturiert, können wir das Thema, die Unterrichtseinheit oder das Material nicht einfach an Kollegen weitergeben, da diese damit wenig anfangen können. Der soziale Druck, der dadurch entsteht, ist nicht zu unterschätzen, denn niemand möchte in diesem Berufsfeld als unkollegialer Alleingänger dastehen.

Wir können daher nur raten, grundsätzlich interessierte Kollegen mit ins Boot zu holen oder in unserem Fall mit in den Wald. Möglich ist auch, als *Draußenunterrichts-Experte* die verschiedenen Klassen samt deren Klassenlehrer in rollierender Weise an bestimmte Lernorte zu führen, die fußläufig erreichbar sind. Der Vorteil liegt darin, dass damit schon zwei Aufsichtspersonen die Klasse begleiten, was unbedingt anzuraten ist. Die Schulleitung wird selten genehmigen, dass man mit Grundschulklassen etwa alleine in den Wald geht. Ein weiterer Vorteil liegt darin, dass sich die Kollegen freuen, wenn man an dem Tag das Draußenunterrichts-Programm übernimmt. So lassen sich Bedenken und Vorurteile mit der Zeit abbauen.

DRAUSSENUNTERRICHT – DAS GEHT DOCH NUR BEI GUTEM WETTER …

Draußensein mag in den Sommermonaten noch ganz vergnüglich sein – aber im Winter? Zugegebenermaßen gab es immer wieder Momente des Zweifelns – allerdings mehr aufseiten der Erwachsenen. Regen, starker Wind, Kälte und Schneefall machten den Kindern insgesamt wenig aus. In der richtigen Kleidung hatten viele Schüler sogar großen Spaß an der Auseinandersetzung mit den Elementen. Die Rückmeldung der Eltern kann man so zusammenfassen: »Die Kinder kamen ausgepowert, aber zufrieden nach Hause und es lief nach dem Waldtag meistens die Waschmaschine.« Trotzdem schadet es nicht, in der Schule immer ein paar Matschhosen und Gummistiefel in Reserve zu haben, wenn manche Kinder mit Kleidung kommen, die nicht auf das tagesaktuelle Wetter abgestimmt ist.

Wer sich nach der Lektüre mit dem Gedanken trägt, einfach mal loszulegen mit der Planung und Umsetzung, findet im Anhang Starttipps und eine Materialliste für den Draußenunterricht.

»EINFACH MAL EINE SCHULE GRÜNDEN?!« – EIN ERFAHRUNGSBERICHT

Mein ganzes Berufsleben als Lehrerin an verschiedenen Schularten und in der Erwachsenenbildung tätige Ausbilderin beschäftigte ich mich mit einer Frage: Welche Veränderungen wären nötig, damit Schule für Kinder grundsätzlich besser läuft? Die Schule sollte ein Ort sein, der zum Lernen inspiriert und gleichsam eine stabile Gemeinschaft darstellt, innerhalb derer sich Kinder unbeschwert entwickeln und lernen können. Schule sollte das Beste in jedem Individuum zutage fördern und ein kindgemäßes Lern- und Entwicklungsumfeld bieten. Meine Vision war und ist es immer noch, Schule in dem Sinne *natürlicher* zu gestalten, dass sie mehr der Natur ihrer Besucher entspricht – der Kinder! Die Schulzeit sollte entlang ihrer Entwicklungsbedürfnisse und Lernaufgaben gestaltet werden und sie gleichsam auch auf die zukünftigen Anforderungen ihrer Lebens- und Berufswelt vorbereiten.

Nach fast zwei Jahrzehnten im öffentlichen Bildungssystem beschloss ich 2021, mich aus der Komfortzone des Beamtenstatus zu wagen und die Draußenschule als Grundschule in privater Trägerschaft ins Leben zu rufen. Doch so ein Vorhaben kann man nicht allein stemmen. Ich hatte das Glück, mutige Mitstreiter und Visionäre zu finden, die Seite an Seite mit mir an dieser Idee feilten und sie mit Leben erfüllten. Von den ersten wilden Ideen in meinem Kopf bis zu einem ausgearbeiteten 180-seitigen Einreichungskonzept war es ein weiter Weg. Ich wollte eine Schule erschaffen, in der individuelles und gemeinsames Lernen Hand in Hand gehen. Neben dem Etablieren anderer Lernformen erschien es auch wichtig, die Schule grundsätzlich zu öffnen. Eltern, Experten, Vereine, interessierte Bürger sollten dauerhaft in den Schulalltag integriert werden und nicht nur am Rande, etwa bei Projekttagen und sportlichen Aktivitäten, in Erscheinung treten. Sie sollten fester Bestandteil der Schulgemeinschaft werden und aktiv daran teilhaben. So entstand die Idee der Generationenwerkstatt, von der wir später im Kapitel *Eltern und Schule* mehr berichten werden.

Verstärkt sollte auch außerhalb des Klassenzimmers gelernt werden – *Education Outside the Classroom.* Auch unser Schulname sollte Programm sein: Es galt die Themen des Bildungsplanes mit der echten Welt in Verbindung zu bringen und so das *Drinnen* und das *Draußen* konzeptionell zu verzahnen. Das Thema *Digitalität* schulisch aufzugreifen und mit unseren pädagogischen Schwerpunkten zu kombinieren, war mir ebenso ein Anliegen. Ich bin zugegebenermaßen kein *Digital Native*, aber ich wollte analoge und stoffliche Elemente mit einer immateriellen und digitalen Ebene verbinden und zu einem ganzheitlichen und umsetzbaren Konzept für die Grundschule entwickeln.

Das Konzept war ambitioniert und es blieb glücklicherweise nicht nur bei Worten auf dem Papier. Es dauerte fast drei Jahre, bis die Draußenschule Wirklichkeit wurde. Der Weg war gespickt mit bürokratischen Hürden, Genehmigungsverfahren und unerwarteten Stolpersteinen. Permanent galt es auf verschiedenen Ebenen zu organisieren und zu jonglieren – von der Gebäudeplanung über die Finanzierung bis hin zur Suche nach engagierten Pädagogen und interessierten Familien. Alles musste punktgenau zusammenlaufen. Umso größer war die Freude und Erleichterung, als wir am 13. September 2021 für 25 Kindern und drei Lehrerinnen unsere Pforten öffnen konnten. Mit viel Ausdauer, Energie und Durchhaltevermögen hatten wir es geschafft!

Aber auch hier, in der besten Version von Schule, die ich mir bis dato vorstellen konnte, meinem persönlichen Herzensprojekt, gab es Startschwierigkeiten. Die offeneren Lernmethoden, der Wechsel zwischen Drinnen- und Draußenunterricht führten anfangs nicht immer zu einer ruhigen Lernatmosphäre oder motivierter Mitarbeit. Stellenweise war es eher chaotisch und einige Kinder verhielten sich ausgesprochen »hard to handle«. Wir mussten vermehrt Regeln einführen und Konsequenzen umsetzen. Das brachte zwar mehr Struktur und Ruhe, doch damit kamen auch wieder neue Herausforderungen. Unsere Schule war als Modellschule wie ein Sammelbecken für die unterschiedlichsten Wünsche und Vorstellungen der Eltern. Möglichst alle Ideen, Vorschläge und Impulse sollten berücksichtigt und untergebracht werden. Aber so manche Erwartungen, die an die neue Schule geknüpft waren, konnten einfach nicht mit der schulischen Realität in Einklang gebracht werden. Der Anfangszeit wohnte also nicht nur ein Zauber inne – sie war durchaus auch von Unmut, Frustration und Enttäuschung geprägt. Wie konnte das sein? Ich hatte ein innovatives Konzept an den Start gebracht, und gemeinsam als Team hatten wir alles gegeben, um Schule von Grund auf neu zu gestalten. Oft arbeiteten wir zehn bis zwölf Stunden am Tag, um alles bestmöglich vorzubereiten und allen Aufgaben nachzukommen.

Der Ausweg aus dem anfänglichen Frust und der gedanklichen Negativstimmung war die Erkenntnis, dass Schule ein System darstellt, das man auf eine andere Weise für sich definieren und wahrnehmen sollte, wenn man (wieder) zu Ruhe, Gelassenheit und Nachtschlaf kommen möchte. Die Schule ist eine menschlich geschaffene Institution mit formellen, teilweise hierarchischen Grundausrichtungen – also ein sehr komplexes System mit nicht immer vorhersehbaren Wirkungen. Komplexe Systeme kann man leider nicht analysieren und reparieren wie etwa eine Uhr oder ein kaputtes Auto – man kann sie lediglich »managen« wie beispielsweise einen Garten. Dieser Garten bringt eben mal mehr oder weniger Wildwuchs hervor, und das auch noch an Stellen, die man oft nicht exakt vorhersehen kann. Ebenso liegt es im Auge des jeweiligen Betrachters, ob dieser »Wildwuchs« nun behoben werden muss oder seine ganz eigene Schönheit und Berechtigung hat. Der Garten erfordert also ständige Pflege, Anpassung und Geduld und ist darüber hinaus auch noch alles andere als perfekt!

In unserem Team der Draußenschule ackern wir stetig an dieser Aufgabe. Trotz vieler Herausforderungen und gelegentlicher Rückschläge nehmen wir die Früchte unserer Arbeit wahr. Und während wir uns unserer Vision Schritt für Schritt annähern, lernen wir als Schulgemeinschaft sowieso immer dazu. Den Umstand anzuerkennen, dass alles wie bei einem lebendigen Organismus permanent im Wandel ist, kann ungemein beruhigend sein. Auch Stimmungen, Haltungen und Erwartungen kommen und gehen. Man muss sie managen und manchmal auch einfach aushalten. Die Veränderung ist das Ziel und wir alle sind an diesem andauernden Prozess beteiligt und tragen dazu bei – Kinder, Lehrer und Eltern.

Die stetigen Reformen und Verwaltungsvorschriften, die von oben über die Schullandschaft gegossen werden, werden das alte System nicht reparieren. Die Veränderung funktioniert nicht auf die gleiche bürokratische Weise, etwa indem wir alte Pläne durch neue ersetzen. Der Wandel muss und wird kommen – aber vermutlich aus einer ganz anderen Richtung. Die vielen Lehrerinnen und Lehrer, die ihren Beruf lieben, Schulleitungen, die mutig neue Konzepte mit ihrem Team etablieren und schließlich auch Eltern, die sich in der Schule ihrer Kinder persönlich engagieren – sie alle werden den Wandel anstoßen!

IMPULS AUS DER DRAUSSENSCHULE: FLOW LEARNING – LERNEN IM MODUS DER SELBSTVERGESSENHEIT

Es gibt Momente, in denen wir von dem Gefühl erfüllt sind, in einer bestimmten Tätigkeit komplett aufzugehen. Wir sind dann vertieft in eine Aufgabe, ein Spiel, und verlieren alles andere aus den Augen. In diesem Zustand sind wir oft vor allem glücklich und empfinden tiefste Zufriedenheit. Dieses Gefühl nennt man *Flow*, im Fluss sein. Wir können es im Grunde in jeder Aufgabe und jedem Tätigkeitsfeld erleben. Die Flow-Theorie wurde ursprünglich in den 1970er Jahren von dem ungarischen Psychologen Mihály Csíkszentmihályi entwickelt. Er ging dabei mit Blick auf Risikosportarten der Frage nach, wie wir genau in diesen Erlebniszustand der völligen Vertiefung kommen.[29]

Diese Flow-Erlebnisse sind auch die Grundlage für das naturpädagogische *Flow Learning*-Konzept von Joseph Cornell, der Naturerfahrungen mit Kindern nutzt, um Flow-Erlebnisse zu ermöglichen. Aus seiner jahrzehntelangen Tätigkeit heraus entwickelte Cornell das Flow-Learning als ein pädagogisch-didaktisches Modell, um mithilfe unmittelbarer Erfahrungen und Erlebnisse zu einem tieferen Naturbewusstsein zu gelangen. Zentral für Cornells Methode ist die Frage, wie Kinder gezielt in einen Zustand kommen, in dem sie bereit und offen für solche unmittelbaren Naturerfahrungen sind.[30]

Cornells Konzept besteht aus vier harmonisch aufeinanderfolgenden Stufen: **Begeisterung, konzentrierte Wahrnehmung, unmittelbare Erfahrung** und diese **Erfahrung miteinander teilen**.

Ein Beispiel aus dem Fachbereich Sachunterricht: Das klassische Thema »Bäume« kann mit verschiedenen Inhalten und dementsprechenden Kompetenzzielen verbunden werden. Die Kinder lernen, heimische Baumarten anhand ihrer Merkmale voneinander zu unterscheiden und in ihrem natürlichen Lebensraum wiederzuerkennen. Ebenso geht es darum, die Funktionen der Bäume im Ökosystem Wald zu verstehen sowie ihre Rolle in größeren Systemen wie zum Beispiel dem Klima oder der Artenvielfalt. Auch Wertschätzung für die Natur und einen respektvollen Umgang mit Bäumen zu entwickeln, sind wichtige Lernziele bei der Planung von Unterricht außerhalb des Klassenzimmers.

Cornell-Phase & Ziele	Interaktion	Material/Ablauf	Pädagogischer Kommentar
Begeisterung wecken: Anfängliche Scheu auflösen, alle mit ins Boot holen, Aufmerksamkeit der Kinder aufbauen.	Niedrigschwellige Angebote, wie Fang- oder Ratespiele, die in die Thematik einführen: z. B. Baumfangen.	Ein Fänger: »Jeder ist sicher, der … berührt!« Je nach Kenntnisstand Baumnamen, Pflanzenteile oder Eigenschaften einsetzen: »Fichte«, »immergrün«, »Kastanien«, »Nadeln« usw.	Möglichst ebenes Waldgelände, begrenzt durch gut erkennbare Bäume. Begeisterung, Freude, Lebendigkeit stehen im Vordergrund.

Cornell-Phase & Ziele	Interaktion	Material/Ablauf	Pädagogischer Kommentar
Konzentrierte Wahrnehmung: Aufgebaute Begeisterung und Energie wird gebündelt, Neugierde geweckt.	Ruhige Spiele, die helfen, die Aufnahmefähigkeit zu befördern: z. B. Sinnesspiele.	Kinder erfühlen und beschreiben Gegenstände hinter ihrem Rücken. Glaubt ein anderes Kind, den gleichen Gegenstand zu haben, beschreibt es diesen ebenfalls, und dann wird aufgelöst.	Lernen hängt auch von konzentrierter Aufmerksamkeit ab. Nach Bewegungsspiel geht es hier um Verinnerlichung, zu sich kommen, um Aufnahmefähigkeit zu steigern.
Unmittelbare Erfahrung: Empfindungen und Kreativität auf Problemlösung richten, Naturerlebnisse vertiefen.	Hauptaktivität. Eigenes entdecken, forschendes Lernen, Aufgaben nachgehen, die zur Lösung einer bestimmten Frage dienen: z. B. Naturtagebuch, Baumbestimmung, eine Natursammlung anlegen (*Nature Desk*).	Kinder haben die Aufgabe, mit einem Bestimmungsbuch/App in Kleingruppen Bäume zu bestimmen, fertigen Skizzen an (Naturtagebuch) und sammeln markantes Material wie Borke/ Blätter/ Früchte (*Nature Desk*).	Herzstück und Zielaktivität. Die Kinder sind aktiviert, gefördert und konzentriert – im Flow. Vermittlung von Inhalten, intensive selbstregulierte, forschende Lernphase im Naturerlebnis.
Die Erfahrung mit anderen teilen: Zusammengehörigkeitsgefühl, Geschlossenheit der Lerneinheit.	Kinder teilen ihre Ergebnisse mit der Gruppe. Wichtig: Kinder teilen auch ihre persönlichen Erfahrungen und Empfindungen.	Das Material wird ausgebreitet, die Skizzen werden gezeigt und die Kinder informieren sich gegenseitig über ihre Ergebnisse.	Abschluss. Gespräch bezieht sich auf die Hauptaktivität. Erfahrungsaustausch rundet den Tag ab. Auch gute Möglichkeit für Feedback.

Den Übergang vom Kindergarten in die Schule gut gestalten

Spätsommer im Kindergarten. Zeit für ein besonderes Ritual, bei dem auch ich als Vater zuschauen darf: den »Rausschmiss« der Vorschulkinder. Meine Tochter sitzt auf einem Stuhl. Neben ihr stehen noch drei weitere Vorschulkinder und warten gespannt, bis sie an der Reihe sind, Eltern und Erzieher sind auch dabei. Der Stuhl wird vorsichtig hochgenommen, sanft hin und her geschwungen und bleibt dann ruckartig in der Luft stehen. Unter lautem Jubel und Geklatsche landet meine Tochter schwungvoll und etwas weniger weich als gedacht auf einer ausgebreiteten Decke. Sie schaut uns an und lächelt unsicher. Das Ganze kam dann doch irgendwie plötzlich und fast schon unerwartet für sie. Und auch mir ist ein wenig mulmig zumute.

Im Kindergarten war doch irgendwie alles so gemütlich. Diese Stimmung kommt früher oder später immer zum Ausdruck, wenn ich mich mit befreundeten Eltern über ihre frisch eingeschulten Kinder unterhalte. »Mein Sohn hat ganz viel geweint in den ersten Wochen«, erzählte mir eine Mutter vor Kurzem. »Er ist nach der Schule auf den Treppenstufen eingeschlafen. Zum Glück erst nach den Hausaufgaben.« Die entschleunigten Jahre, in denen unser Kind hin und wieder einfach einen »Pausentag« einlegen konnte, sind vorbei. In der Schule sieht das plötzlich, so scheint es, ganz

anders aus: Viel Druck, wenig Zeit, es werden deutlich mehr Disziplin und soziale Anpassung gefordert. Mit einem Schlag ist einfach alles ernst geworden!

Wir Eltern sind oft mächtig nervös vor diesen ersten Schultagen. Das ist auch verständlich – schließlich sind einige unserer Ängste und Sorgen durchaus real. Die Schule ist anstrengend. Unser Kind macht offenbar einen deutlichen Schritt in Richtung Großsein. Es war gestern doch noch so klein. Was ist erst morgen los? Dabei steigt schon mit der Vorschule im Kindergarten der innere und auch äußere Druck spürbar. Die Bundesländer formulieren für das letzte Kindergartenjahr in den jeweiligen »Orientierungsplänen« der Kultusministerien verschiedene »Bildungs- und Entwicklungsfelder«, die »im Hinblick auf die Anschlussfähigkeit in der Schule« geprüft werden.[31] Darunter sind in Baden-Württemberg etwa relativ allgemeine Kompetenzen wie sich mit Freude zu bewegen und zu spielen oder sich im Spiel auszudrücken. Gefragt sind aber auch konkrete Fähigkeiten, wie Reime und Lieder auswendig zu kennen, ein Lieblingsbuch zu haben, Mengen erfassen und Ziffern benennen zu können, gemeinsam mit anderen Kindern Aufgaben zu bewältigen und sich der eigenen weltanschaulichen Identität bewusst zu werden. Auch »die psychischen und physischen Anforderungen eines rhythmisierten Schultages«[32] stehen auf der Agenda von Kompetenzen, die Kinder vor Schuleintritt erworben haben müssen.

Das macht schon ganz schön Eindruck auf uns Eltern. Der Übergang in die Schule, so steht es auch in diesem Orientierungsplan, ist wie alle anderen Übergänge »immer auch ambivalent und mit vielen Erwartungen und Hoffnungen, aber auch Befürchtungen verbunden«. Kein Wunder also, dass viele von uns früher oder später auf dem Spielplatz mit anderen Eltern diskutieren, wann wir unser Kind einschulen, denn da gibt es oft ein wenig Spielraum. Im Jahr 2023 werden je nach Bundesland Kinder, die vor dem 30. Juni bzw. 30. September (Niedersachsen und Nordrhein-Westfalen) das sechste Lebensjahr vollendet haben, schulpflichtig und sind damit »Muss-Kinder«.

Kinder, die erst danach das sechste Lebensjahr vollenden, sind »Kann-Kinder« – müssen nicht eingeschult werden, können aber.

Wir können unser Kind leider nicht ganzjährig einschulen – das wäre hinsichtlich des schulischen Lehrplans nur schwer umzusetzen, auch wenn dann die Entscheidung nicht mehr so haarsträubend wäre. Wie gehen wir diese Entscheidung nun an? Und was können wir tun, um unser Kind bei seinem Übergang in die Schule bestmöglich zu begleiten?

WELCHE GEFÜHLE ÜBER SCHULE GEHÖREN MIR – UND WELCHE MEINEM KIND?

Eltern wägen bei der Überlegung, wann sie ihr Kind einschulen, oft zwischen den kindlichen Bedürfnissen und den eigenen Zukunfstängsten ab. Was wir grundsätzlich von Schule halten, erwarten, hoffen und wünschen, speist sich stark aus unserer eigenen Erfahrung. Manche Eltern bauen entsprechend früh Druck auf: Am besten kann mein Kind schon lesen, bevor es in die Schule kommt, damit es direkt ein bisschen Vorsprung hat. Oder wir sind vielleicht etwas zu vorsichtig, stellen ein schulreifes Kind zurück, weil es uns zu sensibel, noch zu verspielt oder zu fantasievoll erscheint. Das sagt viel über unser Bild von Schule aus, hat aber vielleicht manchmal eher mit unseren eigenen Ängsten zu tun als den Bedürfnissen unserer Kinder. Dann nehmen wir das dazu, was wir von unserem Umfeld über Schule hören und was uns in den Medien begegnet.

Dieses Bild dürfen und sollten wir gerne auf den Prüfstand stellen. Dafür brauchen wir einen kleinen Realitätscheck: einen Abgleich mit der Schule heute und unserer gefühlten Wirklichkeit von Schule. Allzu oft vertrauen wir unhinterfragt unseren Erinnerungen. Je nachdem, wie alt wir waren, als unser »Bald-Schulkind« zur Welt kam, ist unsere Grundschulzeit schon

zwanzig oder eher sogar dreißig Jahre her. Wie viel wissen wir wirklich noch von unserem Alltag in der Grundschule? Wir erinnern uns vielleicht noch recht gut an Momente aus der Mittel- oder Oberstufe, aber auch hier sind uns wie so oft meist die unangenehmen Empfindungen stärker im Gedächtnis geblieben als die positiven Erfahrungen. Das ist ganz normal. Aus den Neurowissenschaften wissen wir heute, dass unser Gehirn negative Momente stärker mit Emotionen verknüpft. Emotionen erhöhen generell, und negative leider ganz besonders, die Erinnerungsleistung. Außerdem neigt unser Gehirn auch dazu, Dinge zu gruppieren, statt sich individuelle Details einzuprägen.[33] Unser Gehirn sagt also, Schule ist Stress, und wir als besorgte Eltern wollen unsere Kinder selbstverständlich am liebsten vor diesem Stress schützen. Wenn wir ehrlich sind, wissen wir allerdings, mal abgesehen von unseren Gefühlen und Erinnerungen über die Schule, nicht wirklich viel. Besonders darüber, wie unser Kind als eigene Person Schule erfahren und erleben wird, können wir nur Mutmaßungen anstellen.

Für uns Eltern bedeutet das: Wir dürfen ruhig einen Schritt zurücktreten. Bevor wir mit sorgenvollem Blick auf unsere Kinder schauen, sollten wir diesen Blick zunächst, wie so oft, auf unseren eigenen Ängsten, Hoffnungen und Erwartungen ruhen lassen. Wir dürfen uns fragen, was wir wirklich fühlen, und wie viel davon mit uns und wie viel mit unserem Kind zu tun hat. Vielleicht halte ich mich für sehr entspannt – ohne zu merken, dass ich in Wirklichkeit mein Kind ständig selbst unter Druck setze, damit es nicht die gleichen Hürden nehmen muss wie ich vor Jahrzehnten in der Schule? Noch bevor also die Schule überhaupt etwas dazu gesagt hat, haben wir im Namen unserer Erinnerung an »die Schule« für ungute neue Normalitäten gesorgt.

Was wir ganz unabhängig von unseren eigenen emotionalen Zuständen, Erfahrungen und Erinnerungen machen können, ist, uns darüber Gedanken zu machen, welche konkreten Anforderungen es an einen gelingenden Übergang vom Kindergarten hin zur Schule gibt. Wie können wir dafür beispielsweise die innere Widerstandskraft unseres Kindes fördern?

SO SCHAFFEN WIR GELINGENDE ÜBERGÄNGE

Übergänge sind in der einen oder anderen Hinsicht immer eine Herausforderung. Wenn es Reibungen gibt, muss das nicht bedeuten, dass ein Übergang gescheitert ist. Im Gegenteil: Ein unbeschwerter Übergang kann auch Zeichen mangelnder Auseinandersetzung mit der neuen Lebenssituation sein, wie die Transitionsforschung zeigt.[34] Bei Übergängen unterscheiden wir zwischen aktiven und passiven Akteuren. Aktive Akteure, in diesem Fall unsere Kinder, bewältigen den Übergang unmittelbar. Passive Akteure dagegen moderieren ihn. Dazu gehören etwa Erzieherinnen und Lehrerinnen, oder auch die neue soziale Gruppe, in die das Kind als Schulkind eingegliedert wird.

Wir Eltern sind allerdings ebenfalls aktive Akteure, die den Übergang unserer Kinder bewältigen müssen. Das ist eine spannende Perspektive! Wir dürfen uns zugestehen, selbst im Modus der Bewältigung zu sein. Dabei sind wir natürlich für die Bedürfnisse unseres Kindes empfänglich und begleiten es nach besten Kräften. Wir haben Einfluss darauf, ob Übergänge gelingen oder nicht.

In den Kindertagesstätten kennen wir Eingewöhnungsmodelle, die den Übergang erleichtern sollen, und bei denen wir Eltern eine klar zugewiesene Rolle spielen, etwa das »Berliner Modell« mit seinen sechs Schritten einer sanften Eingewöhnung.[35] Eltern können die Eingewöhnung dadurch erleichtern, indem sie sich und dem Kind ausreichend Zeit einräumen und einen klaren Standpunkt, Optimismus und Zuversicht ausstrahlen.

In der Schule gibt es keine direkte Entsprechung dafür. Der Übergang ist für uns kaum einsehbar und startet abrupt mit dem offensichtlichen Initiationsritus – dem Tag der Einschulung. Am Anfang haben die frisch gebackenen Erstklässler oft noch eine Zeit lang verkürzten Unterricht und bekommen die Abläufe und Organisationen der Schule gezeigt. Das ist für die Kinder meist sehr spannend. Die Moderationsleistung übernehmen die Lehrkräfte, aber ähnlich wie beim Berliner Modell unterstützen wir Eltern unser Kind am besten, wenn wir Klarheit, Optimismus und Zuversicht ausstrahlen. Besonders gut gebundene Kinder, das wissen wir aus der Bindungstheorie, brauchen oftmals etwas mehr Zeit, sich einzugewöhnen. Sie äußern ihre Gefühle offener und machen es uns als Eltern dadurch manchmal etwas schwerer, optimistisch und zuversichtlich zu bleiben: Immer wieder kommt es zu Tränen und Abschiedsschmerz.

Impulse für Eltern, um gemeinsam Übergänge zu meistern:[36]

- Neue Rituale schaffen! Schulzeit bedeutet nicht nur Übergang, sondern auch Neuanfang. Vielleicht müssen Sie als Familie früher aufstehen? Anderes Essen muss für den Tag vorbereitet werden? Andere Kleidung gerichtet? Nachmittags Raum für Hausaufgaben einplanen? Neue Rituale vorzubereiten bedeutet, der Umstellung etwas die Schärfe zu nehmen.

- Malen Sie gemeinsam mit Ihrem Kind einen Tagesplan, auf dem der neue Alltag erkennbar ist, um dem Bedürfnis nach Orientierung nachzukommen.

- Gemeinsam am Abend den Rucksack vorzubereiten, hilft Ihrem Kind dabei, eine Beziehung zur Schule herzustellen und die Selbstständigkeit zu stärken.

- Fragen Sie sich, welches Bedürfnis Ihr Kind in einer Abschiedssituation haben könnte und wie Sie dem nachkommen können. Versuchen Sie gemeinsam mit Ihrem Kind Strategien zu entwickeln, diesen Bedürfnissen zu begegnen. Gibt es ein Bedürfnis nach Eltern-Nähe? Malen Sie etwa am Morgen ein kleines Herz, einen Stern oder etwas Ähnliches auf die Hand Ihres Kindes. Dieses Zeichen steht für »Kraft«, die Sie Ihrem Kind in die Schule mitgeben. Oder »laden« Sie ein kleines Lieblingskuscheltier Ihres Kindes mit Eltern-Liebe auf, das während der Schulzeit im Rucksack bleiben kann. Ein Armband kann den gleichen Zweck erfüllen.

- Machen Sie mit Ihrem Kind einen Verabschiedungsort in Schulnähe aus. Vermeiden Sie eine sorgenvolle (und vielleicht sogar tränenreiche) Verabschiedung direkt vor der Schule. Das kann für Ihr Kind schnell zu einer beschämenden Situation werden.

- Nehmen Sie ein kleines Abschieds-Andenken aus der Kindergartenzeit mit nach Hause – ein bisschen Sand in der Flasche oder einen Stein als Andenken auf der Fensterbank im Kinderzimmer.

Diese Rituale sorgen für Sicherheit und stärken das Vertrauen, sind aber nur möglich, wenn Ihr Kind weiß, dass es mit all seinen Gefühlen willkommen ist: Auch sein Abschiedsschmerz darf sein. Sie können das aushalten. Gemeinsam mit Ihrem Kind können Sie morgens die passende Strategie für den Tag auswählen oder Sie etablieren ein festes tägliches Ritual.

Diese kleinen Routinen können helfen. Dass der Übergang in eine neue Lebenssituation aber wirklich gelingt, hängt vor allem von der Resilienz oder psychischen Widerstandsfähigkeit Ihres Kindes ab. Das ist eine sehr gute Nachricht, denn auch daran können wir gut zu Hause arbeiten.

RESILIENZ IN DER SCHULE? DAS IMMUNSYSTEM DER KINDERSEELE STÄRKEN!

Resilienz ist die Fähigkeit, sich von schwierigen Lebenssituationen nicht unterkriegen zu lassen, mit Belastungen und Krisen fertigzuwerden – ganz allgemein die seelischen Ressourcen zu haben, mit kleineren und größeren Rückschlägen auf gesunde Weise umzugehen.[37] Resilienz erhöht insgesamt unsere Stresstoleranz und unsere Fähigkeit, Krisen nicht nur auszuhalten, sondern neue Kraft zu schöpfen, wieder aufzustehen und weiterzumachen.

Resiliente Kinder besitzen persönliche Schutzfaktoren oder Resilienzfaktoren, die wesentlich dafür sind, sich trotz widriger Umstände und auch schwerer Rückschläge gesund zu entwickeln. Emmy Werner, eine US-amerikanische Entwicklungspsychologin, veröffentlichte 1977 eine Längsschnittstudie mit rund 700 Kindern (die sog. Kaui-Studie), die sie über vierzig Jahre begleitete.[38] Sie untersuchte darin die Auswirkungen bestimmter Risikofaktoren (Komplikationen bei der Geburt, Armut, familiäre Gewalt usw.) auf die Entwicklung der Kinder hin zu Erwachsenen. Das Ergebnis: Kinder, die diesen Risikofaktoren ausgesetzt waren, entwickelten sich wenig überraschend im Durchschnitt weniger gut, hatten häufiger körperliche und psychische Probleme und waren beruflich weniger erfolgreich.

Es gab aber auch Kinder, die sich trotz der schwierigen Verhältnisse, unter denen sie aufwuchsen, positiv entwickelten. Hier spricht die Forschung von resilienten Kindern. Nach Emmy Werner gibt es drei Schlüsselfaktoren, die wesentlich sind, damit Kinder Resilienz entwickeln: eine emotionale Bindung zu mindestes einer festen Bezugsperson, eine durchschnittliche Intelligenz sowie ein positives Temperament und zuletzt soziale bzw. gesellschaftliche Unterstützung. Wir können nicht alle diese Faktoren beeinflussen – aber gerade Schule kann den Raum bieten, sowohl positiv auf Temperament und Intelligenz zu wirken als auch ein Ort zu sein, an dem alle Kinder Sicherheit und Unterstützung erfahren. Denn eines geht aus der Resilienzforschung klar hervor: Resilienz ist nicht angeboren, sondern erlernbar! Resiliente Kinder sind Persönlichkeiten, die aktiv und problemorientiert der Welt begegnen und ihre eigenen Ressourcen nutzen, um Bewältigungsstrategien zu entwickeln. Sie glauben daran, dass ihre Handlungen Erfolg haben können und die Welt nicht außerhalb ihrer Kontrolle einfach stattfindet. Das alles sind persönliche Kompetenzen, die in jeder zukunftsfähigen Gesellschaft dringend gebraucht werden.

Es gibt sechs personale Schutzfaktoren, die unsere Kinder als Werkzeuge auch mit unserer Unterstützung entwickeln sollten:[39]

1. Selbstwahrnehmung: Ich verstehe mich selbst, ich kenne meine Stärken und Schwächen, weil ich weiß, was ich fühle.
2. Selbststeuerung: Ich kenn meine Gefühle, und ich weiß, wie ich sie reguliere, wie ich aus emotionalen Krisen herausfinde.
3. Selbstwirksamkeit: Ich bewirke etwas, kann meine Fähigkeiten einsetzen und selbstständig auch aus schwierigen Situationen herausfinden.

4. Soziale Kompetenz: Ich verstehe dich, ich verstehe, was du fühlst, weil ich mich verstehe. Ich kann darauf vertrauen, aufgefangen zu werden. Ich kann mich selbst behaupten und Konflikte angemessen lösen.

5. Problemlösefähigkeit: Ich kann Probleme selbst lösen und bin stolz darauf, denn ich leiste Großes. Ich kann aber auch andere fragen, mir dabei zu helfen, es selbst zu tun.

6. Adaptive Bewältigungskompetenz: Ich kann mit Stress umgehen. Ich finde auch danach wieder zu mir und ich kenne meine Grenzen.

Für Resilienz ist damit vor allem die innere Haltung entscheidend, wie auch der Psychologe und Journalist René Träder in seinem Buch *Das Leben so NEIN! Ich so: DOCH!* beschreibt.[40] Und dafür stehen Sie als Eltern, aber auch Lehrerinnen und Lehrer oder andere Vertrauenspersonen als echte Vorbilder ein. Die innere Haltung unserer Kinder zu stressigen Situationen wird davon geprägt, wie Kinder den Umgang mit diesen Situationen von ihren Bezugspersonen erleben. Das können wir gemeinsam üben!

Passend zu den personalen Schutzfaktoren gibt es Übungen und Tipps, die man als »Vitamine« für das Immunsystem der Psyche unserer Kinder verstehen kann. Um die Entwicklung der Schutzfaktoren zu befördern, brauchen unsere Kinder zunächst vor allem Anerkennung, Liebe, das bewusste Aufzeigen von Kompetenzen, das Gefühl, ernst genommen zu werden, und die Ermutigung, für sich selbst einzustehen.[41]

TIPPS, WIE MAN MIT DEN SCHUTZFAKTOREN UMGEHEN KANN:

- Selbstwahrnehmung bedeutet, sich selbst zu spüren und sich selbst seiner Gefühle bewusst zu werden. Regen Sie Ihr Kind an, ein Gefühlstagebuch zu führen, oder schreiben oder malen Sie es zusammen mit Ihrem Kind! Dafür gibt es ganz wundervolle Bücher. Die Kinder schreiben oder zeichnen selbst, was sie heute als besonders einprägsam empfunden haben, und können durch eine Reihe von Gefühlsangeboten (z. B. bestimmte Figuren oder Bilder im Buch) genauer differenzieren lernen, was sie dabei gefühlt haben. Das ist eine großartige Möglichkeit, die eigenen Emotionen besser zu verstehen.

- Alle Gefühle sind erlaubt und willkommen! Kinder brauchen Raum, die eigenen Gefühle erst mal zu spüren, für ihr »Du-Sein«, Zeit, das Gefühl für sich zu benennen. Wenn unser Kind außer sich ist, versuchen wir gemeinsam, Handlungsalternativen zu entwickeln, die Kindern dabei helfen, wieder zu sich zu finden. Diese Bewältigungsstrategien sollen dazu beitragen, dass Kinder lernen, sich in ihren Emotionen selbst aufzufangen. Das ist ein anstrengender und langer Lernprozess, der auch uns Erwachsenen häufig noch schwerfällt.

- Beziehen Sie Ihre Kinder aktiv in den Alltag ein, um die Problemlösefähigkeit zu befördern. Als Eltern oder Bezugspersonen bedeutet das, Geduld und Zurückhaltung zu entwickeln, damit Kinder lernen können, sich selbst etwas zuzutrauen. Oft unterbrechen wir das Handeln unserer Kinder durch Hilfestellungen, die sie eigentlich gar nicht brauchen. Legen Sie gemeinsam mit Ihren Kindern eine Liste mit Dingen an, die es im Haushalt zu erledigen gibt. Ihr Kind kann sich entscheiden, welche Bereiche es zukünftig eigenverantwortlich erledigt. Das dürfen auch fordernde Aufgaben sein, die planerische Aspekte haben, wie einen Einkaufszettel anlegen, das Frühstück vorbereiten oder regelmäßig das Kinderzimmer

saugen. Dabei dürfen unsere Kinder natürlich immer Hilfe und Unterstützung einfordern.

- Schulen Sie die Fähigkeit Ihrer Kinder, schon früh Stressoren zu erkennen. Sie können gemeinsam im Gespräch gezielt reflektieren: Gab es heute
etwas, das dir nicht gefallen hat? Was genau war das? Woran hast du be-
merkt, dass es dir nicht gefallen hat? Wie hast du deine Gefühle geäußert,
und hast du eine Idee, was du tun könntest, wenn so etwas noch einmal
passiert? Dieses Gespräch kann Ausgangspunkt dafür sein, ganz unterschiedliche Schutzfaktoren zu befördern, wie die Selbstwahrnehmung,
-steuerung und -wirksamkeit, die Problemlösefähigkeit und Adaptive
Bewältigungskompetenz.

NEUER ALLTAG, NEUE CHANCEN!

Der neue Alltag bedeutet für uns und unser Kind, echte Herausforderungen
zu meistern. Das bietet auch eine großartige Chance für unser Kind, selbstständiger zu werden, stolz auf sich zu sein, Hürden zu meistern, die eigene
Resilienz zu erproben und ganz neue Facetten der eigenen Persönlichkeit kennenzulernen und an sich selbst zu wachsen. Ihr Kind
hat die Möglichkeit, sich selbst neu zu entdecken. Dabei wird es
von Menschen begleitet, die wohlwollend einen Raum schaffen, sich in aller Sicherheit auszuprobieren. Wir als Eltern,
als Lehrer, als Schule haben in der Hand, wie wir diese prä-
genden ersten Erfahrungen gestalten. Das kann uns natürlich einschüchtern. Aber wir können uns auch entscheiden,
die Möglichkeiten des Neubeginns zu sehen, den uns dieser
Übergang gewährt.

Tipps für Eltern, um den kleinen Herausforderungen des Alltags zu begegnen:

- Kann das Kind die Trinkflasche und Brotdose selbst öffnen und verschließen? Die Schuhe an- und ausziehen? Das gibt Ihrem Kind Sicherheit.

- Es ist vollkommen in Ordnung, wenn man mal auf Toilette muss – auch während des Unterrichts! Üben Sie mit Ihrem Kind, den Mut zu haben, danach zu fragen.

- Sie können Ihr Kind behutsam an die Aufgabe heranführen, den Schulranzen und das Mäppchen selbst zu richten und zu tragen. Weniger ist mehr: Was braucht Ihr Kind wirklich im Ranzen an Dosen, Mäppchen, Beuteln und mehr?

- Üben Sie den Schulweg oder den Weg von der Schule bis zu Ihrem Teffpunkt. Prägen Sie sich mit Ihrem Kind »Landmarks« als Etappen ein, die man leicht wiedererkennen kann (Orte, Schilder, Bäume usw.). Den Schulweg selbst laufen zu können, ist ein Erfolg, mit dem jeder Tag positiv startet. Und der Rückweg erlaubt ein bisschen wertvolle Zeit mit Innenschau zu verbummeln.

- Mit welchem anderen Klassenkind möchte sich Ihr Kind verabreden? Aber auch wenn in den ersten Wochen keine neuen Freunde gefunden werden – bleiben Sie entspannt. Geben Sie Ihrem Kind Zeit, in die Situation hineinzuwachsen.

- Lassen Sie Ihr Kind von der Schule erzählen, aber fragen Sie es nicht aus. Manchmal müssen Sie auf Ihre Frage, wie es heute in der Schule war, einfach ein »Gut« aushalten. Seien Sie sich im Klaren, dass Kinder vielleicht manchmal auch einfach eine »Story« erfinden oder ausbauen, um Ihre fragende Neugier in Bezug auf den Schultag des Kindes zu bedienen. Versuchen Sie gezielter Fragen zu emotionalen Momenten zu stellen: Was war heute besonders lustig? Worüber musstest du heute in der Schule lachen?

KLEIN SEIN DÜRFEN, AUCH WENN DER »ERNST DES LEBENS« BEGINNT

Jeder kennt den Spruch vom Ernst des Lebens. Er zeichnet ein recht verantwortungsvolles und erwachsenes Bild von Schule. Die vielen Jahre in der Schule haben ja auch wirklich jede Menge mit Wachstum zu tun. Schule ist aber ganz sicher kein »Arbeitsplatz« für Kinder. Es ist vollkommen okay, wenn sich Unsicherheiten und Startschwierigkeiten entwickeln und unser Kind möglicherweise noch nicht allem gewachsen ist. Es braucht die Sicherheit unserer Empathie und den Raum, dass die eigenen Gefühle in Ordnung sind. Und das gilt auch für Emotionen, die allgemein vielleicht nicht so willkommen sind: Unsicherheit, Wut, Frustration, Traurigkeit, Angst; der Wunsch, wieder klein zu sein. Warum sollte es zum Beispiel selbstverständlich sein, dass unsere sechs- oder siebenjährigen Kinder keine Eingewöhnungszeit mit Eltern-Nähe in der Schule brauchen? Was unterscheidet unser Kindergartenkind von einem Tag auf den nächsten vom Schulkind? Warum glauben wir, für unser Kind sei es tragbar, in einem vollkommen neuen sozialen Umfeld voller fremder Kinder unter der Aufsicht fremder Erwachsener und in fremden Räumlichkeiten reibungslos zu funktionieren?

Unsere Kinder machen mit ihren kleinen Füßen beeindruckend große Schritte. Aber sie dürfen einfordern, zu Hause wie auch in der Schule noch klein sein zu dürfen. Egal ob wir diesen Übergang als Lehrkräfte moderieren oder als Eltern bewältigen, dürfen wir respektieren, dass unseren Kindern dieses Bedürfnis zusteht. Die Grundschule ist der Raum, um erste Schritte in einer schon etwas erwachseneren Welt zu gehen, in der viel mehr Anpassung und Leistung erwartet wird als je zuvor im Leben unserer Kinder. Und unsere Kinder können in Begleitung von Eltern und Lehrern, die ihnen auch mal einräumen, noch klein zu sein, bis zum Ende der Grundschuljahre alles lernen, was sie brauchen. Dafür braucht es viel weniger Anpassungsdruck und Konsequenz, als wir vielleicht glauben.

Klar, es gibt da ein paar empfindliche Spannungsfelder: etwa zwischen dem Wunsch, unseren Kindern Zutrauen in die eigenen Fähigkeiten zu schenken und ihnen gleichzeitig nicht das Gefühl zu vermitteln, sie müssten die Schule ganz alleine meistern. Vieles hat auch mit einem Vertrauensvorschuss zu tun. Die Lehrer und Lehrerinnen brauchen unser Vertrauen, dass sie die Kinder ihrer Erfahrung gemäß willkommen heißen, sie angemessen begleiten und gut vorbereitet sind. Gleichzeitig dürfen wir als Eltern darauf achten, dass von der Schule kein zu großer Anpassungsdruck ausgeht, der unsere Kinder dazu zwingt, sich nach fremden Wünschen zu verbiegen. Der Schulalltag ist ein ganz anderer als der Alltag im Kindergarten – und das ist auch richtig so. Der Übergang in diesen aufregenden neuen Alltag ist eine sensible Zeit. Wir dürfen unseren Kindern also gerne auch zugestehen, zwischendurch die Sicherheit zu suchen, die das Kleinsein gibt. Uns Erwachsenen würde es sicher auch hin und wieder guttun, in diesem übertragenen Sinne klein sein zu dürfen – einfach mal den ganzen Alltagsstress ablegen und alle Verantwortung von uns weisen zu dürfen.

Impulse für Eltern: Klein sein dürfen

- Nicht alle Probleme müssen sofort oder überhaupt gelöst werden. Es ist manchmal auch wichtig, einfach traurig oder bedürftig sein zu wollen und zu dürfen.

- Holen Sie Ihr Kind dort ab, wo es steht. Machen Sie bei Frustration ein Bindungsangebot: Nähe aufbauen, Hilfe anbieten: »Ich bin da.« – »Ich sehe dich.« – »Wie kann ich dir helfen?«

- Begegnen Sie der Wut oder Hilflosigkeit nicht mit eigener Wut. Das passiert schnell und ist verständlich, aber Ihre Aufgabe ist es zu co-regulieren, also Ihrem Kind dabei zu helfen, mit den Gefühlen, die es hat, zurechtzukommen. Wer selbst wütend oder gestresst reagiert, kann seinem Kind nicht dabei helfen, sich zu beruhigen.

- Halten Sie Erschöpfung oder andere emotionale Zustände aus, die Ihr Kind mit nach Hause bringt. Das ist leichter gesagt als getan, und wir werden als Eltern sicher öfter angeschnauzt, als wir es verdienen.

- Versuchen Sie in der Anfangszeit keine neuen Hobbys in den Alltag der Kinder zu integrieren – zwar sind die Nachmittage frei, aber Ihr Kind wird Leerlauf brauchen. Auch für neue Verabredungen.

Lernen ohne Scham und Vergleiche – am besten jahrgangsübergreifend

Wenn wir Schule mehr hinsichtlich der Bedürfnisse von Kindern denken möchten, ist ein Thema sehr wichtig: Kinder entwickeln sich unterschiedlich. Im Kapitel *Die Natur des Lernens* haben wir schon gesehen, dass Lernen ein zutiefst individueller Prozess ist, der sich von Kind zu Kind unterscheidet. Oft unterscheiden sich Kinder in ihrem Entwicklungsalter um mindestens drei Jahre.[42] Nicht nur die Körpergröße kann also bei gleichaltrigen Kindern stark variieren, sondern auch die Qualität der sprachlichen, motorischen, mathematischen Fähigkeiten sowie die Schreib- und Lesefähigkeit. Diese Variabilität zeigt sich in einer Vielfalt von Kompetenzen und Begabungen, die bei jedem Kind eine ganz individuelle Ausrichtung hat. Ein sprachlich begabtes siebenjähriges Kind kann in diesem Bereich dem Entwicklungsalter von durchschnittlich zehn Jahren entsprechen, beim Zahlenverständnis hingegen das Entwicklungsalter eines fünfjährigen Kindes aufweisen.[43] Das macht es für Lehrerinnen und Lehrer nahezu unmöglich, alle Kinder einer Jahrgangsklasse nach dem ersten

Schuljahr im Lesen, Schreiben und Rechnen auf das gleiche Niveau bringen zu wollen.

An diesem Punkt beginnen auch die ersten persönlichen Frustrationserlebnisse mit Schule. Ist die Jahrgangsklasse der Maßstab, zeigt sich recht schnell, wer etwa beim Lesen »mithält« und wer diese verallgemeinerten Erwartungen zu einem bestimmten Zeitpunkt (noch) nicht zufriedenstellend erfüllen kann. Auch uns Eltern kann das stark verunsichern, wenn wir in den Vergleich mit anderen gehen oder wir in der Schule hören, dass Kompetenzen wie Lesen oder Rechnen noch nicht gut genug ausgebildet sind.

FRUST UND SCHAM DURCH VERGLEICHE

Lernen ist ein ziemlich komplexer Prozess. Dass er sich von außen nicht direkt beobachten lässt, macht es auch nicht leichter. Was wir aber feststellen können, ist eine Veränderung als solche. Wir brauchen einen spürbaren Unterschied zwischen einem *Vor* und einem *Nach* dem Lernen, um etwas über das Gelernte aussagen zu können. Der »Vergleich« ist unabdingbar mit dem Lernen verknüpft. Offensichtlich hat Lernen dann stattgefunden, wenn jemand eine neue Fähigkeit entwickelt oder sich eine Kompetenz verbessert hat.

Kinder nehmen zunächst einmal relativ wertfrei hin, dass Eltern, ältere Geschwister oder andere Kinder im Kindergarten einfach »Dinge« schon können. Das gehört zu ihrem Alltag. Fasziniert beobachten sie im Kindergarten andere Kinder beispielsweise beim Schaukeln. Der Wunsch, es ihnen gleichzutun, ist so groß, dass sie mit eisernem Willen und Ausdauer so lange üben, bis sie es können.

Wir können das Erlernen einer motorischen Fähigkeit wie Schaukeln nicht 1:1 mit komplexeren Kompetenzen wie Lesen und Schreiben vergleichen.

Trotzdem stellt sich doch die Frage, warum in der Schule viele Kinder Frust und Scham empfinden, wenn sie realisieren, dass sie beispielsweise noch nicht so gut lesen können wie andere Kinder. Denn das Kollektiv, also die anderen Kinder, stellen ebenso den Referenzrahmen dar, mit dem ein Vergleich stattfindet. Die jeweilige Umwelt, die Lerngruppe bzw. die Klasse hat auf diese Weise Einfluss auf die Selbstwahrnehmung und das individuelle Erleben.

Es mag Kinder geben, die dadurch angespornt werden, zu Hause mit Kinderbüchern Lesen zu üben, um beispielsweise genauso gut lesen zu können wie die beste Freundin. Für die meisten Kinder trifft das allerdings nicht zu. Gerade laut vorlesen zu müssen, übt auf viele Kinder enormen Druck aus. Scham und Stress sind unübersehbar. Hier lohnt es sich, etwas genauer hinzuschauen, welche Erwartungen und Ängste die unterschiedlichen Personen haben – vor allem Lehrer und Eltern – und welche Negativspirale möglicherweise losgetreten werden kann.

Ein Beispiel: Die siebenjährige Sarah meldet sich nie beim Vorlesen. Die Lehrerin gestaltet das Lesen derart, dass alle Kinder drankommen und je nach Vermögen unterschiedlich lange vorlesen. Sarah ist die Anspannung deutlich anzusehen. Die einzelnen Buchstaben zu lesen und zu Silben und ganzen Wörtern zusammenzuschleifen, gelingt ihr nur mühsam. Die ganze Klasse wartet geduldig, bis sie einen Satz vorgelesen hat. Alle atmen kollektiv auf, wenn das nächste Kind drankommt. Der direkte Vergleich mit den gleichaltrigen Kindern macht Sarah zu schaffen. Sie schämt sich, dass sie noch nicht so gut lesen kann. Vor Schulbeginn hatte sie sich sehr auf das Lesenlernen gefreut, nun ist ihr die Freude daran irgendwie verdorben. Sie versucht, diese Schwäche zu verbergen und vermeidet alles, was mit Büchern und Lesen zu tun hat.

Der Auftrag von Sarahs Lehrerin im Fach Deutsch ist, im ersten Schuljahr die Basis zu legen. Sie muss die Kinder in die Lage versetzen, alle Buchstaben zu schreiben, zu erkennen und mit den entsprechenden Lauten zu verbinden. Lesefähigkeit und Textverständnis sollen die Kinder zunächst mit kleineren, dann mit längeren Texten üben. Weiterhin sollen die Kinder eigenständig kleinere Texte verfassen und erste grammatikalische Strukturen erkennen können. Da die Lehrerin weiß, was schon im darauffolgenden Schuljahr auf die Kinder zukommt, bittet sie Sarahs Eltern darum, das laute Vorlesen mehr zu Hause zu üben. Sie will eventuellen Vorwürfen gleich den Wind aus den Segeln nehmen und stellt im Elterngespräch klar, dass Sarahs Schwierigkeiten nicht an ihrem Unterricht liegen. Sie ist der Meinung, dass Sarah bald besser lesen kann, wenn sie daheim übt, und dass die Eltern dies aktiv unterstützen müssen.

Sarahs Mutter hat schon vor der Schule gemerkt, dass ihre Tochter kaum Interesse an Buchstaben hat, das abendliche Vorlesen aber sehr gerne mochte. Auch hat sie Sarah immer wieder erzählt, wie toll es ist, Schulkind zu sein und Lesen zu lernen. Nach dem Gespräch mit der Lehrerin ist sie jetzt sehr verunsichert. Hätte sie früher reagieren sollen, vielleicht ihr Kind durch Vorschulhefte und kleine Trainingsprogramme besser auf die Schule vorbereiten müssen? Sie möchte Sarah die beschämenden Vorlese-Situationen in der Klasse gerne ersparen und nimmt sich daher vor, mit Sarah abends zu lesen. Das ursprünglich schöne Mutter-Tochter-Ritual wird mit der Zeit jedoch zur Tortur. Sarah weigert sich immer mehr, der Mutter vorzulesen, und die Beziehung der beiden leidet darunter. Oft fließen auch Tränen. Sarahs Mutter erscheint es als Outsourcing-Maßnahme der Schule, den Auftrag, Sarah das Lesen beizubringen, an die Eltern auszulagern. Frustriert stellt sie das abendliche Vorlesen ein und nimmt sich vor, beim nächsten Elterngespräch bei der Lehrerin anzusprechen, dass sie diese Aufgabe zukünftig nicht mehr leisten kann.

Dieses oder ähnliche Fallbeispiele spielen sich tagtäglich an unseren Schulen ab. Die weitere Entwicklung können wir fast schon erahnen. In den darauffolgenden Gesprächen schieben sich Sarahs Mutter und die Lehrerin vermutlich die Verantwortung gegenseitig zu. Erwartungen, unhinterfragte Annahmen und Vorwürfe können dabei eine ungünstige Rolle spielen. Vielleicht geht es auch mehr darum, wer der Erwachsenen nun Schuld und versagt hat, und weniger um Sarahs individuelle Anlagen und Fähigkeiten. Oft kommen in solchen Gesprächen dann noch weitere »Defizite« zur Sprache: schwieriges Sozialverhalten, mangelnde Motivation, geringe Impulskontrolle, erschwerte Teamfähigkeit.

Persönliche Geschichten gibt es auf beiden Seiten zuhauf: Im Lehrerzimmer muss sich die Lehrerin nach dem furchtbaren Gespräch mit der Mutter erst mal Luft verschaffen, denn sie fühlt zu Unrecht ihre berufliche Kompetenz und Erfahrung infrage gestellt. Gleiches gilt umgekehrt. Die Mutter erzählt vor der Schule einer anderen Mutter aus der Klasse vom Unvermögen der Lehrerin und welche unguten Gefühle und Sorgen sie nun damit hat. Nicht selten entsteht dadurch eine Abwärtsspirale, aus der die beteiligten Erwachsenen kaum mehr herausfinden. Sicherlich gibt es auch Beispiele, wo die Kommunikation zwischen Schule und Elternhaus besser verläuft. Wenn nicht, kann sich das über die gesamte Schulzeit des Kindes an der entsprechenden Schule hinziehen.

Leidtragende sind die Kinder, denn es fällt uns Erwachsenen oft schwer, uns von Erwartungen und Ängsten zu befreien, die wir im Allgemeinen mit Schule verbinden. Möglicherweise haben wir Eltern eigene schlechte Erfahrungen in der Schule gemacht und geben unsere persönlichen Traumata unbewusst weiter. Was können wir tun?

WIE WIR UNSERE KINDER ZU HAUSE AM BESTEN UNTERSTÜTZEN

Erwarten wir weder vom Lehrer noch von unserem Kind auf jedem Gebiet exzellent (= sehr gut) zu werden. Dieser Anspruch ist immer wieder, auch bei verständnisvollen und bedürfnisorientierten Eltern, zu beobachten. Wenn beispielsweise Ehrgeiz, Leistungsbereitschaft und Erfolg zu den Treibern gehören, die wir selbst als Erwachsene (möglicherweise auch durch Kindheitserfahrungen) verinnerlicht haben, fällt es vielleicht besonders schwer, wenn das eigene Kind ganz andere Verhaltensweisen an den Tag legt. Hinterfragen wir lieber genau, warum ein bestimmtes Verhalten uns als Elternteil »triggert« – es bietet uns einen Schlüssel zu unserer eigenen Biografie und unseren verinnerlichten Glaubenssätzen wie etwa »Ich werde dann gesehen, wenn ich fleißig und erfolgreich bin«. Vielleicht haben Sie noch Zugang zu Ihren eigenen alten Schulberichten und Zeugnissen? Vergleichen Sie Ihr inneres Bild von den eigenen Schulleistungen, das Sie über die Jahre von sich selbst entwickelt haben, mit den tatsächlichen schriftlichen Berichten und Noten von damals. Es könnte überraschend sein.

Möglicherweise fragen viele von uns sich an der Stelle auch, wie wir uns verhalten sollen, wenn sich unser Kind partout gegen bestimmte Lerninhalte wehrt, zum Beispiel dem Lesen, wie das in unserem Beispiel der Fall ist. Es muss doch geübt werden, da führt doch kein Weg daran vorbei? Viele Eltern fühlen sich insbesondere dann hilflos, wenn eine bestimmte Kompetenz, ein bestimmter Standard in einem bestimmten Alter, einer bestimmten Entwicklungsphase typischerweise erwartet wird. Was tun, wenn das eigene Kind aber einfach nicht mitspielt? Wir sind als Eltern gefangen in dem Dilemma, dass wir einerseits keinen übermäßigen Druck aufbauen möchten, andererseits möchten wir unserem Kind Misserfolgserlebnisse und Scham in Form schlechter Noten bzw. Versagen vor anderen Kindern, der Lehrerin oder dem Lehrer ersparen. Wir sollen also locker bleiben und gleichzeitig unser Kind sehenden Auges ins offene Messer laufen lassen? Eine kaum aushaltbare Vorstellung.

Hier gibt es kein Universalrezept, wie wir als Eltern »alles richtig« machen und zur Zufriedenheit aller agieren können. Befreien wir uns auch von diesem Glaubenssatz, es immer und jederzeit 100 Prozent perfekt machen zu müssen, um jeglichen Nachteil und Schaden von unserem Kind abzuwenden. Die permanente Überforderung des Kindes hilft aber auch nicht weiter – »das Gras wächst nicht schneller, wenn man daran zieht«, lautet eine Redensart, die in dem Kontext sehr passend ist. Wir müssen akzeptieren, dass manche Dinge eben länger dauern, bis unser Kind sie lernt. Es ist in Ordnung, wenn wir, um beim Lesebeispiel zu bleiben, kleine »Übungshäppchen« in die tägliche Routine einbinden: Zuerst lese ich dir vor und dann darfst du ein, zwei Sätze (oder mehr) lesen. Wir sollten aber alles vermeiden, was mit Druck und Drill geschieht, denn das wirkt sich auf die Beziehung zu unserem Kind aus. Etwa: »Ich lese dir erst dann vor, wenn du deine Übungen ordentlich beendet hast!« Ein Kind lernt am besten, wenn es sich geborgen und gesehen fühlt – ganz unabhängig von seinen Anlagen.

INDIVIDUELLES LERNEN

Uns Erwachsenen fällt es bei aller Buntheit und Vielfalt in unserer Gesellschaft sichtlich schwer, zu akzeptieren, dass auch unsere Kinder mit verschiedensten Anlagen, Fähigkeiten und Entwicklungsgraden im Alter zwischen sechs und sieben Jahren in die Schule starten. Würde sich vielleicht etwas an unserer Einstellung und Haltung ändern, wenn wir durch andere Strukturen von Schule und Unterricht der natürlichen Vielfalt der Kinder pädagogisch besser begegnen könnten? Denn um eins kommen wir nicht herum: Die Wurzeln von Frust und Scham liegen eigentlich in der Rigidität, mit der das System aufgesetzt ist: Jahrgangsklassen, Standards, kurze Grundschulzeit, Übergänge in weiterführende Schularten. Kinder derart nach Alter in Bezug auf bestimmte Leistungsstandards zu unterrichten, wird ihnen nicht gerecht. Diese Vereinheitlichung wird aber auch aktuell konsequent beibehalten, da Jahrgangsklassen in unserem Schulsystem eine recht lange Tradition haben:

Jahrgangsklassen haben ihre historischen Wurzeln in der schulorganisatorischen Form des Unterrichts in Preußen vor ca. 180 Jahren. Damals ging man davon aus, dass die intellektuelle Entwicklung an das körperliche Wachstum gekoppelt ist und in festen Phasen verläuft. Dieses Prinzip wurde schon von den Reformpädagogen zu Beginn des 20. Jahrhunderts heftig kritisiert. Bis heute hat sich die Annahme vermeintlich homogener Lerngruppen als Grundvoraussetzung erfolgreichen Lernens in der Organisationsform der Jahrgangsklasse hartnäckig gehalten. Zeit, dies zu ändern!

Wir müssen ernsthaft überlegen, ob es sinnvoll ist und zur natürlichen Entwicklung der Kinder beiträgt, Unterricht hauptsächlich in Jahrgangsklassen zu organisieren, wenn es derart enorme Entwicklungsunterschiede gibt. Wie im vorangegangenen Beispiel Lesekompetenz dargestellt, wirkt sich der Vergleich zwischen Sarah und den anderen Kindern der Klasse sehr negativ auf ihre Motivation aus. Sarah bräuchte ein auf ihren Lernstand angepasstes Vorgehen, um motiviert zu bleiben und Versagensgefühlen und Selbstwertzweifeln vorzubeugen.

Dieser Unterschiedlichkeit von Lernenden kann Schule im Prinzip nur durch konsequente Individualisierung von Lerninhalten gerecht werden. Wie aber sollen Lehrer und Lehrerinnen das leisten? Wie kann Unterricht organisiert werden, bei dem die Kinder weder unter- noch überfordert werden? Landen wir dann nicht wieder beim Einzelunterricht? Sind dann am Ende Lern-Apps und individualisierte Lernprogramme die Heilsbringer?

Damit die Kinder weitgehend selbstständig und individuell arbeiten können, müsste zunächst der aktuelle Lernstand beispielsweise in Mathematik erfasst und das maßgeschneiderte Lernprogramm dahingehend angepasst werden. Lehrerinnen und Lehrer müssen also auch in ihren diagnostischen Fähigkeiten gut ausgebildet werden. Denn das Leistungsniveau und den Entwicklungsstand in den Fächern für jedes Kind individuell einschätzen zu können, ist eine nicht zu unterschätzende Herausforderung.

Denken wir das weiter, könnte beispielsweise ein Kind im zweiten Schuljahr schon so große Fortschritte erzielt haben, dass es in Deutsch auf dem Niveau eines Drittklässlers arbeitet. Oder umgekehrt: Ein Kind braucht gemäß seiner inneren Anlage und Fähigkeit etwas länger, um in Mathematik ein Zahlen-Mengenverständnis aufzubauen. Das alles hätte weitreichende Konsequenzen. Manche Kinder bräuchten vielleicht etwas länger, um die Grundschulzeit zu durchlaufen, wenn man von den Ansprüchen ausgeht, die der Bildungsplan in Klasse 4 voraussetzt. Diese Standards müssen Grundschulen erreichen, damit die Kinder auch die fachlichen Voraussetzungen für den Übergang in die weiterführenden Schularten mitbringen. Dies gilt in den meisten Bundesländern zumindest für die Fächer Deutsch und Mathematik.

Und schließlich: Würden wir Eltern damit klarkommen, dass die Grundschulzeit so lange dauert, wie sie eben dauert? Was tun, wenn Kinder schon längst dem Grundschulstandard in einem Fach wie Deutsch entsprechen, nicht aber in Mathematik? Wo ziehen wir dann eine altersmäßige Grenze, und wie sieht die Empfehlung für die weiterführende Schule aus? Es ist nachvollziehbar, dass es Eltern Sorgen bereitet, wenn sie ihr Kind ein Jahr länger in der Grundschule belassen müssten, damit mehr Zeit ist, sich mit bestimmten Lerninhalten auseinanderzusetzen. Insbesondere Eltern von Mädchen befürchten, dass ihr Kind dann schon körperlich stark entwickelt in einer 5. Klasse sitzt. Letztlich ist es wieder der Blick auf das einzelne Kind, der entscheiden sollte: Von seinem Selbstbewusstsein hängt ab, inwieweit es sich selbst akzeptiert, so wie es aussieht oder was es kann. *Ich bin so, wie ich bin – so what?* Wenn wir es schaffen, dass unsere Kinder diese Haltung und eine gute Resilienz entwickeln, wie im Kapitel *Den Übergang vom Kindergarten in die Schule gut gestalten* beschrieben, haben wir schon viel gewonnen. Und wie bereits angesprochen: Auch wir als Eltern dürfen uns mit unserem Ego auseinandersetzen und uns hinterfragen, ob es uns bei unserer Sichtweise tatsächlich um das Kind geht oder uns der Abschied von unhinterfragten

Annahmen und Erwartungen zu schwerfällt. Es ist nicht einfach, sich als Eltern einzugestehen, dass wir enttäuscht sind, wenn sich Dinge anders entwickeln als erwartet, und wir lernen müssen, damit umzugehen.

ANSCHLUSSPROBLEM WEITERFÜHRENDE SCHULE

Setzen wir eine längere Grundschulzeit wirklich um, würde es auch Fälle geben, in denen Kinder nicht nur ein weiteres, sondern mehrere Jahre in der Grundschule verbleiben müssten, bis sie einen bestimmten Standard, der für ein Fach, beispielsweise Mathematik, definiert wurde, erreicht haben. Laut Untersuchungen gibt es nicht wenige Mittelstufenschüler, die sich in bestimmten Fächern auf dem Niveau von Grundschülern befinden. Nicht nur die Grundschulen, auch die weiterführenden Schulen müssten sich von Grund auf ändern, um dieses »Anschlussproblem« aufzulösen. Wir müssten uns demnach von gleichen fachlichen Standards verabschieden, die alle Kinder bis Ende der Grundschulzeit erreichen müssen. Machen wir uns nichts vor: Diese Standards sind und waren sowieso zu keiner Zeit immer erreicht. Viele Kinder schaffen es etwa durch die Grundschule, obwohl sie kaum richtig lesen können – da kann man wohl kaum von standardisierten Lernniveaus sprechen. Die Erwartung, dass Kinder möglichst auf Gleichstand gebracht werden müssen, damit ihnen kein »Stoff fehlt«, der an den weiterführenden Schulen vorausgesetzt wird, ist nicht mit dem Ansatz vereinbar, Lernziele am individuellen Entwicklungsstand auszurichten. Geht man von den Stärken und Begabungen des einzelnen Kindes aus, sollte es weniger einheitliche Leistungsziele und mehr individualisierte Lernziele geben, die sich aber an einem gemeinsamen Orientierungsrahmen ausrichten könnten.

Der Anspruch, dass alle Kinder am Ende von vier Jahren Grundschule auf dem gleichen Kompetenzniveau sein sollen, ist bestenfalls weltfremd, schlimmstenfalls führen die Bemühungen nur zu mehr Druck aufseiten der Lehrer, Eltern und natürlich der Kinder. Wir dürfen diese Vorstellung über Bord werfen – und zwar für alle Schularten und die gesamte Schulzeit.

Schulen sollten keine Orte sein, an denen ein »Noch nicht« an bestimmten Kompetenzen so früh im Leben einen so großen Einfluss auf jeden weiteren Schritt der Schullaufbahn hat. Viele Eltern fangen oft in der vierten Klasse (oder früher) an, sich um ihr Kind existenzielle Sorgen zu machen und Druck aufzubauen. Vielleicht sind sie sogar ehrlich enttäuscht darüber, dass ihr Kind nicht in der kurzen Zeit ein bestimmtes Leistungsniveau erreicht hat, das es für eine bestimmte Schulart braucht. Wie soll es mit meinem Kind nur im System Schule weitergehen, wenn es nicht den vorgegebenen Standard erfüllt? Die anderen haben es doch auch geschafft, warum gerade mein Kind nicht?

Und was macht das mit unseren Kindern, die eigentlich auf so vielen unterschiedlichen Gebieten jeden Tag großartige Fortschritte machen? Die Grundschulzeit ist viel zu kurz, um die Kinder in unterschiedliche Schularten zu selektieren. Damit ist Deutschland gemeinsam mit Österreich allein auf weiter Flur – denn europäischer Standard ist längst eine mindestens sechsjährige Grundschulzeit. Betrachten wir die skandinavischen Länder, wie wir es seit PISA so gerne machen, besuchen die Kinder etwa in Schweden, Finnland und Dänemark ganze neun Jahre gemeinsam die Schule, bevor sie verschiedene Wege gehen – in Norwegen sind es sogar zehn Jahre. In Island sind es sieben Jahre, in Neuseeland acht und in Estland neun. Aber auch in Australien, Kanada, Japan, Südkorea und China oder den USA beträgt die gemeinsame »Grundschulzeit« mindestens sechs Jahre, bis die Kinder sich nach Interessen und Fähigkeiten für bestimmte weiterführende Schulen etc. entscheiden.

Dabei geht es nicht um die reine Verlängerung der Grundschulzeit, sondern dass mehr Zeit sicherlich hilft, individuelle Lernprozesse zu ermöglichen und in einem anderen System länger gemeinsam zu lernen. Die weiterführende Schule erlaubt dann auch sinnvollerweise, auf eine stärkere Individualisierung und Spezialisierung zurückzugreifen, die im Laufe der Jahre entsteht – vielleicht können bestimmte Fächer abgewählt werden, da Kernkompetenzen bereits erworben wurden, oder es gibt ein Kurssystem, das basale Kenntnisse vermittelt und Raum lässt, selbst auszuwählen, wo Schwerpunkte nach eigenen Interessen und Befähigungen zu setzen sind.

JAHRGANGSMISCHUNG – GEMEINSAM LERNEN

Differenziert zu unterrichten ist kein neuer Trend. Da es in früheren Zeiten oder bei geringer Einwohnerzahl nicht genug Kinder gab, um eine Jahrgangsklasse zu bilden, bildeten kleinere Gemeinden »jahrgangsübergreifende« (altersgemischte) Klassen. Das gleiche Prinzip galt auch für sozial besser gestellte Familien, die sich einen Privatlehrer leisten konnten, der die altersverschiedenen Geschwisterkinder gleichzeitig unterrichtete. Die Vorteile liegen in beiden Fällen auf der Hand: Die Kleinen konnten sich einiges von den Großen abschauen und dadurch wichtige Beobachtungen hinsichtlich sozial erwünschter Verhaltensweisen machen. Ältere Kinder mussten sich um die jüngeren kümmern und Verantwortung übernehmen.

Auch heute gibt es bundesweit einige Schulen, die *Jahrgangsübergreifende Gruppen* zu ihrem Organisationsprinzip gemacht haben und positiv über Synergie-Effekte und den verstärkten Aufbau sozialer Kompetenzen ihrer Schüler berichten. Kinder können sich gegenseitig besser helfen, vertiefen und wiederholen ihr eigenes Wissen durch das Erklären von fachlichen Inhalten gegenüber anderen Kindern und brauchen diesbezüglich nicht die permanente Unterstützung der Erwachsenen. Dabei trainieren sie auch ihre kommunikativen Fähigkeiten: Wie gehe ich auf jemand zu, von dem ich etwas möchte? Wie grenze ich mich ab, wenn ich nicht gestört werden möchte? Wie gehe ich mit Zurückweisung um?

Eine längere gemeinsame Schulzeit ist auch deutlich einfacher mit dem gesellschaftlichen Auftrag vereinbar, Kinder mit größerem Förderbedarf besser zu integrieren. Denn wenn wir den Druck lösen können, die Kinder im gleichen Alter auf das gleiche Niveau zu bringen, ist mehr Raum für unterschiedliche Leistungen. Das bedeutet auch, dass Kinder, die in manchen Bereichen noch nicht so weit sind wie die anderen, nicht von Ausgrenzung bedroht sind. Es ist ein deutlicher Widerspruch, wenn man das Recht auf Inklusion und individuelle Förderung in Schulgesetzen verbrieft und gleichzeitig die Verbindlichkeit von Lernzielen festschreibt. Wichtig wäre dann natürlich, dass man den Schulen zusätzliches Personal zur Verfügung stellt, also Personen, die entsprechend ausgebildet sind und noch bessere diagnostische Fähigkeiten haben (z. B. weil sie Kenntnisse in der Sonderpädagogischen Bildung haben) – für die gesamte Zeit, die das Kind in der Schule verbringt, im Unterricht und den Pausen.

Die Herausforderungen, die eine Jahrgangsmischung mit sich bringt, sind keineswegs trivial. Viele Lehrer gehen davon aus, dass sie die Mehrbelastung nicht tragen können. Sie müssten mit einer Lerngruppe, die sich aus allen Jahrgangsstufen (1 bis 4) zusammensetzt, quasi in einem Schuljahr fachlich die komplette Grundschulzeit durchlaufen – und das Jahr für Jahr. Wird Jahrgangsmischung in dieser Form gestaltet, arbeiten beispielsweise 22 Kinder zeitgleich an Büchern und Heften der unterschiedlichen Klassenstufen. Selbstverständlich kommen auch während der Bearbeitungszeit Fragen auf, die sich nicht durch Hilfe der Mitschüler klären lassen. Der Lehrer oder die Lehrerin muss also zentral verfügbar sein, Fragen beantworten, Bearbeitetes überprüfen und dabei permanent zwischen den Aufgabenstellungen der unterschiedlichen Klassenstufen 1 bis 4 hin- und herswitchen. Das braucht nicht nur ein »Mehr« an Personal, sondern auch ein anderes Rollenverständnis für Lehrkräfte.

Auch Eltern befürchten, dass ihnen bei dieser Organisationsform die Übersicht fehlt und ihr Kind womöglich übersehen wird, weil extrovertiertere oder ältere Mitschüler die Aufmerksamkeit der Lehrperson binden. Geht mein Kind in so einer heterogenen Gruppe vielleicht unter? Kann es seine Bedürfnisse im Vergleich zu älteren, kommunikativ »überlegeneren« Kindern formulieren? Diese Ängste sind durchaus nachvollziehbar. Tatsächlich kommt es auf die Zusammensetzung und die professionelle Leitung dieser individuellen Gruppe an. Das spielt in der Schule aber immer eine Rolle – egal, ob es sich um eine altersgleiche Jahrgangsklasse handelt oder eine jahrgangsgemischte Gruppe von Kindern.

IMPULS AUS DER DRAUSSENSCHULE: JAHRGANGSMISCHUNG AN DER DRAUSSENSCHULE

An der Draußenschule haben wir uns über die Organisation von Gruppenmischungen im jahrgangsübergreifenden Unterricht viele Gedanken gemacht. Mir ist wichtig zu betonen, dass wir uns in einem fortschreitenden Prozess befinden und noch keine perfekte Lösung haben. Grundsätzlich geht es uns um eine Balance: zwischen individualisiertem und gemeinschaftlichem Lernen, Lernmöglichkeiten innerhalb und außerhalb der Klassenzimmer, ruhigen und aktiveren Phasen. Nach dem gemeinsamen Morgenkreis und Frühstück gehen alle Kinder in unterschiedliche Lerngruppen und wir widmen uns in dieser Zeit vornehmlich den fachlichen Inhalten aus den Bereichen Mathematik und Deutsch.

Individualisiert lernen in Lerngruppen – indoor

Diese konzentriert-ruhigere Phase dauert neunzig Minuten. Sie findet drinnen statt und in festgelegten Gruppen. Die Schulanfänger bleiben in einer kleinen Lerngruppe von ca. zehn Kindern zusammen. Im Anfangsunterricht werden die Grundlagen für Schreiben, Lesen und Rechnen gelegt. Alle anderen Kinder sind zur gleichen Zeit in jahrgangsgemischten Lerngruppen organisiert, wobei auch bei uns jedes Schuljahr auch immer räumliche und personelle Bedingungen in den organisatorischen Rahmen hineinspielen.

Wir haben uns dafür entschieden, die beiden anderen Lerngruppen mit jeweils ca. 15 Kindern nach unterschiedlichen Gesichtspunkten aufzuteilen. Einerseits spielen *äußere Faktoren* wie ähnliche Gruppengröße und Geschlechterverhältnis eine Rolle, andererseits gibt es auch *innere Faktoren*: Wer kann mit wem gut arbeiten? Wer kann sich schon relativ eigenverantwortlich organisieren, wer braucht dabei noch mehr Unterstützung?

Die Kinder arbeiten mit Unterrichtsmaterial für Schulanfänger (Stufe 1) oder eben mit Heften und Büchern der jeweils höheren Stufen (2 bis 4). Mit dieser Methode schaffen wir Lernsituationen, in denen Kinder von den erwähnten Synergie-Effekten und sozialen Vorteilen der Jahrgangsmischung profitieren. Die Schulmaterialien der Verlage sind jedoch noch weitgehend so gestaltet, dass sie die Lerninhalte und Kompetenzen einer definierten Klassenstufe bündeln, die teilweise ja auch progressiv aufeinander aufbauen. Damit ist aber klar definiert: Dieses Kind arbeitet mit Lernmaterial der Stufe 2, ein anderes Kind mit Stufe 3 – die Zuordnung ist anhand der zugewiesenen Lernmaterialien auch für alle anderen Kinder erkennbar.

Unsere Vision geht aber in eine andere Richtung: Mit individualisiertem Material könnte eine jahrgangsgemischte Lerngruppe die Möglichkeit erhalten, in *fachlichen Kompetenzabstufungen* (z. B. Zahlenraum 20, 100, 1000 usw.) aus ihrem aktuellen Entwicklungsstand heraus zusammenzukommen und zu lernen. Dafür bräuchten wir Lernmaterialien, die eine flexible Abstufung von fachlichen Lerninhalten zulassen, sodass Kinder in ihrem Tempo und relativ selbstständig nach ihrem tatsächlichen Lernstand arbeiten können. Digitale Lernprogramme für Mathematik und Deutsch könnten ergänzend eingesetzt eine gute Lösung bieten. Durch KI-basierte, automatisierte Rückmeldung und aktive Selbstkontrolle wären die Kinder in der Lage, relativ autonom zu arbeiten. Die Lehrperson kann sich um fachlichen Input mit einer Kleingruppe von Kindern live und interaktiv kümmern. Beispielsweise kann man eine Gruppe Kinder zusammenfassen, die das Verständnis für das Zahlen-Stellenwertsystem so weit entwickelt haben, dass zum Beispiel die Kommaschreibweise für Geldbeträge eingeführt und praktisch erarbeitet werden kann. Ist dieses Grundverständnis noch nicht vorhanden, ist es für Kinder schwer nachvollziehbar, warum 39 Cent auch als 0,39 ct geschrieben werden können bzw. 9 Cent als 0,09 ct.

Die Idee ist also, einen hybriden Mix aus analogem fachlichem Input in Kleingruppen zeitgleich mit digitalem und individualisiertem Lernen und Üben zu kombinieren. Im besten Fall geschieht das auf eine Art, die es jedem Kind erlaubt, an einem eigens auf seine Bedürfnisse zusammengestellten Programm zu arbeiten. Sicherlich gibt es dafür auch schon digitale Lösungen – in der schulischen Realität ist dies allerdings noch nicht angekommen. Auf diese Weise ist es möglich, die Kinder optimal auf ihren jeweils individuellen Leistungsniveaus zu begleiten. Die Zusammenstellung der Gruppen kann darüber hinaus auch noch von Fach zu Fach variieren, um das Lernen stärker zu individualisieren.

Gemeinsam lernen – outdoor

Anschließend wechseln wir nach einer kurzen Pause um 10.45 Uhr die Organisationsform. An den allermeisten Tagen ist dies auch die Phase für den Unterricht außerhalb des Klassenzimmers. Meist gibt es zwei unterschiedliche Angebote, etwa donnerstags Musik und Englisch, die parallel stattfinden. Für das Fach *Englisch* starte ich als Lehrerin beispielsweise mit der Beginners-Gruppe, während die Advanced-Gruppe *Musik* macht – danach wird gewechselt. Mittwochs sieht diese Phase des gemeinsamen Lernens aber wieder anders aus. Alle Kinder arbeiten fächerübergreifend

in wiederum unterschiedlichen Gruppenkonstellationen nach dem Modell des *Deeper Learning*, welches wir in den nachfolgenden Seiten noch genauer beschreiben werden.

Diese Phase des Tages ist aktiver, mit viel Bewegung und Kommunikation verbunden, und findet je nach Thema, Lernort und Wetterverhältnissen außerhalb des Klassenzimmers statt. Auch hier gibt es keine stringente Durchführung – mal sind die Kinder für eine Sequenz draußen, kehren dann wieder in unsere Räumlichkeiten zurück und umgekehrt.

Nach einem gemeinsamen Mittagessen und Pause folgt unser aktiver Block am Nachmittag. Am Montag und Dienstag gibt es jeweils zwei jahrgangsgemischte Gruppen, die Angebote zum Thema Medien und Kunst besuchen. Die Gruppen sind ähnlich wie in Englisch in *Beginner* und *Advanced* unterteilt, um zu gewährleisten, dass unsere Kinder im Laufe der Schuljahre Inhalte erfahren, die aufeinander aufbauen. Im Fach Medien gehen wir nach einem bausteinartigen Programm vor, das verschiedene Inhalte zum Lernen mit und über Medien altersgemäß beinhaltet und aufeinander aufbaut.

Growth Mindset – Selbstbilder und die Kraft der inneren Haltung

Kinder aller Altersstufen sind neugierig. Sie wollen lernen, sie wollen wachsen, sich entwickeln und Fortschritte machen. Der Lernprozess fühlt sich gut an, auch weil das Ergebnis dem Grundbedürfnis unserer Kinder, sich als kompetent wahrzunehmen, entspricht. Dieser Wille zum Lernen aus sich selbst heraus, im wahrsten Sinne mit eigenem Antrieb, nennt man auch intrinsisch motiviertes Lernen. Und da wollen wir hin. Als Gesellschaft (Stichwort: lebenslanges Lernen) und eben insbesondere auch in den Schulen.

Denn irgendwann im Laufe der Schulzeit – meist schon recht früh – stellen wir fest, dass viele unserer eigentlich weiterhin so wissbegierigen und kompetenten Kinder plötzlich damit aufhören, für sich lernen zu wollen. Irgendwann fangen wir an, an manchen Kindern vorbeizuunterrichten. Unsere Kinder lernen dann nicht mehr für sich selbst, sondern für die Schule oder für ihre Eltern. Sie sind nicht mehr so richtig intrinsisch motiviert, sondern werden, wenn auch mit liebevollen Absichten, durch äußere Reize und damit leider so gar nicht nachhaltig motiviert.

WARUM WIR KURZFRISTIGE MOTIVATION VERMEIDEN SOLLTEN

Äußerliche oder extrinsische Motivation kann beispielsweise die Androhung von Strafe oder das In-Aussicht-Stellen von Belohnungen sein. Gemeint sind die bekannten, aber oftmals unglücklichen »Wenn-Dann«-Formeln: »Wenn du deine Hausaufgaben gut machst, gehen wir ein Eis essen!« – »Wenn du nicht aufhörst, mit deinem Sitznachbarn zu quasseln, muss ich dich an einen Einzeltisch setzen.« – »Wenn du dein Zimmer nicht aufräumst, ist deine Tabletzeit gestrichen.« Oft sprechen wir solche Sätze in Situationen aus, in denen wir nicht weiterwissen und gestresst sind. Das ist absolut nachvollziehbar.

Druck und Angst funktionieren zur kurzfristigen Motivation zwar herausragend gut, sind aber für eine gesunde und dauerhafte Lernmotivation unbrauchbar. Wenn ich als Elternteil oder Lehrerin den Druck erhöhe, mit negativen Konsequenzen drohe und damit (auch unbewusst) Angst erzeuge, erhöht sich bei den Kindern die Adrenalinausschüttung. Sie lernen tatsächlich schneller. Ihre Aufmerksamkeit ist gesteigert und stressrelevante Informationen werden besonders rasch aufgenommen. Nur leider nicht langfristig, denn es entsteht Lernstress. Im Stressmodus nimmt unser Gehirn die Abkürzung vorbei am Verstand, dem präfrontalen Cortex. Das Gehirn feuert also direkt volle Kraft voraus in den Mandelkern (Amygdala), die »Alarmanlage« des Gehirns. Die Aufmerksamkeit wird erhöht, das motorische System aktiviert und die Reaktion emotional verstärkt: In einer »Kampf-oder-Flucht«-Reaktion sollten wir die Situation nicht wirklich ausreichend durchdenken, sondern schnell dem heranrasenden Auto ausweichen. Dafür ist das Stresssystem des Körpers nach wie vor überlebensnotwendig.

Aber wer will schon, überspitzt gesagt, dass das eigene Kind normale Lernsituationen im Überlebensmodus verbringt? Wir wissen zwar, dass viele Ängste angeboren sind, aus der Hirnforschung geht aber ebenfalls zweifellos hervor, dass Angst auch gelernt wird. Angst zu haben schließt Kreativität aus.

Beim Lernen unter Angst wird die Angst vor dem Lernen automatisch mitgelernt. Druck und Angst sowie negative Lernerlebnisse aktivieren den Mandelkern im Gehirn und blockieren auf diese Weise sehr wirksam gelungene Lernprozesse. Was wir uns unter Hochdruck in den Kopf gepresst haben, ist genauso schnell wieder raus – diese Erfahrung, heute *Binge Learning* oder »Bulimie-Lernen« genannt, kennt wohl jeder. Keine gute Langzeitstrategie, um positive Lernerfahrungen zu sammeln.

Das Gleiche gilt auch für Belohnungen, die eher geschickte Manipulations- als Motivationsversuche darstellen. Unsere Kinder lernen dann nicht etwas zu tun, weil es klug, vernünftig oder schlicht notwendig ist, sondern allen voran, um einen äußeren Reiz zu bedienen. Die subtile Botschaft an unsere Kinder: Lernen an sich macht keinen Spaß. Sonst müssten wir sie ja nicht dafür belohnen. Wir wollen positive Lernerfahrungen und die intrinsische Motivation befördern, damit unsere Kinder die Chance haben, Spaß am Lernen zu entwickeln und es aus diesem Grund nachhaltig gerne tun. Belohnung ist genauso wie Druck, Angst und Strafe ein kurzfristig wirksamer Impuls, um die Kinder ins Lernen zu bringen. Aber auch hier die Frage: Wer will schon eine Mentalität befördern, bei der ein Kind bei jeder geforderten Leistung oder Aufgabe vorab die dann auch gerechtfertigte Frage stellt: »Und was krieg ich dafür?«[44]

SELBSTWIRKSAMKEIT – WIE KINDER ZUFRIEDENHEIT IN SICH SELBST FINDEN KÖNNEN

Natürlich gelingt es weder Schulen noch Eltern durchweg, die intrinsische Motivation anzukurbeln und extrinsische Reize konsequent auszuschließen. Druck ist oft auch Ausdruck von liebevoller Sorge um die noch unbekannte Zukunft unserer Kinder. Wichtig ist es aber, Tendenzen zu erkennen und damit umzugehen. Das bedeutet, Reize wie Belohnungen, Bestrafungen und die dazu gehörigen »Wenn-dann«-Formeln, wo immer es möglich ist, zu vermeiden. Das gelingt mal besser und mal weniger gut. Kein Grund, sich ständig Vorwürfe zu machen.

Manchmal ist es schlicht leichter, gerade die angespannten oder auch langweiligen Momente des Alltags mithilfe äußerlicher Reize aufzulösen. Zum Beispiel durch so etwas wie eine Belohnung. Manchmal stehen einfach Dinge an, die erledigt werden müssen: Der Müll muss raus, das Zimmer aufgeräumt werden, der Familienhund braucht einen Spaziergang und die Hausaufgaben warten. Eltern können dafür häufig auf Spiele zurückgreifen, etwa die Aufgaben auswürfeln oder ein System aus Losen oder andere Rituale einführen. Manchmal aber hilft alles nicht so recht, um unsere Kinder auch für eher lästige, langweilige Aufgaben abzuholen und zu motivieren. Dann erscheint es uns vielleicht eine reibungslosere Alternative zu sein, ein paar Gummibärchen, Zeit am Tablet oder der Spielekonsolen oder Spielzeit mit den Freunden als Belohnung in Aussicht zu stellen. Das ist nachvollziehbar, nur als dauerhafte Lösung alles andere als zielführend.

Auch als engagierte Lehrkraft stellt man immer wieder fest: Selbst ein gut vorbereiteter Unterricht kommt nicht immer an, weil es einfach nicht gelingen will, die Kinder mitzunehmen, sie zu bewegen. Manchmal kommt es dann im Eltern-Lehrer-Gespräch zu Aussagen wie »Mein Kind langweilt sich bei Ihnen im Unterricht«. Das mag stimmen, ist aber nicht immer einem schlechten Unterricht geschuldet. Und auch ein langweiliger Unterricht bzw. ein Lernthema, für das sich mein Kind (noch) nicht motivieren lässt, muss manchmal ausgehalten werden. Diese Erfahrung kennen wir auch aus dem Familienalltag – Langeweile gehört zum Leben. Sie ist sogar eine wichtige Triebfeder für die Entwicklung unserer Kinder. Langweilt sich ein Mensch, muss er Möglichkeiten finden, wie diese Phasen erträglich werden – das fördert die Kreativität, das Selbstgefühl und auch das Selbstbewusstsein. Für uns Eltern zu Hause gilt also: Langeweile ruhig zulassen! Denn so haben

Kinder den Freiraum, selbst Ideen zu entwickeln, um sich zu beschäftigen.[45] Sie lernen selbstständig, ihre Langweile zu überwinden. Das ist eine wertvolle Fähigkeit. So zeigen Studien, dass Menschen, die den Freiraum bekommen, sich langweilen zu dürfen, in besonders fordernden Aufgaben anschließend deutlich besser abschneiden.[46] Denn Phasen der Unterforderung verbringt unser Gehirn mit Aktivitäten, die unsere Leistungsfähigkeit in anschließenden Arbeitsphasen deutlich erhöhen. Dieses beim »Nichtstun« aktivierte Netzwerk des Gehirns bezeichnet man in den Neurowissenschaften als *Default Mode Network*. Kinder aber, die nie gelernt haben, ihre Langweile zu überwinden, schaffen das auch als Erwachsene nur selten. Die Fähigkeit, produktiv mit Langweile umzugehen, muss entsprechend geübt werden.[47]

Langweilt sich unser Kind, weil es keine Beschäftigung hat, können wir als Eltern Anregungen geben und Hilfe zur Selbsthilfe leisten – die Kinder in besonders langweiligen Phasen ihres Alltags selbst weiterentwickeln können. Kinder, die gelernt haben, mit Langweile umzugehen, neigen auch weniger schnell dazu, aufzugeben, wenn Dinge beim ersten Versuch nicht klappen. Das ist eine wichtige Kompetenz für den Schulalltag und darüber hinaus. Sie bleiben eher dran, auch wenn das Interesse sinkt, haben ein besseres Selbstgefühl und überlegen sich Lösungsstrategien.

Wenn unser Kind also das nächste Mal zu uns kommt und sagt: »Mir ist so schrecklich langweilig«, dann umarmen wir es einfach und sagen: »Glückwunsch, ich freue mich schon darauf zu sehen, was du jetzt Spannendes damit anfangen wirst.« Das kann natürlich zunächst für Verwirrung sorgen, aber unterm Strich ist Langweile eine großartige Chance, zu lernen, den eigenen Interessen und Leidenschaften nachzugehen.[48] Versuchen wir in solchen Momenten nicht ständig dafür zu sorgen, dass das Kind bespaßt bleibt. Langeweile ist nicht nur okay, sondern sogar wichtig. Wir dürfen unser kompetentes Kind dabei begleiten, daran zu wachsen – auch wenn der Prozess selbst für alle eine nervliche Zerreißprobe sein kann.

Im Unterricht ist das alles etwas anders, denn schließlich ist er keine beschäftigungsfreie Zeit – auch den als langweilig empfundenen Stoff gilt es aufzunehmen. Meist ist keine Zeit für das aktivierte *Default-Mode Network*, also eine ausgeprägte Freiraum-Phase, und wir wollen unsere Kinder natürlich nicht ermutigen, den Unterricht zu stören, sobald sie sich langweilen. Hin und wieder abzuschweifen, unkonzentriert zu sein oder beim Nachdenken zu kritzeln, können wir aber getrost als Strategien verstehen, mit einem Unterricht umzugehen, der unser Kind vielleicht nicht ganz abholen konnte. Das ist kein Grund zur Besorgnis, denn auf einen kurzen mentalen Spaziergang im »Default Mode« folgt dann doch meist eine sehr produktive Phase kreativer Leistungsfähigkeit.

Auch hier können wir kritisch betrachten, was derzeit in Bildungseinrichtungen zur gelebten Normalität gehört, und daran arbeiten, natürlichere, kindgemäßere Formen des Lernens zu schaffen. Die wichtigste Frage lautet: Was bewegt mein Kind – oder meine Schülerinnen und Schüler – eigentlich wirklich? Wie kann ich ihnen eine Umgebung schaffen, in der ich sie nicht ständig von außen anschieben muss? Der Unterricht in der Schule, genauso wie der Alltag zu Hause, ist dann motivierend, wenn Kinder sich selbst als autonom und selbstwirksam wahrnehmen und nicht, wenn sie mit Strafen rechnen müssen oder durch Belohnung gelenkt werden. Wer sich als selbstwirksam wahrnimmt, erkennt in vermeintlichen Misserfolgen auch die Chance, zu lernen, sich zu verbessern und vielleicht sogar über sich hinauszuwachsen. Selbstwirksamkeit spielt also eine zentrale Rolle für den Lernerfolg und den zukünftigen Lebensweg eines Menschen. Daher ist es eine notwendige Aufgabe für uns als Eltern oder Lehrkräfte in Schulen, Kinder beim Aufbau einer positiven Selbstwirksamkeitserwartung zu unterstützen. Denn an einem positiveren Selbstbild können wir gemeinsam arbeiten.

Wie können Schulen dazu beitragen, Kindern positive Selbstwirksamkeitserfahrungen zu ermöglichen? Und wie können Sie als Eltern dazu beitragen, dass Ihre Kinder eine gute Beziehung zur Schule entwickeln? Zunächst einmal muss sich die Grundeinstellung gegenüber Leistungen ganz allgemein verändern. Schulischen Erfolg zu haben, sollte eigentlich bedeuten, Lernfortschritte allein für sich selbst zu machen und sich und die eigenen Leistungen und Kompetenzen zu feiern. Noten können diese Art der motivierenden Selbstwirksamkeitserfahrung nicht abbilden. Im anschließenden Kapitel wird es noch intensiver um die ungeliebten Noten gehen. Hier sei schon einmal so viel gesagt: An den meisten Schulen wird unser Kind mit Noten umgehen müssen. Das ist auch okay, solange wir zu Hause dazu beitragen, die Bedeutung von Noten als eine Möglichkeit, Leistung abzubilden, aktiv zu relativieren. Unsere Sprache ist entscheidend. Denn es geht hier vor allem um eine bestimmte Haltung, die wir und auch unser Kind entwickeln dürfen. Hinterfragen wir gerne aktiv, welche Bedeutung die Note konkret für unser Kind hat, und machen uns bewusst, dass Noten ohne Kontext nur Momentaufnahmen sind – Tagesformen. Und da kann man mal einen guten, mal einen schlechten Tag haben.

Noten sind wichtig *für* die Schule, sie sollten aber keine wesentliche Bedeutung für die Persönlichkeit und das Selbstbild unseres Kindes haben. Gehen wir also entsprechend vorsichtig mit Tadel, aber vor allem auch mit Lob um, denn Noten haben eine gewaltige Auswirkung auf die Selbstwirksamkeit unserer Kinder. Wenn nämlich der Erfolg an der Schule durch eine Note bemessen wird und wir unserem Kind vermitteln, dass schulischer Erfolg von enormer Bedeutung für uns Eltern ist, wird unser Kind nicht umhinkommen, die Note auf sich selbst zu beziehen. Und das kann natürlich anhaltende Auswirkungen sowohl auf das Selbstwertgefühl unserer Kinder haben als auch auf ihre Motivation zu lernen. Achten wir also darauf, dass unser Kind versteht, dass Noten dazu dienen, bestimmte Leistungen abzubilden – und nichts damit zu tun haben, dass es ein großartiger Mensch ist.

Fehler zu machen, ist in unserer Gesellschaft eher unerwünscht. Das haben viele von uns so gelernt. Statt Fehler als Möglichkeit zu erkennen, uns weiterzuentwickeln, werden Fehler schnell zu einem Mangel von Kompetenz

erklärt. Wer aber wachsen und sich wirklich weiterentwickeln will, der muss Fehler machen dürfen und in diesen Fehlern Chancen wahrnehmen können. Lernfreude zu entwickeln, die Neugierde und den Wunsch beizubehalten, die eigenen Fähigkeiten zu erweitern, bedeutet den Mut zu haben, Neues zu testen und dabei Fehler zuzulassen. Unsere Kinder müssen motiviert sein, aktiv und selektiv eigene Lernerfahrungen zu suchen. Fehler und Umwege sind dabei nicht nur erlaubt, sondern sogar erwünscht.

Wie wir bereits an anderer Stelle geschrieben haben, ist unsere Sicht als Eltern häufig geprägt von einer solchen Defizitorientierung, die sich im Laufe der Jahre in unser Bewusstsein eingeschlichen hat. Auch das ist eine Frage der Haltung. Und wir dürfen daran arbeiten, was wir unseren Kindern durch diese Haltung vermitteln wollen. Fehler sind Chancen, an sich selbst und der Welt, in der wir leben, zu wachsen. Wir werden jedes Mal reicher an Erfahrungen, wenn wir Fehler machen. Daran kann nichts falsch sein. Doch Fehler zu machen ist häufig mit Scham verbunden, dem Gefühl, einer bestimmten Erwartung gemäß versagt zu haben. Was unseren Kindern zunächst äußerlich ist, eine Fremderwartung, wird dann früher oder später verinnerlicht. Unsere Kinder machen sich selbst zu Objekten der eigenen Erwartung und fühlen im Fehler eine Diskrepanz, eine Lücke hin zu dem, wie sie als Person, als Mensch, eigentlich sein sollten: Sie machen sich klein und verstecken sich hinter den Fehlern. Statt zu wachsen, fangen sie an zu schrumpfen. Das müssen und können wir unbedingt verhindern! Schulen sollten entsprechend versuchen, neben einer positive Fehlerkultur ebenso eine alternative Feedbackkultur zu entwickeln – mehr dazu im Kapitel *Lernen ohne Noten*. Wenn Kinder ständig bewertet werden und sich permanent vergleichen, schadet das ihrer Motivation und auch ihrem Zugehörigkeitsgefühl. Das gilt sowohl in der Familie als auch in der Schulklasse oder in anderen sozialen Gruppen.

Besonders in der Schule fangen Kinder sehr schnell an, sich und ihre Leistungen immer mit Blick auf die Leistungen der anderen Kinder in der Klasse zu beurteilen. Unabhängig also von der tatsächlichen Leistungsfähigkeit (z. B. beim Lesen) ordnen unsere Kinder sich gemäß ihrer Leistung als in der Norm bzw. oberhalb (ich kann besser lesen) oder unterhalb (ich kann schlechter lesen als meine Mitschüler) ein – natürlich mit großen Auswirkungen auf Motivation und Selbstwahrnehmung. Wer aber im Vergleich mehr Misserfolge als Erfolge sieht, verliert das Vertrauen in die eigenen Kompetenzen (»Ich bin schlecht im Lesen«). Ist das Vertrauen in die eigene Kompetenz erst einmal verloren, ist es sehr schwer, dieses persönliche Dogma wieder zu verändern.

Auch die Gestaltung der Lernumgebung ist wichtig. Lernumgebungen können offener sein, also einen höheren Grad der Selbstbestimmung ermöglichen, oder eben geschlossener. Leider wird der Begriff *Offener Unterricht* zu inflationär gebraucht. Häufig stellt er lediglich frei, in welcher Reihenfolge Kinder die didaktischen Materialien (Kopiervorlagen, Stationenaufgaben) angehen können – der Aktivitätsschwerpunkt sollte jedoch auf Schülerseite liegen.[49]

Unsere größte Chance liegt aber darin, wenn wir als Eltern, als Lehrkräfte mit unseren Schülern und Kindern tatsächlich ins Gespräch kommen. Denn welche Sprache wir wählen, welche unterschwelligen Botschaften wir an unsere Kinder senden, was wir wann und wie loben und wie wir unseren Kindern in schwierigen Lernsituationen beistehen, hat große Auswirkungen auf ihr Selbstbild und ihre Grundeinstellungen.

»ICH KANN ES NOCH NICHT!« WARUM WIR EIN GROWTH MINDSET BRAUCHEN

Unser Kind sitzt am Tisch. Den Kopf schwer auf die Hände gestützt, murmelt es mit gequälter Miene: »Ich kann das nicht« und setzt noch ein wütendes »Das ist zu schwer!« obendrauf, bevor es sein Deutschheft zuschlägt und den überschweren Kopf auf die Tischplatte legt. Uff! Diese oder ähnliche Szenen kennen vermutlich viele von uns von der Hausaufgabenzeit. Dahinter steht einerseits Erschöpfung, klar. Andererseits aber, und darum soll es hier gehen, handelt es sich um eine bestimmte Haltung, eine Grundeinstellung oder ein Mindset. Die Psychologie unterscheidet zwischen einem *Growth Mindset* und einem *Fixed Mindset*. Die in Stanford lehrende Psychologie-Professorin Carol Dweck hat diesen beiden unterschiedlichen Haltungen ihre wissenschaftliche Karriere gewidmet. In ihr 2006 erschienenes Buch *Mindset: The New Psychology of Success* (dt.: *Selbstbild*) sind mehr als zwanzig Jahre Forschung eingeflossen.[50]

Warum reagieren nun einige Kinder auf Herausforderungen oder sogar Misserfolge damit, indem sie sich noch weiter in die Aufgabe reinfuchsen und sich über die Gelegenheit freuen, an sich selbst zu wachsen? Während andere ein Scheitern zum Anlass nehmen, sich klein zu machen, die Aufgabe von sich zu weisen und sich innerlich zu verschließen? Dann fallen Sätze wie »Ich bin nicht gut in Deutsch« – »Ich will das nicht versuchen, weil ich das nicht kann«. Nach Carol Dweck wissen wir eines: Für meine Entwicklung als Mensch und das Gefühl, persönlich voranzukommen, ist allen voran das Selbstbild entscheidend – und nicht etwa die individuelle Begabung, nicht ein uneinholbares, angeborenes Talent. Und dieses Selbstbild kann statisch oder eben dynamisch sein – festgelegt und unbeweglich, oder aber auf Wachstum ausgerichtet: ein *Fixed Mindset* oder ein *Growth Mindset*.

FIXED MINDSET – »BLOSS KEINEN FEHLER MACHEN«

Menschen mit einem *Fixed Mindset* gehen davon aus, dass ihre Fähigkeiten unveränderlich sind, dass Talent und Begabung darüber entscheiden, wie erfolgreich eine Aufgabe bewältigt werden kann. Sie meiden Situationen, in denen sie scheitern könnten. Fehler beziehen sie auf sich und befürchten, in den Augen der anderen als weniger gut, weniger wertvoll, weniger intelligent und erfolgreich zu sein. In der Schule ist das natürlich alles andere als einfach. Denn Kinder mit einer eher statischen Grundhaltung vergleichen sich viel mit anderen Kindern. Sie entwickeln sich häufig nur in einem bestimmten Bereich weiter, und zwar genau dort, wo sie sowieso schon recht gut sind. Andere Menschen nehmen sie dabei oft als urteilenden Richter und nicht als wohlwollenden Unterstützer wahr – entsprechend schützen sie ihr Selbstbild, indem sie sich möglichst wenig beteiligen, also am besten gar nichts tun, oder nur vor allem dort aktiv sind, wo sie so wenig Fehler wie möglich machen. Kinder mit einem *Fixed Mindset* akzeptieren also recht früh, in bestimmten Fächern, in bestimmten Bereichen nicht gut zu sein und leider auch zu bleiben – denn Menschen mit einer solchen Grundhaltung bleiben dieser Überzeugung oft ihr Leben lang treu.

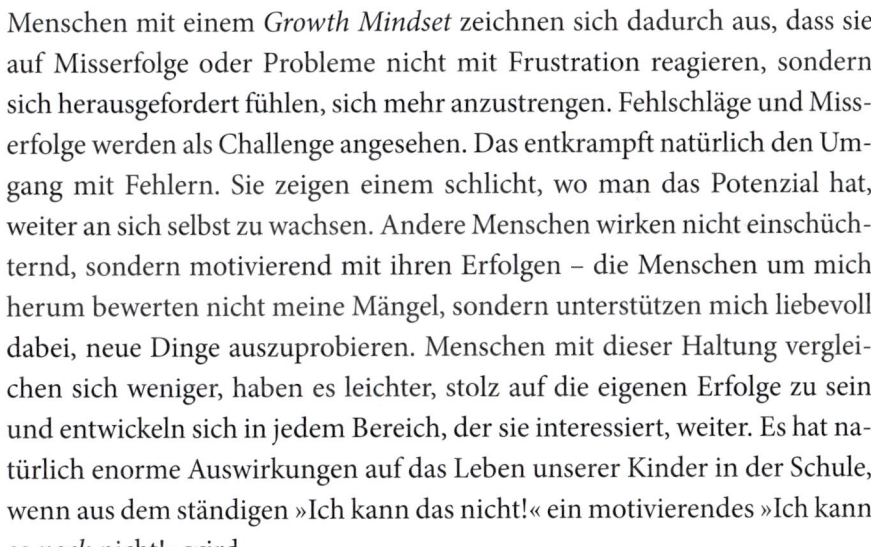

GROWTH MINDSET – »ICH KANN DAS NOCH NICHT? NA, DANN ERST RECHT!«

Menschen mit einem *Growth Mindset* zeichnen sich dadurch aus, dass sie auf Misserfolge oder Probleme nicht mit Frustration reagieren, sondern sich herausgefordert fühlen, sich mehr anzustrengen. Fehlschläge und Misserfolge werden als Challenge angesehen. Das entkrampft natürlich den Umgang mit Fehlern. Sie zeigen einem schlicht, wo man das Potenzial hat, weiter an sich selbst zu wachsen. Andere Menschen wirken nicht einschüchternd, sondern motivierend mit ihren Erfolgen – die Menschen um mich herum bewerten nicht meine Mängel, sondern unterstützen mich liebevoll dabei, neue Dinge auszuprobieren. Menschen mit dieser Haltung vergleichen sich weniger, haben es leichter, stolz auf die eigenen Erfolge zu sein und entwickeln sich in jedem Bereich, der sie interessiert, weiter. Es hat natürlich enorme Auswirkungen auf das Leben unserer Kinder in der Schule, wenn aus dem ständigen »Ich kann das nicht!« ein motivierendes »Ich kann es *noch* nicht!« wird.

Fixed Mindset

Misserfolg zeigt die Grenze meiner Fähigkeiten.

Entweder ich bin gut in etwas oder nicht.

Meine Fähigkeiten sind vorbestimmt, daran lässt sich nichts ändern.

Ich mag keine Herausforderungen.

Mein Potenzial ist durch meine Fähigkeiten und meine Intelligenz vorbestimmt.

Entweder ich kann etwas, oder ich kann es nicht.

Wenn ich frustriert bin, gebe ich auf.

Feedback und Kritik nehme ich persönlich.

Ich halte mich, an was ich kann.

Growth Mindset

Misserfolg ist ine Chance zu wachsen.

Wenn ich mir vornehme, etwas zu lernen, dann kann ich das auch.

Herausforderungen helfen mir, besser zu werden.

Der Erfolg von anderen inspiriert mich.

Meine Anstrengung und meine Haltung bestimmen meinen Erfolg.

Für Feedback bin ich dankbar, denn ich kann dadurch besser werden.

Ich liebe es, neue Dinge auszuprobieren.

Aus: Caroline von St. Ange *Alles ist SCHWER, bevor es LEICHT ist*, Rowohlt 2023.

Kinder mit einem *Growth Mindset*, das wird in Dwecks Forschungsarbeiten deutlich, haben sowohl mehr Erfolg in der Schule als auch in ihrem ganzen späteren Leben als Kinder mit einem *Fixed Mindset*. Dweck untersuchte in einem Experiment die Selbstbilder von Schülerinnen und Schülern, die von der Grundschule zur weiterführenden Schule wechselten. In der Grundschule wurden diese Kinder bemessen an ihren Noten etwa auf gleichem Leistungsniveau bewertet. Dweck und ihr Team beobachteten die Kinder zwei Jahre lang und stellten fest: Die Leistungen derjenigen mit einem statischen Selbstbild litten, die Noten wurden immer schlechter, während diejenigen mit einem dynamischen Selbstbild ihre Noten im gleichen Zeitraum kontinuierlich verbessern konnten. Die Kinder mit einem statischen Selbstbild schlussfolgerten aus den Hürden, die sich auf der weiterführenden Schule auftaten, schlicht: »Ich bin zu dumm« – sie lasen den Misserfolg als Grenze der eigenen Fähigkeiten. »Entweder ich bin gut oder eben nicht.« Punkt. Die Kinder mit einem dynamischen Selbstbild dagegen mobilisierten ihre Kräfte, als die Ansprüche wuchsen. Konnten sie etwas noch nicht, glaubten sie dennoch daran, es lernen und meistern zu können, unterstützt von ihrem Umfeld und durch die eigenen Anstrengungen.

SCHULE UND ELTERN KÖNNEN MOTIVATION UND MINDSET VERÄNDERN

Natürlich gibt es sie aber, die gute Nachricht. Wir als Eltern, Lehrkräfte und Schulen können das Mindset unserer Kinder verändern, denn Selbstbilder sind nicht in Stein gemeißelt. Das *Growth Mindset* ist eine Haltung, die wir an Schulen unbedingt brauchen. Umso mehr überrascht es, wie wenig Resonanz dieses Thema dort bisher findet. Die Sinnfluencerin, Bildungsaktivistin und Lerncoach Caroline von St. Ange beschäftigt sich seit 18 Jahren mit der Frage, wie man Schule und Lernen neu denken kann. Auch in ihrem Buch *Alles ist schwer, bevor es leicht ist* geht es hauptsächlich um das Thema *Growth Mindset*. In einer Umfrage auf ihrem deutschen Instagram-Kanal (learnlearning.withcaroline), der inzwischen 259 000 Follower hat, zeigte sich, dass 80 Prozent der antwortenden Lehrkräfte bisher noch nie etwas von *Growth Mindset* gehört hatten.[51]

Wir wollen natürlich, dass unsere Kinder wissen, wie sehr wir sie und auch ihre Erfolge wertschätzen. Dabei soll aber auch die richtige Botschaft ankommen. Für unsere Kinder ist es wenig hilfreich, ihre persönlichen Eigenschaften hervorzuheben. Wenn wir die Intelligenz oder das Talent unserer Kinder loben, riskieren wir, ihnen ein statisches Selbstbild zu vermitteln. Wir sagen dann unterschwellig »Du hast eine unveränderliche Eigenschaft, für die ich dich schätze und nach der ich dich beurteile« – eine sehr einengende Perspektive. Besser ist, wenn wir uns mehr auf ihre Anstrengungen und Leistungen beziehen. »Du bist ein großartiger, kompetenter Mensch, und ich freue mich zu sehen, was du alles schaffst.«

Carol Dweck konnte in sieben verschiedenen Experimenten mit Hunderten von Kindern zeigen, dass Motivation und Leistung von Kindern sogar *sinken*, wenn sie explizit für ihre Intelligenz gelobt werden. Warum ist das so? Sobald die Kinder auf ein Hindernis stoßen, fordert es ihr Selbstbewusstsein heraus. Wenn Erfolg bedeutet, dass jemand intelligent ist, bedeutet Misserfolg dann, dumm zu sein? Wenn ich für schnelles Lernen gelobt werde – bin ich dann weniger klug und werde weniger geschätzt, wenn mir etwas schwerer fällt und ich länger brauche? Wenn ich dafür gelobt werde, dass ich, ohne zu lernen und dafür zu arbeiten, die Note 1 bekommen habe, lerne ich besser nicht mehr – sonst hält mich niemand mehr für schlau. Wenn wir eine Eigenschaft gezielt loben, wie zum Beispiel die Intelligenz unserer Kinder, stellen wir sie damit statisch auf ein Podest. Wenn sich das verstetigt, möchte unser Kind auf dem Podest bleiben, will den guten Eindruck dauerhaft bewahren. Entsprechend wird es die Welt immer stärker verengen, Unbekanntes meiden und dort verweilen, wo es sich sicher fühlt und keine Fehler fürchten muss.[52]

Wir unterstützen unsere Kinder am besten, wenn wir die dynamischen Prozesse loben, das also, was die Kinder durch Übung, Lernen, Ausdauer, usw. erreicht haben. Das sind Sätze, die wir sagen können:

»Du hattest echt jede Menge Hausaufgaben. Ganz schön fordernd! Ich finde es großartig, wie du bis zum Ende drangeblieben bist.«

»Der Baum ist ja komplett rot. Das sieht spannend aus. Hast du dir etwas Bestimmtes gedacht bei der Farbwahl – erzähl doch mal!«

»Meine Güte sind da viele Klemmbausteine verbaut! Klasse, wie viel Zeit und Mühe du in den Bau des Turmes investiert hast.«

»Ich sehe, dass du richtig viel geübt hast und deine Flöte mit echter Leidenschaft spielst. Wie fühlst du dich beim Musikmachen?«

»Ich habe vorhin dein Märchen gelesen, das du in der Schule geschrieben hast. Du hast dir echt Mühe gegeben, die richtigen Worte zu finden. Die Handlung hat mich total überrascht!«

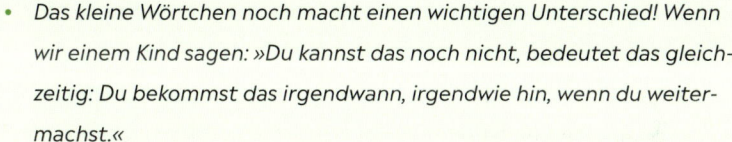

Wie wir Motivation und Growth Mindset fördern

Für Eltern

- Das kleine Wörtchen noch macht einen wichtigen Unterschied! Wenn wir einem Kind sagen: »Du kannst das noch nicht, bedeutet das gleichzeitig: Du bekommst das irgendwann, irgendwie hin, wenn du weitermachst.«
- Betonen wir Stärken statt Schwächen. »Du kannst das schon.« – »Das hast du schon alles gelernt – lass uns daran noch arbeiten.« Wir sollten die Stärken betonen, anstatt auf Schwächen herumzureiten – ihre Stärken zu erleben, ist absolut entscheidend für Kinder.
- Wichtig ist, den Prozess hervorzuheben, den Weg, die investierte Arbeit zu loben, nicht das Ergebnis als Note. Hier geht es um Wertschätzung der Entwicklung und des Wachstums. Diese Wertschätzung dürfen wir Schülerinnen und Schüler ganz unabhängig von Noten spüren lassen. Wenn ein Kind nur noch zwanzig statt vierzig Fehler in einem Diktat macht, ist das noch immer eine sechs. Die Leistung, sich derart zu verbessern, darf aber anerkannt werden.

- Die Kinder müssen Raum haben, Fragen selbst zu entwickeln, während Lehrkräfte richtige Antworten ermöglichen, ohne sie zu erzwingen. Ich muss als Lehrperson meinen Schülern die benötigte Zeit dazu geben und ihnen auch das Zutrauen in die eigenen Fähigkeiten vermitteln, eine Lösung finden zu können.
- Lernerfolge sichtbar machen ist absolut wesentlich! Lernende müssen sich ernst genommen fühlen. Erfolge dürfen mit den Kindern gefeiert werden. Methoden, um Lernerfolge sichtbar zu machen, gibt es viele. Beispielsweise können Arbeitsblätter wiederholt werden: Während unsere Schülerin vor Wochen noch über eine Aufgabe gestolpert ist, können wir ihr bei der Wiederholung des Arbeitsblattes zeigen, dass sie das jetzt voll im Griff hat! Die beiden Blätter nebeneinandergelegt, kann die Schülerin den Unterschied selbst erkennen und sich dafür feiern, ohne ihre Leistung im Verhältnis zur Klasse bewerten zu müssen.

Lernen ohne Noten

Können Sie sich noch daran erinnern, wie Sie Seilspringen gelernt haben? Oder Lesen, Schwimmen, Radfahren, später dann Kochen, vielleicht Gärtnern oder Tanzen? Sie hatten Erfolgs- und Misserfolgserlebnisse, haben sich über Ihr eigenes Können und Tun gefreut. Sicherlich gab es niemanden, der jeden Zwischenschritt, jede Momentaufnahme dieses Prozesses kritisch beobachtet und eine (Be-)Wertung abgegeben hat. Sie durften sich in Ihrem Lernprozess frei austoben, sich kontinuierlich entwickeln, Fehler machen und wieder neu starten. Wenn Sie beim Radfahren noch wacklig unterwegs waren, ein Gericht völlig versalzen haben oder Ihrem Tanzpartner ständig auf die Füße getreten sind: Es war Ihnen durchaus bewusst, dass noch Luft nach oben war. Lernen steht immer mit Rückmeldungen in Verbindung – nicht jedoch mit (permanenter) Bewertung, die als Zahlenwert an eine bestimmte Lernleistung drangeheftet wird.

Ab dem Eintritt in die Schule wird sehr viel davon bewertet, was Kinder dort machen und wie sie sich verhalten. Auch wenn uns das Bewertungssystem nicht gefällt, wir akzeptieren es. Das klassische Notensystem ist kulturell gewachsen, es gehört zur DNA von Schule und ist tief in unsere Denkmuster eingegraben. Dabei ist der wissenschaftliche Streit über das Für und Wider von Ziffernnoten und Ziffernzeugnissen nicht neu und geht schon über Jahrzehnte. »Noten sind das schlechteste Instrument und Verfahren, um überhaupt etwas zu messen«, so Hans Anand Pant, Professor für Erziehungswissenschaft und Methodenlehre und Geschäftsführer der deutschen Schulakademie.[53] Auch Hans Brügelmann, Professor für Erziehungswissenschaften, zieht ein eindeutiges Fazit und bescheinigt den Noten, dass sie weder objektiv, vergleichbar, aussagekräftig, differenziert und erst recht nicht fair sind.[54]

WARUM SCHADEN ZIFFERNNOTEN UNSEREN KINDERN?

Mittlerweile ist hinreichend untersucht, dass es bei der Notengebung zu subjektiven Einschätzungen und Fehlern kommt. Die Folgen für Wohlbefinden und Motivation der Kinder sind ebenfalls bekannt. Dennoch scheint die Benotung irgendwie alternativlos. Der Verzicht auf Noten hätte tatsächlich umwälzende Auswirkungen auf das Gesamtsystem. Über Noten wird gesteuert, legitimiert und selektiert. Daher müsste Schule alles, was heute mit Noten verbunden ist, neu denken und regeln. Welches Kind ist beispielsweise qualifiziert genug für eine bestimmte Schulart und wie kann dies fair und verantwortlich gerechtfertigt werden?

Folgendes Argument für Ziffernnoten ist sehr beliebt: Noten sind leicht und intuitiv verstehbar und deshalb geeignet, Leistung transparent und vereinfacht rückzumelden. Wirklich? Ziffernnoten sind sicher eine komprimierte Rückmeldung, dadurch aber auch sehr abstrakt und wenig aussagekräftig. Erhält ein Drittklässler im Jahresendzeugnis im Fach Mathematik eine vier, also *ausreichend*, dann wissen weder die Eltern noch das Kind, wo genau die Schwierigkeiten lagen, geschweige denn wie diese zu überwinden sind. Dafür braucht es eine konkretere und differenziertere Rückmeldung. Lag es am individuellen Leistungsvermögen des Kindes im Fach Mathematik, einer Teilleistungsschwäche (Dyskalkulie), mangelndem Konzentrationsvermögen, psychischen Problemen, Antipathie gegenüber der Lehrperson oder vielleicht sogar Prüfungsangst? Hier befinden wir uns im Reich der Vermutungen und Rechtfertigungen, die nicht weiterhelfen und eher schnelle Urteile und negative Glaubenssätze befeuern wie »Ich bin schlecht in Mathe«. Das *Fixed Mindset* lässt grüßen.

Aber auch leistungsstarke Kinder können durch das System der Notengebung unter die Räder kommen. Noten können falsche Anreize setzen und das Lernen um seiner selbst willen untergraben. Vorschüler, die noch vor dem Schuleintritt motiviert und lernbegierig waren, weil sie in ihrem Können und Tun Fortschritte erzielt und sich dabei als kompetent erlebt haben, lernen nach Schuleintritt, ihre Bemühungen nur noch auf die gute Note auszurichten: *Learning to the test*. Gleiches gilt für die Lehrenden. Oft steht der Abschlusstest schon im Vorfeld fest, der gleiche für alle Parallelklassen. Zeit, Organisation und Prioritäten werden daraufhin derart ausgerichtet, dass die erhofften Ergebnisse durch *Teaching to the test* eintreten. Auch Lehrkräfte wollen Extremergebnisse vermeiden, die als mangelnde Fähigkeit, guten Unterricht zu machen, ausgelegt werden könnten. Verständlicherweise orientieren sie sich dann tendenziell zur Mitte, auch bekannt als *Glockenform* oder *Gaußsche Normalverteilung*.

Auch wenn bei Ihnen als Leser und Leserin der Glaube, Noten seien aussagekräftig, jetzt vielleicht schon abgenommen hat – ich will Ihnen trotzdem noch eine Geschichte aus meiner eigenen Schulzeit erzählen, die zeigt, dass auch gute Noten erreichbar sind, ohne die Sache besonders gut verstanden zu haben. Als Schülerin in der Oberstufe eines Wirtschaftsgymnasiums war ich gezwungen, Betriebswirtschaftslehre als Hauptfach zu belegen. Weil ich im Laufe des Schuljahres immer nur einen »Unterkurs« (unter 5 von 13 Punkten) zustande brachte, graute es mir vor der Abiturprüfung. Deshalb lernte ich sämtliche BWL-Fragen und entsprechende Antworten der Abiturjahrgänge der letzten zehn Jahre auswendig, erkannte Muster, Wiederholungen und Testmechanismen, ohne auch nur ansatzweise inhaltlich zu verstehen, um was es da eigentlich ging. Meine Antworten waren schwammig, nie so ganz auf den Punkt, aber auch nicht ganz verkehrt, und so konnte ich zumindest immer Teilpunkte sammeln. Bei der Abiturfeier kam mein BWL-Lehrer auf mich zu und meinte, dass ich für ihn eine sehr erfreuliche Überraschung im diesjährigen Prüfungsdurchgang gewesen war – von hundsmiserabel zu recht passabel. Wenn er den Grund gewusst hätte! Obwohl ich nun laut Note in BWL mittelgut qualifiziert war, wusste ich, dass ich es weder mir noch irgendeinem Betrieb antun wollte, in diese Materie tiefer einzusteigen.

Wie das Beispiel zeigt, sind Noten von Natur aus abstrakt, interpretationsbedürftig und oft sogar trügerisch. Sie können definitiv nicht als objektiv betrachtet werden. In vielen Studien wurde die Fehleranfälligkeit von Noten dargelegt. Zentrale Ergebnisse dazu sind, dass gleiche Noten für recht unterschiedliche Leistungen erteilt werden oder dieselbe Leistung in verschiedenen Klassen mit unterschiedlichen Lehrpersonen stark unterschiedlich bewertet werden kann. Wenn ein Schüler der Klasse 3a die Note 1,5 für einen Aufsatz erhält, so kann die Note für denselben Aufsatz im sozialen Setting und mit den Augen der Lehrperson in Klasse 3b ganz anders ausfallen. Dies gilt aber auch für scheinbar eindeutigere und weniger interpretationsbedürftige Schülerleistungen, wie etwa im Fach Mathematik.

Wenn die Notengebung nicht verlässlich, nicht vergleichbar, nicht objektiv und wenig differenziert erfolgt, dann ist die Praxis der Notengebung erst recht nicht fair. Bewertungen sind abhängig von den Personen, die sie vornehmen. Urteile können durch subjektive Wahrnehmung und Gefühlsfärbung den unterschiedlichsten Fehlerquellen unterliegen. Beim Halo-Effekt, bei dem ein bestimmter Eindruck die Wahrnehmung anderer Merkmale überstrahlt, kann beispielsweise eine unsaubere Handschrift dazu führen, dass die Bewertung der eigentlichen Leistung negativer ausfällt. Umgekehrt werden beispielsweise freundliche und höfliche Schüler möglicherweise positiver beurteilt, als es mit Blick auf ihre Leistungen, angemessen wäre.

Stellen Sie sich als Erwachsene Folgendes vor: Sie sollen sich eine neue Kompetenz aneignen. Sie müssen sich gemeinsam mit Ihren Arbeitskollegen in ein neues Softwareprogramm einarbeiten. Sie erhalten eine bestimmte Zeitspanne für jeden inhaltlichen Teilabschnitt, flankiert von einer Schulung und Übungsaufgaben, die ebenso täglich zu erledigen sind. Dann schreiben Sie, wieder gemeinsam mit Ihren Kollegen, einen umfangreichen Abschlusstest, der Ihre Lernergebnisse und erworbenen Kompetenzen bewertet und im Vergleich zu Ihren Kollegen transparent macht. Fangen Sie allein bei dem Gedanken schon an zu schwitzen? Treibt die Vorstellung eines Abschlusstests Ihre intrinsische Lernmotivation nun voran? Wie hoch ist Ihr Anspruch, das neue Softwareprogramm perfekt zu beherrschen, und wie stark treibt Sie die Komponente des sozialen Vergleichs mit den Kollegen an?

Wir alle sind in unserer eigenen Schulbiografie auf eine bestimmte Art sozialisiert worden. Konkurrenzdenken, Wettstreit und Auf-den-Punkt-abliefern-Müssen gehörten dazu. Viele Glaubenssätze und Aussagen haben wir schon als Kinder und Jugendliche verinnerlicht: »Ohne Fleiß kein Preis« – »Erst die Arbeit, dann das Vergnügen« oder »Lehrjahre sind keine Herrenjahre« sowie »Was Hänschen nicht lernt, lernt Hans nimmermehr«. Behalten Sie diese Sprüche gerne im Hinterkopf, wenn Sie die folgenden Lösungsansätze lesen und sich in Ihnen innere Widerstände breitmachen, wenn Sie das Gefühl haben, dass es praktisch unmöglich ist, das Notensystem, so wie wir es kennen, abzuschaffen.

Noten sind nicht nur notorisch ungenau, sie bremsen auch die Motivation und Lernentwicklung unserer Kinder. In vielen Fällen haben sie negativen Einfluss auf die seelische Gesundheit und können diesbezüglich großen Schaden anrichten. Schwächere Schüler haben kaum eine Chance, gute Noten zu bekommen, denn gleiche Lernfortschritte werden einfach nicht gleichsam honoriert. Wie im Kapitel *Lernen ohne Scham und Vergleiche* erläutert, können die Lernvoraussetzungen von Kindern bei der Einschulung sehr unterschiedlich sein. Ein Schüler, der im schriftsprachlichen Bereich im Fach Deutsch Schwierigkeiten hat, kann sich anstrengen und auch deutliche Fortschritte machen, aber er wird denjenigen mit besseren individuellen Voraussetzungen nie einholen können. Dieser Nachteil wird auch durch entsprechende Noten verstetigt und manifestiert.

Ein Beispiel: Ab zwanzig Fehlern erhält man im Diktat die Note 6 – dies ist zuvor je nach Alter und Klassenstufe festgelegt. Die Korrektur scheint leicht, da einfache Kategorien gelten: richtig oder falsch. Ein Kind macht zunächst 25 Fehler und erhält die Note 6. Nach vielem Üben macht es dank verschiedener Rechtschreibstrategien (Wortverlängerung, Nomen-Probe usw.) beim nächsten Diktat nur noch 15 Fehler. Das ist ein toller Fortschritt und großer Kompetenzzuwachs für das Kind. Die Note kann diesen Erfolg kaum widerspiegeln, da auch 15 Fehler eher im unteren Notenspektrum rangieren und das Diktat, nach Noten beurteilt, auch wieder sehr schlecht ausfällt. Was dies mit der Lernmotivation und dem Selbstbewusstsein des Kindes macht, können Sie sich denken. Das Kind verinnerlicht, dass sich die Anstrengung nicht auszahlt. Entmutigung und Resignation sind die Folgen.

Landläufig heißt es dann auch häufig, dass Kinder in der Schule lernen müssen, mit Druck umzugehen. Später, im Berufsleben, gehöre das ja schließlich auch dazu. Warum sollte dieser Härtetest aber über Noten stattfinden? Hilft diese Art von Druck und Stress Betroffenen wirklich, persönliche Strategien und Resilienz zu entwickeln? Ist die schulische Benotungspraxis eigentlich geeignet, die Basis und die Bereitschaft für lebenslanges Lernen zu legen?

Wenn es unser Anliegen ist, dass Kinder lernen, sich persönliche und erreichbare Ziele zu setzen, sich selbstständig zu organisieren, realistisch einzuschätzen und motiviert bei der Sache zu bleiben, dann müssen wir die Praxis unserer Leistungsfeststellung und Rückmeldesysteme dringend hinterfragen.

ANDERE FORMEN DER LEISTUNGSFESTSTELLUNG: FEEDBACKKULTUR

Kinder (und auch Eltern) wollen, dass Lehrkräfte schulische Leistungen sehen und transparente Rückmeldungen geben. Aber braucht es dazu unbedingt Noten? Um gleich Missverständnissen vorzubeugen: Auch eine Schule ohne Noten stellt Erwartungen an die Lernenden, die natürlich auch positive und negative Erfahrungen in bestimmten Lernbereichen machen. Aber sie kann ein Ort sein, an dem individuelle Gespräche geführt, Einschätzungen gegeben und Erfolge gefeiert werden und an dem Schülerinnen und Schüler besser lernen, sich persönlichen Herausforderungen zu stellen, denn auch ohne Noten müssen sie mit Erwartungen und Feedback von außen umgehen.

Der Vergleich scheint in der Natur des Menschen zu liegen, und ja, auch Kinder vergleichen sich oft untereinander. Bei Noten findet der Vergleich aber nur statt, solange die Noten gut sind – einer zieht quasi immer den Kürzeren. Im Gegensatz zum fairen sportlichen Wettkampf, wo Sportler ähnlicher »Gewichtsklasse« gegeneinander antreten, vergleichen wir in der Schule jedoch die Kompetenz und Leistung von Kindern, die per Zufallsprinzip in einer Klasse gelandet sind. Unsere standardisierten Tests und Normierungen heben diese Ungleichheit nicht auf, im Gegenteil, die einzelnen Persönlichkeiten und die Unterschiede werden dadurch erst sichtbar.

Wie können wir dieser Vielfalt gerecht werden? Eine Möglichkeit der Rückmeldung, um die individuellen Fähigkeiten angemessen abzubilden, ist eine *Kompetenzübersicht*. Anders als einzelne Noten gehen Kompetenzübersichten mehr in die Tiefe. Als Rückmeldung, die sowohl Lernentwicklung als auch Lernzuwachs beleuchtet, sind Kompetenzübersichten wie ein Dialog zu verstehen: Regelmäßige Gespräche über Erfolge, aber auch Hemmnisse und Schwierigkeiten führen am Ende zu einer detaillierten, textbasierten Übersicht, die so viel mehr über die Entwicklung jedes individuellen Kindes aussagen kann als schlichte Ziffernoten. Eben ein echtes Feedback. Denn ohne Feedback funktioniert eine notenfreie Schule nicht.

Viele Eltern haben jedoch Angst vor Nachteilen, die das eigene Kind durch andere Formen der Leistungsrückmeldung erfahren könnte. Sie wünschen sich zwar, dass ihre Kinder angstfrei, selbstmotiviert und ohne Druck lernen, fordern oftmals aber am Ende des Tages dennoch »klare Fakten« durch eine Note. Wie kommt es, dass ein Teil der Eltern irgendwie doch an einem Bewertungs- und Anreizsystem festhalten will, unter dem die meisten selbst gelitten haben und intuitiv spüren, dass es weder gut für ihr Kind ist, noch einer zukunftsorientierten Schul- und Lernkultur entspricht?

Bei Informationsveranstaltungen, die wir als Draußenschule für die Eltern der angehenden Schulanfänger abhalten, kommt das Thema Schule ohne Noten so gut wie immer zur Sprache. Im Gegensatz zu anderen Ländern wie Schweden, wo es gang und gäbe ist, dass Schülerinnen und Schüler bis zur sechsten Klasse keine Noten bekommen, ist das hierzulande eher eine Ausnahme. Viele Eltern zeigen sich besorgt, ihr Kind einer Lernkultur anzuvertrauen, die andere Feedbackverfahren nutzt und konstruktive Lernbeziehungen in den Mittelpunkt stellt. Insbesondere die Frage, wie die Kinder den Übertritt in die weiterführende Schule bewältigen, bereitet vielen Eltern Kopfzerbrechen. Kann mein Kind auch ohne Noten einen Abschluss schaffen, wird es motiviert genug sein – oder strengt es sich nicht an? Wie geht die weiterführende Schule mit einem Zeugnis um, das vom Standard abweicht? Wird mein Kind gerade dadurch vielleicht nachteilig behandelt? Viele Ängste und Unsicherheiten sind damit verbunden. Immer wieder wird spürbar, dass der Selektionsdruck, der von Noten ausgeht, nicht nur auf den Kindern, sondern ebenfalls schwer auf den Schultern der Eltern lastet. Die Sorgen schwingen bei vielen Gesprächen mit, und das zu einem Zeitpunkt, wo noch kein Test geschrieben, keine einzige Note vergeben und das Kind noch nicht einmal einen

Fuß in die Schule gesetzt hat. Noten haben Urteilscharakter, sie eröffnen Perspektiven oder verschließen diese. Dabei geht es gar nicht ums Lernen per se, sondern um (Bildungs-)Zugänge und Chancen.

Internationale Studien attestieren dem deutschen Bildungssystem, die Chancenungleichheit eher zu verstärken statt zu beheben. Was Bildungsgerechtigkeit und Chancengleichheit angeht, landete Deutschland laut PISA-Studie bereits 2001 auf dem erschreckenden letzten Platz von damals 32 OECD-Nationen. 2018 schafft es die Bundesrepublik auf Platz 33 von 36 Mitgliedsstaaten und bleibt damit nach bald zwei Jahrzehnten noch immer eines der Schlusslichter der umfassenden Studie.[55] Jetzt kann man die PISA-Studie durchaus kritisch sehen. Aber in Sachen Chancengleichheit und sozialer Förderung zeigt sich, auch wenn man die passenden Schulleistungsstudien für Grundschulen in Deutschland (etwa die *Internationale Grundschul-Lese-Untersuchung* (IGLU) und die *Trends in International Mathematics and Science Study* (TIMSS) heranzieht, nirgendwo ein echter Fortschritt.

EIN ZUKUNFTSORIENTIERTES LERNUMFELD FÜR UNSERE KINDER

Leistungskriterien müssen sich weniger auf die Ergebnisse, sondern mehr auf Prozesse beziehen, also den Weg zum Ziel machen. Wenn dieser simple Satz realisiert werden würde, müssten wir die Unterrichtspraxis an deutschen Schulen einmal komplett umkrempeln. Klassenarbeiten, auf die Kinder termingerecht lernen und die als Grundlage für eine abschließende »Be-Wertung« dienen, wären passé. Vielmehr würden alle Beteiligten an dieser Stelle in den eigentlichen Feedback-, oder besser gesagt *Feedforward-Prozess* überhaupt erst einsteigen: Sie würden analysieren und besprechen, wie man sich zukünftig verbessern kann. Lehrkräfte müssten diagnostisch analysieren, wo das jeweilige Kind steht, was es schon kann und wo noch Lernbedarf ist. Im Anschluss müssten sie mit dem Kind (und eventuell auch den Eltern) gemeinsam die nächsten Schritte besprechen, um sich dem Lernziel bestmöglich anzunähern. Das könnte sich beispielsweise derart gestalten: Nach einer thematischen Einheit wird ein Test geschrieben, der möglichst aussagekräftig die unterschiedlichen fachlichen Kompetenzen abbildet, die zuvor erarbeitet wurden, beispielsweise halbschriftliche Multiplikation und Division, mit Kommazahlen rechnen und Sachrechnen zum Thema Zeit. Danach wertet die Lehrkraft aus, ob und zu welchem Grad die zu überprüfenden Kompetenzen erreicht wurden. Da sie das Kind gut kennt und im Unterricht vielleicht auch beobachtet hat, was mögliche Schwierigkeiten sind, kann sie eine qualifizierte Rückmeldung geben. Auch die Hochschulen und Seminare zur Lehrerausbildung sind an der Stelle gefragt, denn diagnostische Kompetenz und die Fähigkeit, diese Erkenntnisse präzise und respektvoll in Texte zu verwandeln, fallen nicht vom Himmel und müssen mit den Studierenden trainiert werden. Auch dialogische Lerngespräche (und Gespräche mit Eltern) zu führen, muss verstärkt in die Lehrerausbildung aufgenommen und Übungsmöglichkeiten durch Fortbildungen geschaffen werden.

Dieser Perspektivwechsel betrifft auch die Eltern, denn sie sind aufgerufen, mit dieser Rückmeldung aktiv zu Hause etwas zu tun! Und zwar *nach* dem Test. Das stellt die komplette Praxis auf den Kopf, wie aktuell in deutschen Elternhäusern oder privaten Lerninstituten gebüffelt und auf den Test hin gelernt wird. Ist der vorbei, atmen alle erleichtert auf, und es zeichnet sich am Horizont meist schon das nächste Lern- und Vorbereitungsevent ab. Alle Eltern können davon ein Lied singen. Die »Gleichwertige Feststellung von Schülerleistungen« am Gymnasium, kurz GFS, wird nicht umsonst »Ganze Familie schafft« genannt.

Wir müssen in jedem Fall die überbordende Orientierung an Tests, Arbeiten und Vergleichsstudien hinterfragen. Wir halten zu stark am Glauben fest, dass Leistung valide gemessen und objektiv dargestellt werden kann. Das gilt weder für die bisherige Benotungspraxis und erst recht nicht für Kompetenzbereiche einer zukunftsorientierten Bildung. Wie Lernen in einer Kultur der Digitalität aussehen kann, hängt stark damit zusammen, welche Schlüsselkompetenzen uns wichtig erscheinen. Kooperation statt individuelle Notenfixierung ist eine davon, um die es im nächsten Kapitel gehen wird.

21 Century Learner: Lernen im Team statt Einzelkämpfer-Mentalität

Wir sind es gewohnt, dass Schule vor allem Einzelkämpfer hervorbringt: Tische mit Blick nach vorne auf die Tafel gerichtet, Trennwände bei Tests und Klassenarbeiten, Prüfungen und Noten als individuelle Leistungen. In unserem Schulsystem gibt es noch immer mehr Sozialdarwinismus, als wir uns das wünschen würden. Im Wettbewerb um bessere Noten und die Verteilung von Zugangsmöglichkeiten gewinnt der Angepasstere – *Survival of the Fittest*. Ein Ausspruch von Richard Gross, Professor an der Stanford University, trifft diesbezüglich den Nagel auf den Kopf: »Schools change slower than churches.[56]«

Eltern befinden sich hier in der gleichen Zwickmühle wie die, die wir im Kapitel *Anschlussproblem weiterführende Schule* geschildert haben. Zu kooperieren und gemeinschaftlich Probleme anzugehen, entspricht viel mehr unserer menschlichen Natur – das ist etwas, was viele Eltern sich für die Entwicklung ihrer Kinder und unserer Gesellschaft wünschen. Nicht umsonst war es für unsere Spezies ein evolutionäres Erfolgsmodell, in einer sozialen Gruppe zu leben, Aufgaben zu teilen und den Gefahren und Herausforderungen des Alltags gemeinsam zu trotzen, als wir vor geschätzten zweihunderttausend Jahren auf der Bildfläche erschienen. Andererseits ist es das Dilemma unserer Zeit, dass wir uns nicht mehr an unseren ureigenen Verhaltensweisen orientieren können, da sie nicht den Strukturen unseres derzeitigen Gesellschaftsmodells entsprechen.

Das ist auch vielen Eltern bewusst. Wir können uns einer Kultur, die sowohl die natürlichen Entwicklungsbedürfnisse von Kindern missachtet als auch die Anforderung an die Eltern, diesen Bedürfnissen gerecht zu werden, kaum entziehen. Scheinbar ohnmächtig lassen wir uns von einem Gesellschafts- und Wirtschaftsmodell leiten, das immer noch Wettbewerbsorientierung zugunsten von gemeinschaftlicheren Lern- und Arbeitsformen befördert. Dabei ist längst klar, dass Lernen ein Austausch mit der Welt ist. Die Fähigkeit, gemeinsam Ziele als Team zu verfolgen und zu realisieren, entspricht viel mehr unserem ureigenen Wesen als Konkurrenzverhalten und Ellenbogenmentalität – und auch den Voraussetzungen zukünftiger Arbeitswelten. Dass Schule und Bildungspolitik die Noten als »quantifizierbare Einzelleistungen« nicht gehen lassen wollen, ist aus der Zeit gefallen und mit den zukünftigen Herausforderungen einer digitalen Gesellschaft schwer vereinbar. Die Welt, für die unser Schulsystem geschaffen wurde, existiert nicht mehr. Die Zukunft braucht andere, vielseitige und wandelbare Persönlichkeiten. Andreas Schleicher, Direktor für Bildung der OECD, spricht hier von *Versatilisten*, die fundierte Kenntnisse und Kompetenzen auf eine sich ständig wachsende Bandbreite von Situationen und Erfahrungen anwenden können. Es geht also um nichts weniger als die Frage, welches Rüstzeug wir unseren Kindern in ihren Koffer packen, um sie für ihre zukünftige Lebenswelt gut vorzubereiten.

DAS 4-K-MODELL: KREATIVITÄT, KRITISCHES DENKEN, KOMMUNIKATION UND KOLLABORATION

Unsere Kinder brauchen (Zukunfts-)Kompetenzen, um an einer Kultur der Digitalität teilhaben zu können. Welche das sein könnten, zeigt das *4-K-Modell*: Kreativität, Kritisches Denken, Kommunikation und Kollaboration. Diese Kompetenzen beschreiben, *wie* wir unser Wissen anwenden können. Es geht dabei nicht um gesonderte Lernangebote, sondern darum, die 4 K's in vorhandene, inhaltlich passende Lernaktivitäten einzubetten.

Kreativität bedeutet in diesem Kontext Problemlösefähigkeit, also die Fähigkeit, Neues denken zu können. Kreativität braucht das richtige Mindset – eine Mischung aus Offenheit, Neugier, Motivation und Leidenschaft. Sie entsteht nicht aus dem Nichts, sondern benötigt Wissen, das originell und neu zusammengesetzt und formiert wird. Für ein Denken *out of the box* braucht es Freiräume und eine kreativitätsfördernde Umgebung. Gleichsam braucht es die Strukturen, innerhalb derer Wissen und Fähigkeiten erworben werden können. Die Anforderung an die Schule besteht darin, dieses Wechselspiel zwischen Struktur und freiem Gestalten zu ermöglichen. Das pädagogische Modell des *Deeper Learning* ist eine passende Umsetzungsmöglichkeit innerhalb des Unterrichts, die wir am Ende des Kapitels vorstellen.

Auch wir als Eltern fragen uns oft, wie wir diese Kompetenz bei unserem Kind fördern können. Kreativität ist nicht auf Knopfdruck abrufbar, sondern braucht eine kreativitätsfördernde Umgebung und Freiräume. Kinder benötigen dafür nicht viel: eine Kiste mit Schätzen wie besonderen Fundstücken (Holzstück in einer besonderen Form, Muscheln, Federn), Alltagsmaterialien (Knöpfe, Dosen, Pappe, Taschenspiegel usw.), dazu Stifte, Kleber, Schere – und vielleicht die Zeit und Muße eines Nachmittags, der nicht verplant ist. Auch das freie Spiel in der Natur mit Spielpartnern unterschiedlichen Alters fördert die kindliche Kreativität.

Kritisches Denken umfasst in diesem Konzept mehr als eine kritische bzw. skeptische Haltung. Vielmehr geht es darum, eine große Bandbreite geistiger Aktivitäten, wie beispielsweise zielgerichtetes und logisches Denken, mehrere Perspektiven und eigene Lösungen reflektieren zu können und diese im Unterricht zu kultivieren. Dazu eignen sich problemorientierte Lernangebote, projektbasiertes Lernen sowie bestimmte Methoden wie beispielsweise der *Design-Thinking*-Ansatz, der aber eher in der Sekundarstufe Einzug in die Klassenräume gehalten hat. Der Erfolg von *Design Thinking* wird maßgeblich durch eine gemeinschaftliche Arbeits- und Denkkultur bestimmt, bei dem ein Team auf greifbare und konkrete Ergebnisse für ein Problem hinarbeitet. Dieser Ansatz eignet sich für die Schule, aber auch, um Probleme in der Familie zu besprechen und Schritt für Schritt gemeinsam zu lösen. Wir stellen *Design Thinking* am Ende dieses Kapitels vor.

Kommunikation, also seine eigenen Gedankenschritte angemessen mitteilen zu können, ist als Kompetenz unstrittig und wird hier recht breit gefasst. Im schulischen Kontext ist die Kommunikation oft stark von außen gelenkt, in der Grundschule sogar noch stärker als in höheren Klassen. Dort ist oft das freie Sprechen reguliert und ritualisiert, wie etwa im Erzählkreis, bei Gruppenarbeiten oder Präsentationen. Kollaborative Aufgaben fördern daher einen kommunikativen Austausch mit Gleichaltrigen. Dafür eignen sich verschiedene Lernsettings bzw. Methoden wie Leseübungen zusammen mit einem Lernpartner. Bei einem solchen *Peer-to-Peer-Learning* können sich gleichberechtigte Partner über Ideen, Erfahrungen oder auch vorhandenes Wissen austauschen und dabei auf einer gleichberechtigten Ebene mit- und auch voneinander lernen.

Auch in der Familie ergeben sich viele Übungsfelder, um kritisches Denken und Kommunikation zu üben. Jeder von uns kennt Situationen, in denen Familienmitglieder unterschiedliche Positionen vertreten oder unterschiedliche Dinge wollen. Das müssen wir aushalten und, genauso wichtig, gemein-

sam besprechen. Sich in das Denken eines anderen Menschen hineinzu-
versetzen, zuzuhören und adäquat Gesprächsregeln zu beachten ist ein
immerwährendes Übungsfeld, in das wir unsere Kinder so früh wie möglich einbeziehen können. Auch uns Erwachsenen fällt das nicht immer
leicht, manchmal auch deswegen, weil unsere eigene Herkunftsfamilie keine
Gesprächskultur ausgebildet hat.

Kollaboration meint mit anderen Personen zusammen denken und auf
ein gemeinsames Ziel hinarbeiten zu können. Oft wird auch der Begriff
Kooperatives Lernen als Sammelbegriff für gemeinschaftliches, wechselseiti-
ges Lernen in der Gruppe benutzt. Wie Kollaboratives Lernen funktionieren
kann, sehen wir uns nun an einem Beispiel an.

IMPULS DESIGN THINKING[57] – PROBLEME LÖSEN IN SCHULE UND FAMILIE

Kennen Sie das? Ihre Kinder wollen ans Meer fahren und Sie wollen am
liebsten einen Wanderurlaub in den Bergen machen. Ob es das nächste
gemeinsame Reiseziel betrifft oder unterschiedliche Vorstellungen vom
Wochenende, manchmal gibt es auch innerhalb der Familie kontroverse
Bedürfnisse, bei denen eine Einigung schwerfällt. Probieren Sie die *Design-
Thinking-Methode* aus! Diese Herangehensweise ist immer dann geeignet,
wenn es um vielschichtige Anforderungen und Interessen geht und eine
Lösung für eine bestimmte Zielgruppe (in dem Fall Ihre Familie) gefunden
werden muss.

Auch in der schulischen Praxis sollen im Unterricht komplexe Problemstellungen bearbeitet werden, um aus den Lernenden, wie wir unten in diesem Kapitel näher beschreiben, *21st Century Learner* zu machen und bei
ihnen *Future Skills* anzubahnen. Hört sich insgesamt gut an, aber wie soll
das in der Schule konkret umgesetzt werden? *Design Thinking* als Methode
hat zum Ziel, mit möglichst geringem Aufwand zielgruppenorientierte

Lösungen zu entwickeln. Der Erfolg hängt maßgeblich davon ab, ob das Team sich auf diese gemeinschaftliche Denk- und Arbeitskultur einlässt. Ein Beispiel aus der Schulpraxis: In der großen Pause gibt es immer wieder Konflikte. Der Pausenhof ist klein, es gibt unterschiedliche Spielparteien, die sich in die Quere kommen, oft finden Spiele statt, bei denen nach kurzer Zeit die Fetzen fliegen. Alle sind frustriert – die Pause ist weder für Schüler noch Lehrer eine Erholung. Abhilfe muss her. Ein (jahrgangsgemischtes) Schülerteam soll dieses Alltagsproblem gemeinschaftlich und kreativ lösen.

Design Thinking schaut dabei durch die Brille des Nutzers, also der Zielgruppe, die das Problem besitzt, und versucht, dieses auf bestimmte Art anzugehen. Es geht um deren Wünsche, weniger um die technische Lösbarkeit des Problems. Eine bauliche Erweiterung des Pausenhofs oder das Anschaffen neuer Spielgeräte kann an einer möglichen Lösung des Problems nämlich vorbeigehen! Es sollen praxisnahe Lösungen entwickelt werden, die der Zielgruppe auch wirklich nutzen. Deshalb werden im *Design-Thinking-Prozess* favorisierte Lösungen auch durch den Bau von Prototypen sichtbar gemacht. Die Frage dazu lautet: Taugt unsere ange-

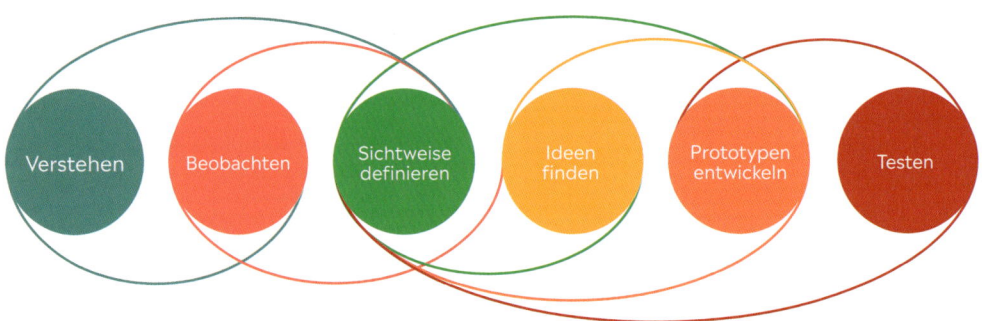

strebte Lösung den Bedürfnissen unserer Zielgruppe? Dazu sollte man die Bedürfnisse erst einmal kennen!

Die *Design-Thinking-Methode* ist ein geeignetes Hilfsmittel, um Alltagsprobleme zu analysieren und passende Lösungen zu finden. Es braucht allerdings Zeit und ein Verständnis dafür, dass die Problemlösung als Prozess abläuft, der aus mehreren, aufeinander aufbauenden Phasen besteht.

In der Phase des Verstehens umreißt das Team – das können eine Familie, eine Schülergruppe, Kollegen sein – den Problemraum. Darauf folgt in der Phase des Beobachtens ein Sich-Hineinversetzen in die Nutzer. Danach gilt es, die Erkenntnisse zusammenzutragen. Für die Ideen- und Lösungsfindung kommen bekannte Kreativitäts- und Brainstorming-Techniken zum Einsatz. Aus einer Vielzahl von Lösungsmöglichkeiten wird auf *eine* fokussiert, auf die sich das Team geeinigt hat. Dabei steht die visuelle Darstellung dieser Lösung im Vordergrund: Ein Prototyp soll genau das sicht- und greifbar machen, was der Zielgruppe helfen soll und eine Lösung für das vorhandene Problem darstellt.

Der Vorteil dieser kleinschrittigen Methode liegt klar auf der Hand. Kinder lernen Probleme zu erkennen und aus unterschiedlichen Perspektiven zu beleuchten. Sie tragen eigene Ideen vor und müssen sich auch mit den Vorschlägen der anderen Teammitglieder befassen, denn es geht darum, *gemeinsam* zu einem Ergebnis zu kommen.

Im Fall unseres Pausenhof-Problems einigte sich das Team auf die mögliche Lösung, den Bewegungsraum durch ein definiertes Areal im nahe gelegenen Park zu erweitern. Doch vorher galt es zu reflektieren, ob der Lösungsvorschlag auch für die Nutzer – in dem Fall für Schüler und Lehrer – wirklich passt, denn eine weitere Aufsichtsperson für den Park musste zusätzlich eingeplant werden. Das Parkareal wurde gezeichnet, Regeln zur Pause vom Team definiert und eine Box mit *outdoor*-geeigneten Kleinspielzeugen zusammengestellt. Der Testlauf hatte Erfolg! Die Pausensituation

war nun räumlich entzerrt und die Zielgruppen (Kinder und Lehrpersonen) konnten die Pause deutlich entspannter angehen. Für das *Design-Thinking*-Team war es sinnstiftend und befriedigend, ein Dauerproblem gemeinsam gelöst zu haben.

IMPULS DEEPER LEARNING

Deeper Learning ist ein ganzheitliches Unterrichtskonzept, das an die beschriebenen Formen von kollaborativem, gemeinschaftlichem Lernen anknüpft. *Deeper Learning* verbindet die besten Aspekte aus scheinbar unvereinbaren Gegensätzen: Eher lehrergesteuerte, frontale Unterrichtsphasen und die reformpädagogischen Ideen des eigengesteuerten Lernens werden, gestützt durch digitale Möglichkeiten, zu einem fließenden Unterrichtssetting fusioniert. Dafür gibt es kleine Zwischenstationen und einen konkreten »Reiseplan«. Das Ganze ist also kein planloses Gewusel, bei dem jeder einfach irgendwas macht, sondern ein gut geplantes und begleitetes Unterrichts-konzept.

Wir brauchen diese neue Praxis dringend. Allerdings finden sich wenig Beispiele in der aktuellen Fachliteratur, wie sich *Deeper Learning* im Be-reich der Grundschule umsetzen lässt. Daher möchten wir dieses Konzept beispielhaft ausführen, so wie wir es an der Draußenschule in unseren Ta-gesablauf und Unterricht integriert haben. Erforderlich ist, dass Lehrkräfte eng zusammenarbeiten und *Deeper-Learning*-Angebote gemeinsam planen, durchführen und auswerten. Wir organisieren uns dazu wöchentlich inner-halb unser zweistündigen Teamzeit.

Zum Schulstart hatten wir uns beispielsweise das jahreszeitlich passende Thema »Pilze« vorgenommen, für das fächerverbindend ausreichend Zeit eingeplant wurde. Im Phasenmodell des *Deeper Learning* geht es in der **ers-ten Phase** *(Instruktion & Aneignung)* darum, eine solide (Wissens-)Grund-lage aufzubauen und die Kinder dort abzuholen, wo sie stehen. Wichtig ist, auf Konzepte und Vorstellungen einzugehen, die Kinder mit diesem Thema verbinden. Bei den Pilzen war vielen Kindern beispielsweise zunächst nicht bewusst, dass der weitaus größere Teil des Pilzes nicht sichtbar ist und sich als Pilzmyzel (Pilzfäden) unter der Erde befindet. Lediglich der teilweise essbare Fruchtkörper stellt den sichtbaren oberirdischen Teil dar. Der tra-ditionelle Unterricht innerhalb des Klassenzimmers wird durch Lernum-gebungen außerhalb des Klassenzimmers erweitert, Exkursionen und das Einbeziehen von Experten spielen in dieser Phase auch eine Rolle. Fächer-übergreifend wurde das Thema Pilze sprachlich, biologisch und musisch-künstlerisch analog und digital erarbeitet.

In der **zweiten Phase** *(Ko-Konstruktion)* geht es um die Entwicklung komplexer Fähigkeiten.

In dieser Phase, die man als »Herzstück des *Deeper Learning*«[58] bezeich-nen kann, sollen die Lernenden sowohl allein als auch in Teams arbeiten und selbstorganisiert Entscheidungen über ihren Lern- und Arbeitsprozess

treffen. Auch die Rolle des Pädagogen wandelt sich in dieser Phase: Von der eher klassischen, wissensvermittelnden Lehrerrolle hin zu einer begleitenden, coachenden Beobachterrolle. In dieser zweiten Phase werden Lernprozesse differenziert und personalisiert, um die individuellen Interessen und Begabungen von Schülerinnen und Schülern zu fördern. Die Kinder arbeiten eigenständig in verschiedenen Gruppenkonstellationen und an den unterschiedlichsten Themen. Verstärkt kommen dabei digitale Medien und Tools zum Einsatz. An folgenden Themen haben unsere Kleingruppen über mehrere Wochen selbstständig gearbeitet:

Pilze selbst züchten: Die Kinder lasen die Anleitung der Pilzzuchtbox genau und setzten die Zucht selbstständig an. Die Aufgabe war es, ein verständliches Erklärvideo zu erstellen, eine Art Tutorial für Kinder, wie sie sich eine Pilzzuchtbox selbst bauen können.

Pilzkochbuch: Bei diesem Team ging es darum, möglichst einfache Pilzgerichte mit den Speisepilzen Pfifferling, Steinpilz und Champignon zuzubereiten. Ziel war es, die Charakteristik der jeweiligen Pilze zu beschreiben und die Informationen sowie Rezepte zu einem kleinen Kochbüchlein zusammenzustellen. Die Kinder nutzten dazu die App *Book Creator*.

Theaterstück: Die Kinder entwickelten ein Theaterstück mit dem Titel *Der Experte*, in dem ein passionierter Pilzexperte eine Gruppe durch den Wald führt und zu Speise- und Giftpilzen Fakten und interessante Geschichten erzählt. Beispielsweise, dass der Hallimasch bei rohem Verzehr eine abführende Wirkung hat, was sich auch in seinem Namen widerspiegelt: halim-a(r)sch. Mit diesem »Angeberwissen« beeindruckt er im Theaterstück  die Gruppe der Unwissenden, die ihn begleiten und ihm Fragen stellen. Am Ende macht der Experte dann aber selbst einen Fehler und hat tagelang Bauchschmerzen. Dieses zugegeben etwas spektakuläre Ende verwies auf die Schlussmoral: Selbst Experten können Fehler unterlaufen, wenn sie nicht genau hinsehen und ihre Ergebnisse nachprüfen.

Ein Männlein steht im Walde: Hier erarbeitete eine Gruppe eine Storyline zu dem bekannten Kinderlied *Ein Männlein steht im Walde*. Sie drehten mit der *Stop-Motion-App* einen kurzen Film mit kleinen Knetfiguren.

In dieser Phase arbeiten die Kinder in altersgemischten Gruppen an ihren gewählten Themen. Je nach Alter und Erfahrung im Umgang mit *Deeper Learning* können Lehrkräfte mehr oder weniger Hilfestellungen und ein strukturelles »Gerüst« (*Scaffolding*) anbieten. Es bleibt Zeit, die Schüler innerhalb ihrer Lernprozesse zu beobachten, sie individuell zu beraten und Beobachtungen zu dokumentieren, denn *Deeper Learning* mündet nicht in Klassenarbeiten oder eine Benotung der Endergebnisse. Das Lernen im Prozess, die Kompetenzen, die der Lernende währenddessen zeigt, werden erfasst und beispielsweise durch ein Kompetenzraster dokumentiert. Das bedeutet, dass zu bestimmten Bereichen – beispielsweise fachliches Wissen, Lernzuwachs, Verhalten im Team – Aussagen getroffen werden.

Beim *Deeper-Learning*-Ansatz geht es um die Erarbeitung authentischer Leistung – vor allem in Phase drei. Während in der Sekundarstufe meist ein zu lösendes Problem im Mittelpunkt steht, war es uns in der Primarstufe wichtiger, mit unseren Schülerinnen und Schülern etwas Greifbares mit Mehrwert zu produzieren. Dieses Produkt sollte zur Unterhaltung, Aufklärung oder Information für alle dienen, die sich mit dem Thema Pilze noch nicht so ausführlich befasst hatten. Erklärvideo, Kochbuch, Theaterstück und Stop-Motion-Kurzfilm – die Ergebnisse waren definiert, nachdem sich die Gruppen geeinigt hatten. Der Weg dorthin war die kreative Eigenleistung der jeweiligen Gruppe.

Was können Eltern aus diesem schulischen Phasenmodell *Deeper Learning* mitnehmen? Zum einen, dass wir uns von dem Anspruch verabschieden müssen, dass alle Kinder zur gleichen Zeit den gleichen »Stoff« durchmachen oder identische Lernerfahrungen machen müssen. Das ist nicht immer leicht zu akzeptieren, da es naturgemäß den Eltern ein Anliegen ist, dass ihr Kind möglichst alles mitnimmt, was auch anderen zur Verfügung steht. Die Erfahrungen, die Kinder in den unterschiedlichen Projekten und Gruppenkonstellationen sammeln, ist jedoch immer unterschiedlich.

Zum anderen dürfen wir uns vielleicht auch erst einmal damit anfreunden, dass der Weg das Ziel darstellt und sich manchmal unserer elterlichen Einflussmöglichkeiten entzieht. Beim *Deeper Learning* zeigen sich die Kompetenzen der Kinder nur im schulischen Kontext. Auch wenn Kompetenzraster eine Momentaufnahme sind, ist Lernen als Prozess zu verstehen. Schauen wir uns die Kompetenzraster im Verlauf der Schuljahre an, sehen wir bei unseren Kindern einen deutlichen Lern- und Kompetenzzuwachs.

21ST CENTURY LEARNER

Wir alle sind Zeitzeugen eines sich in hoher Geschwindigkeit ausbreitenden Wandels unserer Lebens- und Arbeitswelt im 21. Jahrhundert. Die alte Erdepoche, eine rohstoffverbrauchende Industriegesellschaft, wird von einer digitalisierten Wissensgesellschaft abgelöst. Wissen und Kompetenzen gepaart mit einer bestimmten Persönlichkeit und der Fähigkeit, über sich selbst und seinen Lernprozess zu reflektieren, sind die neuen »Rohstoffe«, auf die sich diese neue Ära aufbaut.

Wir müssen unseren Kindern die Fähigkeiten und das Rüstzeug mitgeben, sich selbst gut durch ihr zukünftiges Leben steuern zu können. Sie brauchen einen Kompass und die Fähigkeiten, um durch eine zunehmend unsichere, unbeständige und mehrdeutige Lebenswelt navigieren zu können, so beschreibt Andreas Schleicher, Direktor für Bildung bei der OECD (Organisation für wirtschaftliche Zusammenarbeit und Bildung), den schulischen Auftrag.[59]

Eine Möglichkeit, den Lernenden der Zukunft auszustatten, ist das Modell des **21st Century Learner.** Es stellt eine Erweiterung des im vorangegangenen Kapitel beschriebenen *4-K-Modells* dar, das wir zu Eingang dieses Kapitels schon vorgestellt haben. Charles Fadel und sein Team haben es als Rahmenmodell nach jahrelangen Vergleichsstudien von Lehrplänen unterschiedlichster Länder sowie zukünftiger Anforderungen entwickelt. Im Vordergrund steht dabei die Frage, *was* Schüler und Schülerinnen zukünftig lernen sollten.

Beim Modell des *21st Century Learner* existieren mehrere Kompetenzbereiche gleichwertig nebeneinander. Hier sollen Lernende hinsichtlich der Dimension **Wissen** und **Persönlichkeitsbildung** gebildet werden. Verbunden und umschlossen werden die drei Dimensionen von unterschiedlichen Fähigkeiten, die sich auf einer Meta-Ebene befinden und Einfluss auf den Erfolg der drei Dimensionen haben. Diese übergeordneten Fähigkeiten können sehr gut mit dem Begriff des *Lebenslangen Lernens* in Verbindung gebracht werden. **Meta-Lernen** umschreibt die Entwicklung von Fähigkeiten wie das Lernen zu lernen, ein dynamisches Selbstbild (*Growth Mindset*) zu entwickeln, das die Lernenden zum Umgang mit Fehlschlägen und stetiger Weiterentwicklung ermutigt, sowie die Fähigkeit, agil mit wandelnden Lern- und Arbeitswelten umzugehen. Folgende Grafik erläutert das Modell des *21st Century Learner:*

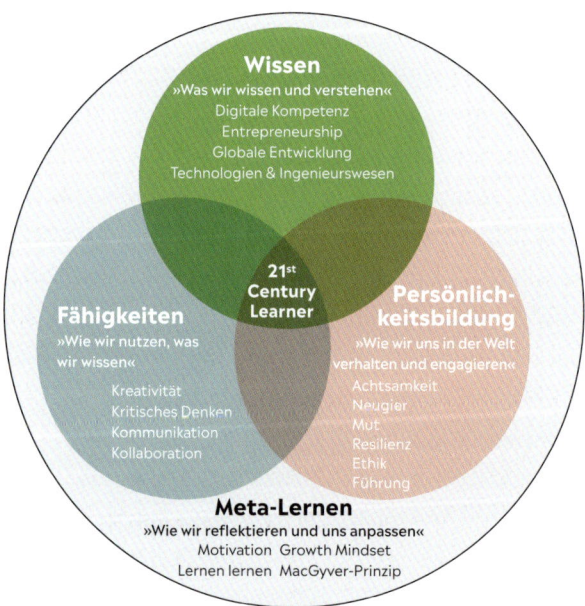

Die Dimension **Wissen** (*knowledge*) ist uns wohl aus unserer Schulzeit noch am geläufigsten. Im Unterricht wurden Inhalte dargeboten, wir mussten sie büffeln. Im Modell des *21th Century Learner* geht es aber nicht nur um Kenntnisse zur Photosynthese oder den Verlauf des Ersten Weltkrieges. Es geht verstärkt um *Querschnittsthemen*, die sich nicht konkret zuordnen lassen und daher in allen fachlichen Bereichen bearbeitet werden können. Digitale

Kompetenz, Entrepreneurship, Globale Entwicklung, Technologien & Ingenieurswesen (Informatik, Robotik, Künstliche Intelligenz, Coding) sind solche Querschnittsthemen, die sicherlich altersgemäß unterschiedlich zum Tragen kommen.[60]

Was uns in unserer Schulzeit gefehlt hat, war die Vernetzung von Inhalten und Themen. Fachliche Themen schwammen wie kleine Inseln in dem Meer des schulischen Curriculums, ohne miteinander in Berührung zu kommen. Jeder Fachlehrer produzierte seine eigenen kleinen Wissensinseln. Wenn wir über *Wissen* nachdenken, sollten wir unbedingt auch den engen Begriff von Intelligenz überdenken und erweitern, der bislang stark mit reinem Fachwissen verknüpft war. Intelligenz nur auf Denkleistung zu beschränken, kritisierte schon Howard Gardner in seinem 1985 erschienenen Buch *Abschied vom IQ, die Rahmentheorie der vielfachen Intelligenzen.*[61] Auch Daniel Goleman konnte mit seinem 1995 erschienenen Bestseller *EQ. Emotionale Intelligenz* einem großen Publikum näherbringen, dass es auch noch andere Intelligenzen gibt, die mit unserer Persönlichkeit zu tun haben.[62]

Inwiefern hat **Persönlichkeitsbildung** (*character*) in Ihrer Schulzeit eine Rolle gespielt? Sicherlich war die Schulzeit prägend für unsere Entwicklung und jeder kann auf mehr oder weniger schöne Erlebnisse zurückblicken, die auf die eigene Biografie eine Auswirkung hatten. Doch als Thema, als Inhalt im Unterricht tauchte alles, was mit der eigenen Person zusammenhing, lediglich in den Kopfnoten wie Verhalten und Mitarbeit auf. Charakterbildung, bei der die (Aus-)Bildung von Achtsamkeit, Neugier, Mut, Resilienz, Ethik und Führung eine Rolle spielt,[63] ist immer noch nicht im Bildungswesen angekommen. Es spielte meist im Unterricht keine Rolle, ob ein Schüler ethisch sehr gut aufgestellt ist und mitfühlend, freundlich, rücksichtsvoll und hilfsbereit mit seinen Mitschülern umgeht. Er mag beliebter sein als ein anderer Schüler, der auf nur sich bedacht und wenig empathisch sein Ding durchzieht – aber bessere Noten, eine höhere Qualifizierung verschafft es ihm im aktuellen System nicht. Die Fokussierung rein auf die Noten bringt

Menschen in Berufszweige, die neben fachlicher Exzellenz ebenso auch Persönlichkeitsstärke bräuchten. Ein Beispiel dafür: Hatten Sie es schon mal mit einem äußerst qualifizierten Facharzt zu tun, der Ihnen ohne einen Hauch von menschlichem Mitgefühl eine sehr schlimme medizinische Nachricht übermittelt hat? Genau darum geht es. Wir sehen über die emotionalen Defizite solcher Koryphäen hinweg, und auch ich gebe zu, einem hoch qualifizierten, aber unempathischen Chirurgen den Vorzug zu geben – wenn es um eine Operation geht. Trotzdem wünschen wir uns ein charakterlich starkes und mitfühlendes menschliches Wesen, das uns nahebringt, wie es um uns oder ein Familienmitglied steht.

Metalernen als übergreifende Dimension beschreibt den Prozess des *Denkens über das Denken*. Es geht darum, dass Lernende sich in Reflexion üben, über ihr eigenes Lernverhalten nachdenken und dabei ein positives Selbstbild entwickeln, das sie ermutigt, ihr Lernen und ihr Verhalten anhand ihrer Ziele neu auszurichten.[64] Motivation und ein lernförderliches Mindset sind für den Lernerfolg wesentlich. Wenn man sich innerlich sperrt, so manch einer kann dies beispielsweise beim Thema Steuererklärung nachvollziehen, ist es nahezu unmöglich, Inhalte zu verstehen und zu verinnerlichen. Da geht einfach nichts!

Darüber hinaus zeigt sich eine Fähigkeit zur **Metakognition** auch darin, auf verinnerlichtes Wissen und Fähigkeiten zurückgreifen zu können und es zur Anwendung zu bringen. Dabei kommt es nicht darauf an, dass der Lernende auf eine feststehende Lösung seines Problems kommt, sondern er muss auf *seine* Lösung kommen, mit den Dingen oder Gegebenheiten, die er in seiner Umwelt vorfindet – nennen wir es mal das »MacGyver-Prinzip«. In der gleichnamigen 90er-Jahre-Fernsehserie bastelt MacGyver kreativ und kompetent aus allerlei Gegenständen taugliche Dinge zusammen, die ihn aus brenzligen Situationen retten. Dabei greift er auf seinen immensen Wissensschatz aus Physik, Technik, Mathematik, Chemie und Biologie zurück und findet Lösungen, die ihm in eben jener Lage helfen, in der er sich gerade befindet.

Grundsätzlich haben wir alle großen Respekt vor solchen Allroundern, und vielleicht kennen Sie auch jemanden, der auf der handwerklichen, technischen, sprachlichen, künstlerischen oder musikalischen Ebene einfach alles zusammenbringen kann, weil Wissen und Kompetenzen in der Person fest verankert sind und sie jederzeit darauf zugreifen, alles kombinieren und mixen kann – so wie ein sehr guter Küchenchef aus den verschiedensten Zutaten immer ein hervorragendes Ergebnis zaubern kann, ohne auch nur einen Blick in ein Rezept zu werfen. Um aus unseren Kindern solche kreativen Köche zu machen, müssen wir die ausgetrampelten Pfade allerdings verlassen. Ein Begriff wird dabei besonders wichtig werden: derjenige des gemeinschaftlichen Lernens.

GEMEINSCHAFTLICHES LERNEN – KOOPERATION UND KOLLABORATION

Bleiben wir bei den kulinarischen Beispielen. Björn Nolte legt in seinem Buch *Upgrade. Kollaboratives Lernen* sehr anschaulich dar, worin die Unterschiede zwischen Kooperation und Kollaboration bestehen, denn diese Begriffe sind keineswegs Synonyme.[65] Hier ein Beispiel zur Unterscheidung: Ein paar Freunde treffen sich zum gemeinsamen Kochen, bei dem jeder Zutaten mitbringt. Nach Überlegungen und Beratschlagen fangen sie gemeinsam an zu kochen, wobei jeder in einem Teilbereich werkelt: Einer ist für die Suppe, ein anderer für den Auflauf zuständig, wobei ein Freund vielleicht nur hin und her flitzt, Wein nachschenkt, Soßen abschmeckt und das Eis zum Nachtisch portioniert. Am Ende entsteht ein *kollaborativ-gemeinschaftlich* hergestelltes Abendessen. Dies bedeutet, dass eine Aufgabe (Abendessen herstellen) und deren Bereiche und Schritte gemeinsam bearbeitet werden. In einem gemeinschaftlichen Prozess haben alle die Gesamtverantwortung für alles, und jeder weiß zu jedem Zeitpunkt Bescheid, was gerade läuft. Die Vorstrukturierung für dieses Kochvorhaben ist eher gering (jeder bringt einfach Zutaten mit), der Aushandlungsbedarf, die Koordination und Abstimmung während des Prozesses sind tendenziell eher hoch und aushandlungsbedürftig.

In einer anderen Freundesgruppe läuft es anders. Jeder bringt etwas zum Abendessen mit, was zu Hause vorbereitet wurde. So entsteht eine Art Buffet – ein *kooperatives Ergebnis*. Jeder trägt die Verantwortung für seinen Teilbereich (z. B. Vorspeise), Aufgaben werden also aufgeteilt und müssen im Vorfeld intensiver abgestimmt werden. Wie genau das Teilergebnis entstanden ist, bleibt den unterschiedlichen Freunden allerdings verborgen. Man weiß eben nicht, wie der andere das Gericht gemacht hat und kann seine Tricks und Kniffe nicht nebenbei erlernen.

Im Unterricht, insbesondere in der Grundschule, werden verstärkt *kooperative Lernformen* eingesetzt und wesentlich weniger *kollaborative Lernformen*, und das hat seine Gründe. Kooperative Formen, wie zum Beispiel Gruppenarbeiten, sind weniger offen. Durch mehr oder weniger Vorstrukturierung kann man als Lehrperson das Unterrichtsgeschehen besser lenken und koordinieren. So gibt es bei Gruppenarbeiten manchmal recht starr zugewiesene Rollen wie Zeitwächter, Vortragender oder Plakat-Gestalter, die jedes Kind dann ausfüllt.

Auch Präsentationen mit mehreren Kindern, die Informationen zu einem Thema sammeln und aufbereiten, finden verstärkt *kooperativ* statt. Ein Beispiel: Vier Kinder sollen das Thema Haustiere aufbereiten und präsentieren. Jedes Kind bereitet dazu seinen jeweiligen Teilbereich vor: Hund, Katze, Kaninchen, Schildkröte. Bestenfalls gibt es neben den vier Plakaten zu dem jeweiligen Tier noch einen gemeinsamen Einstieg und einen Schluss. Aber ist das wirklich ein Gemeinschaftsprojekt?

Der Nachteil ist, dass eben jeder nur genau in seiner Rolle oder in seinem Teilgebiet bleibt. Noch schwieriger wird es, wenn das vermeintliche Gemeinschaftsprodukt Haustier-Präsentation bewertet werden soll und daraus wieder Einzelnoten für die unterschiedlichen Teil-Präsentationen entstehen müssen. So ist der Zwang zur Benotung das Ende der Teamorientierung, da automatisch wieder eine Wettbewerbssituation entsteht.

Kollaboration erfordert prinzipiell mehr Fähigkeiten von den Lernenden, da sie sich kommunikativ viel stärker abstimmen müssen. Sie müssen ihre Strukturen selbst gestalten und immer wieder reflektieren, ob sie noch auf dem richtigen Weg sind, um ihr Ziel gemeinschaftlich zu erreichen. Die gemeinschaftliche Verantwortung braucht auch manchmal Charakterstärke, denn es gibt immer wieder Personen im Team, die vielleicht nicht so arbeiten, dass es zum Erfolg der Gruppe beiträgt. Dann müssen alle sich zusammensetzen, um Lösungen zu finden, damit man gemeinsam wieder auf einen guten Weg kommt. Daher fordert Kollaboration viel mehr den Einzelnen im Umgang mit seinen Mitstreitern.

Welche Lernform halten Sie nun für zukunftstauglicher, um Kinder und Jugendliche auf die Arbeitswelt von morgen vorzubereiten? Der zukünftige Arbeitsmarkt wird Mitarbeiter nachfragen, die Informationen analysieren, komplexe Zusammenhänge durchdenken und in multiprofessionellen Teams Probleme lösen können. Darauf sollte die Schule unsere Kinder vorbereiten. Kooperation und Kollaboration als Formen des Miteinanders sollten feste Bestandteile methodisch-didaktische Planung von Unterricht sein. Als Eltern wünschen wir uns, dass unsere Kinder in Spielsituationen mit anderen Kindern gut auskommen, also kooperieren. Gelingt dies weniger, ist dies aus Elternperspektive nicht immer leicht auszuhalten, ohne einzugreifen. Kooperatives Verhalten trägt auch den Aspekt des sozialen Lernens in sich, welches sich mit Zeit und verschiedenen Erfahrungen mit der Umwelt entwickelt.

Soziales Lernen in Gemeinschaften – auch durch Streit

Kinder brauchen Gemeinschaften, um sich zu entwickeln. Ihr Sozialisationsprozess hat sich in den letzten hundert Jahren aber stark verändert. Kinder wuchsen früher in wesentlich größeren Gemeinschaften auf. Neben Vater und Mutter gab es oft noch weitere Verwandte wie Tanten, Onkel, Angestellte oder Nachbarn, die manchmal sogar unter einem Dach lebten oder eng mit dem Haushalt verbunden waren. Vor allem wohnten mehr Kinder räumlich nah beisammen und mussten ihre Regeln und Rituale untereinander aushandeln – meist ohne die Einmischung der Erwachsenen. Auch das hat sich stark verändert. Ob auf dem Spielplatz oder bei der Spielverabredung mit Freunden: Die Kleinen werden beäugt, reguliert und in die richtige Richtung sozialen Verhaltens gestupst: »Schau mal, ihr könnt doch die Schaufeln abwechselnd haben. Erst könntet ihr doch spielen, was Anna möchte, sie ist ja heute unser Gast, und später könnt ihr doch auch noch zusammen mit den Wasserfarben malen!«

Warum können wir es nicht aushalten, wenn unsere Kinder mit anderen Kindern in Konflikte geraten? Der Drang, beschwichtigend zu intervenieren, ist groß, und wir unterbreiten dann recht schnell Erwachsenenlösungsansätze. Leider nehmen wir unseren Kindern damit auch Möglichkeiten des sozialen Lernens. Indem wir sie eigene Lösungen erarbeiten und untereinander Kompromisse aushandeln lassen, auf die wir vielleicht niemals gekommen wären, können Kinder überhaupt erst wichtige Kompetenzen im sozialen Verhalten entwickeln und üben.

Dazu braucht es den Konflikt, die Reibung und das Ausloten von Grenzen – der eigenen und der anderer Kinder. Streit bleibt auch in der Schule nicht aus. Im Unterschied zu den eigenen vier Wänden ist die Schule nun allerdings ein Ort, an dem sich unsere Kinder ausprobieren, entwickeln, austoben, in Konflikte geraten und gute wie auch schlechte Zeiten erleben können, ohne dass wir als Eltern unmittelbar eingreifen, bestärken oder reglementieren können. Wir können das Ganze noch nicht einmal beobachten. Damit, dass andere Erwachsene, also die Lehrerinnen und Lehrer, mit bestimmten Situationen vielleicht anders umgehen, als wir das tun würden, müssen wir vielleicht erst mal klarkommen.

»ICH ERKENNE MEIN KIND IN IHREN SCHILDERUNGEN NICHT« – KONFLIKTE IN DER SCHULE

Im Normalfall besteht eine Klasse aus 22 bis 28 Kindern, die hinsichtlich ihrer sozialen Entwicklung unterschiedlich sind. Selbstverständlich gibt es ständig Konflikte! Im Unterricht, in den Pausen, vor der Schule und nach der Schule. Einige dieser Streitigkeiten bekommt die Lehrperson mit und versucht sie zu entschärfen und mit den Kindern gemeinsam zu klären. Aber die meisten Konflikte geschehen einfach in den vielen kleinen Zwischenmomenten des langen Schultages. Es ist schlichtweg unmöglich, zu jedem Zeitpunkt und an jedem Ort allgegenwärtig präsent zu sein und genau beurteilen zu können, wer was wann und wo gesagt oder getan hat. Das kann für die Kinder genauso wie für die Lehrer manchmal frustrierend sein.

Da wir als Eltern nur mittelbar in den Schulalltag eingreifen können, ist es oft hilfreich, wenn wir bei den unglaublich vielen kleinen und auch großen Konflikten, die an Schulen tagtäglich vorkommen, nicht gleich in einen blinden Aktionismus verfallen. Denn zur Schule gehört Vertrauen: Vertrauen in uns selbst, dass wir unsere Kinder zu Hause gut auffangen können, wenn sie Begleitung brauchen und sie in der Schule vielleicht emotional nicht abgeholt wurden. Vertrauen in die Lehrerinnen und Lehrer, die sich nach Kräften bemühen, unseren Kindern ein möglichst schönes Miteinander zu ermöglichen. Vertrauen aber auch in unsere Kinder, selbst dazu in der Lage zu sein, Konflikten zu begegnen und sie Kraft ihres eigenen Vermögens zu lösen. Denn es spricht nichts dagegen, zwar im ersten Schritt unser Kind zu trösten und zu bestärken, dann aber im zweiten Schritt die Verantwortung für die Klärung des Konflikts zunächst als Chance unseres eigentlich sehr kompetenten Kindes zu sehen, daran zu wachsen.

Schule ist der Ort, an dem Kinder viel Lebenszeit miteinander verbringen und sich automatisch mit den unterschiedlichsten Kindern und auch Erwachsenen außerhalb von Familie und Freunden auseinandersetzen müssen. Vielleicht nimmt die Bedeutung der Schule als Übungsraum für das soziale Miteinander auch gerade deshalb zu, weil Kinder sich hier ausprobieren dürfen, ohne dass ihre Eltern eingreifen. Die Schule ist damit ein Lebensraum, in dem sich Kinder ganz anders erleben dürfen und können. Und viele Kinder nutzen diese Gelegenheit. Die Schule ist ein Ort, an dem unsere Kinder ein soziales Netzwerk aufbauen können, in das wir uns als Eltern nicht ohne gute Überlegung einmischen sollten. Ein Ort, an dem Kinder ganz anders als zu Hause sein dürfen. Denn elterliche Fürsorge kann auch echt anstrengend oder sogar gelegentlich regelrecht erdrückend sein.

Die Erfahrung, dass Kinder sich in der Schule anders verhalten als zu Hause, kann uns als Eltern verunsichern. Wir fallen regelrecht aus allen

Wolken, wenn die Schule ein Gespräch mit uns sucht, um über ungünstige Verhaltensweisen zu sprechen, die den Lehrkräften im Umgang unseres Kindes mit anderen aufgefallen sind. »Wir erkennen unser Kind überhaupt nicht wieder, wenn Sie uns das so berichten«, ist ein Satz, der in dem Kontext häufig fällt.

Je besser das Verhältnis zwischen Eltern und den Lehrkräften ist, desto mehr können beide auf ein offenes Ohr hoffen. Denn natürlich: Es geht um ein sensibles Thema, um das eigene Kind. Und als Eltern sind wir natürlich die absoluten Profis, wenn es um unser Kind geht. In der Schule aber probiert sich unser Kind immer wieder aufs Neue aus. Nehmen wir also die Lehrkräfte mit an Bord! Denn sie sind die Profis, wenn es um unser Kind *in der Schule* geht. Versuchen wir das Elterngespräch als das zu erkennen, was es ist – ein Gesprächsangebot, bei dem es um das Wohlbefinden unseres Kindes geht. Auch hier sind Eltern und Lehrer am besten damit bedient, sich in einer Erziehungspartnerschaft zu sehen. Der elterliche Impuls, die Schule nicht zwischen sich und das eigene Kind kommen zu lassen, ist nachvollziehbar, führt aber eher zu einer Verlagerung des eigentlichen Konflikts. Denn alle am Gespräch beteiligten Erwachsenen sind auf der gleichen Seite: auf der des Kindes, das im Konflikt mit sich oder seiner Umwelt steht.

Die Schule ist eine soziale Gemeinschaft. Wir als Eltern haben das unbedingte Recht, uns an Schule zu beteiligen und präsent zu sein, auch um unser Kind zu vertreten. Wir sollten das Gespräch mit Lehrkräften und der Schulleitung suchen, wenn wir die Sorge haben, etwas oder jemand wird meinem Kind nicht gerecht. Hier haben wir das unbedingte Recht, mitzureden. Machen wir davon Gebrauch!

Weniger gut ist aber, wenn Eltern nicht mit der Schule ins Gespräch gehen, um gemeinsam Lösungen zu erarbeiten, sondern den Konflikt auf andere Eltern oder vielleicht Lehrer übertragen. Das führt zu einer unguten Dynamik. Aus dem eigentlich gut lösbaren Problem wird dann plötzlich eine kritische Grundsatzdiskussion zum Schulalltag. Was wir unbedingt vermeiden wollen, ist daher, dass aus Eltern und Lehrern zwei sich gegenseitig misstrauisch beäugende Fronten werden, die sich wechselseitig ungehört und ungesehen fühlen.

Uns Eltern kann eine ungebremste Wirklichkeit besonders im Elterngespräch erschrecken: Mein Kind führt schon jetzt, in der Grundschule, ein Leben, das stellenweise ganz ohne mich stattfindet. Gleichzeitig ist der Gedanke trügerisch. Denn obwohl wir als Eltern nicht überpräsent im Schulalltag unserer Kinder sein sollten, wollen und können wir dennoch unseren Beitrag zu einem guten gemeinsamen Miteinander leisten. Denn mittelbar, über unsere Kinder, setzen wir uns als Eltern natürlich immer in Beziehung zur Schule und auch zum Schulalltag.

VORBILD SEIN IN DER KOMMUNIKATION

Im Konfliktfall stehen wir natürlich hinter unserem Kind. Es ist dennoch wichtig, sich als Erwachsene bewusst zu machen, dass Kinder Dinge ganz anders einordnen und andere Zusammenhänge herstellen, als wir das vielleicht tun würden. Was unser Kind zu Hause erzählt, ist die Wahrheit, wie unser Kind sie im Konflikt empfunden hat. Über eine ohnehin schon aufwühlende Situation können wir keine objektive Erzählung erwarten. Es ist immer ratsam, die eigenen Wahrheiten zu hinterfragen, zu relativieren und sie nicht einfach als die einzige Wahrheit zu akzeptieren. Nehmen wir also die Erzählung unseres Kindes als Ausgangspunkt für ein Gespräch, bei dem ganz unterschiedliche Perspektiven gehört werden. Es führt selten zu Verständnis und gemeinsamen Lösungen, wenn wir Aussage gegen Aussage ausspielen und eigentlich nie wirklich bereit waren, andere Wahrheiten zuzulassen.

Als Eltern mit dem Kind über Streit in der Schule sprechen

- Sprechen Sie gemeinsam mit Ihrem Kind über sein (hauptsächliches) Gefühl: Über was hat es sich geärgert? Warum wurde es wütend? Hat es sich vielleicht geschämt?
- Was hatte das andere Kind oder die anderen Kinder damit zu tun?
- Wenn es den gleichen Streit morgen noch mal gäbe, könnte Ihr Kind etwas anders machen?
- Ermutigen Sie Ihr Kind mit dem jeweils anderen Kind/Kindern über den Konflikt zu sprechen. Akzeptieren Sie, wenn es das nicht möchte.
- Sprechen Sie mit Ihrem Kind darüber, wie wichtig es ist, rechtzeitig aus der Konfliktsituation auszusteigen, vor allem wenn der Streit zu eskalieren droht.
- Ermutigen Sie Ihr Kind, dass es sich dann Hilfe von Erwachsenen holen darf, wenn es merkt, dass es selbst nicht weiterkommt oder sich unwohl fühlt. Das ist definitiv nicht petzen.
- Versuchen Sie zuzuhören und herauszufiltern, ob in der Schule vielleicht auch schon darüber gesprochen wurde.
- Trotzdem Klärungsbedarf? Nehmen Sie die Sache behutsam selbst in die Hand und kontaktieren Sie die Schule.
- Warten Sie ab, wie sich die Sache entwickelt. Manchmal braucht es ein paar Wochen, um Veränderungen anzustoßen.

Erwachsene erfüllen eine wichtige Vorbildfunktion insofern, dass Kinder ganz genau beobachten, wie wir uns bei Konflikten und Auseinandersetzungen verhalten. Kinder lernen an und durch ihre Eltern und Lehrer modellhaft, wie man sich in bestimmten Situationen verhält. Die zwischenmenschlichen Erfahrungen, die Kinder in ihrer Familie und Schule machen, haben Auswirkungen auf ihr späteres Beziehungsverhalten.

Das wird insbesondere in Situationen deutlich, in denen unsere Kinder außerhalb des unmittelbaren Nahbereichs ihrer eigenen Bedürfnisse handeln sollen. Wenn sie sich in und für Gemeinschaft und andere einsetzen, wird deutlich, welche entscheidende Rolle eine vielseitige Prägung durch unterschiedliche Beziehungs- und Bindungspersonen spielt. Die Schule ist entsprechend auch aus dieser Sicht eine echte Chance, trotz großer Heterogenität, echte Nähe und stabile soziale Beziehungen zu Menschen aufzubauen, die auch außerhalb der Kernfamilie leben.

Denn so vielfältig wie die Kinder sind auch die Konflikte – immer aber geht es darum zu lernen, als Einzelner in einer Gemeinschaft gut zurechtzukommen. Und das gilt, egal ob die Kinder sich gegenseitig ausschließen beim Spielen, hinter dem Rücken des anderen reden, also lästern, ob sie andere Kinder aus »Spaß« ärgern oder auch begehrte Spielgeräte in der Pause wegnehmen. Wie gehen Sie als Eltern mit solchen Situationen um? Wie als Lehrkraft und wie handeln die anderen, nicht unmittelbar betroffenen Kinder der sozialen Gruppen? Wie gehen wir damit um, wenn unsere Kinder nicht der Erwartung gerecht werden, dass sie die Bedürfnisse der anderen erkennen und achten sollen?

In der Schule begegnen uns viele solcher Beispiele in ganz unterschiedlich komplizierten Facetten. Ein Beispiel: In der Schule gibt es einen Fußball, den sich in der Pause die immer gleiche Gruppe von Kindern schnappt und zum Spielen im Pausenhof nutzt. Zum Leidwesen der anderen Kinder, die scheinbar »nicht so gut« Fußball spielen können oder einfach zu spät kommen – sie werden regelmäßig vom Spiel ausgeschlossen. Nun gibt es eine ganze Reihe von Möglichkeiten, mit diesem Konflikt umzugehen. Eine Lehrkraft könnte sich einschalten und die Kinder dazu anhalten, regelmäßig »durchzuwechseln«. Die Schule könnte aber auch zusätzliche Bälle beschaffen, sofern der Platz da ist, um mehrere Fußballspiele zu ermöglichen. Oder aber die Kinder lösen diesen Konflikt selbst. Begleitet von den Lehrkräften wird das Problem in der Klasse oder Gemeinschaft angesprochen und die Kinder entwickeln selbst Strategien, um den Konflikt zu beheben. Eine solche prozessorientierte Lösungsstrategie kann man angelehnt an das *Design Thinking*, das wir im Kapitel *21 Century Learner* vorstellen, fest im Schulalltag verankern. Die Kinder lernen, den Konflikt unter Zuhilfenahme gemeinschaftlicher Rituale und Werkzeuge zu lösen – sie übermächtigen sich nicht gegenseitig, sie nehmen sich nichts weg, sie orientieren sich an einer auf Anerkennung ausgelegten Gesprächskultur und suchen und finden Kompromisse.

Manche Konflikte scheinen uns unlösbar (einige sind es vielleicht auch), immer aber sollten wir als Eltern oder als Schule versuchen, im Konflikt die Chance für unsere Kinder zu erkennen, an einem Problem zu wachsen. Und das kann nur funktionieren, wenn wir uns bewusst machen, dass Lehrer und Eltern im Lebensraum Schule eine Erziehungspartnerschaft eingehen, die von der Idee geprägt ist, ein gutes Miteinander für alle Kinder zu ermöglichen.

Brauchen wir gendergerechte Lernumgebungen?

Was es bedeutet, mit einem bestimmten Geschlecht (*sex*) geboren zu werden und dann eine bestimmte Geschlechtsidentität zu leben (*gender*), ist eines der großen Streitthemen unserer Zeit. Auch die Schule muss damit umgehen, dass wir die Bedeutung des biologischen Geschlechts kontrovers diskutieren. Sie kommt mit unseren Kindern in Berührung, nachdem viele prägende Jahre der Sozialisierung in der frühen Kindheit bereits stattgefunden haben. Die dabei entstandenen vermeintlichen Normalitäten können aber aktiv hinterfragt werden. Die Schule sollte Geschlechterrollen nicht einfach aushalten, sondern darf an den richtigen Stellen gegensteuern. Nichtsdestotrotz muss die Schule darauf reagieren, dass Kinder unterschiedlichen Geschlechts ihren Bildungsweg mit anderen sozialen Voraussetzungen starten.

Es ist an der Zeit, dass wir als Gesellschaft darüber hinauswachsen, Identität zu eng mit Geschlecht zu verzahnen. Verallgemeinerungen und soziale Rollenerwartungen wie »typisch Junge« und »typisch Mädchen« sind Gift, wenn wir allen eine gleiche Interessensbefriedigung ermöglichen wollen. Solange es diese Stereotypen gibt, hat die Schule aber die Aufgabe, damit umzugehen. Für Schule ist also der Unterschied zwischen Mädchen und Jungs wichtig, solange er für die Gesellschaft und das Aufwachsen in dieser

Gesellschaft von so großer Bedeutung bleibt. Wie wir später noch genauer erfahren werden, gibt es sie – die Unterschiede zwischen den Geschlechtern. Wir können aber durchaus, und zwar von Anfang an, etwas dafür tun, dass sie für ein gutes Leben in unserer Gesellschaft keine größere Rolle spielen.

Wenn wir im Folgenden Geschlechteridentität häufig auf die binären Kategorien Mädchen und Jungen reduzieren, ist das eine Vereinfachung, die auch uns Bauchschmerzen bereitet und der Genderdiversität nicht gerecht wird. Es geht in diesem Kapitel allerdings um die in unserer Sozialisation präsenten Kategorien von männlich und weiblich und darum, dass die biologischen Unterschiede zwischen ihnen im Grundschulalter mit Blick auf schulisches Leistungsvermögen viel geringer sind als angenommen. Auch die herangezogenen Studien beziehen sich nicht auf Geschlechterdiversität. Gemeint sind aber immer Mädchen und Jungen und alle Menschen, dazwischen und darüber hinaus, wenn wir von echten und wesentlichen Bedürfnissen und Interessen sprechen.

DIE HARTNÄCKIGE MÄR VOM BÖSEN TESTOSTERON

Als meine Tochter in den Kindergarten kam, lebten wir in einem kleinen Dörfchen im tieferen Schwabenländle. Es war ein schöner Ort, und meine Tochter ging gerne in die Betreuung. Was mich als Vater aber wunderte, waren die Stunden, die die Kinder nach Geschlechtern getrennt in der Sporthalle verbrachten: Die Jungs hatten hier allerlei Fahrzeuge, die Mädchen durften tanzen und sich verkleiden. Ich suchte zugegebenermaßen ein wenig irritiert das Gespräch mit der Kindergartenleitung, und mir wurde versichert, dass klar nachgewiesen sei, dass die Jungs »der Hormone wegen« eher wild und Mädchen beim Tanzen besser aufgehoben seien. Das viele

Testosteron sei schuld. Ich kriege noch heute eine Gänsehaut, wenn ich daran zurückdenke, denn problematisch ist, dass sich diese Vorstellungen bis in die Schulzeit halten. Denn wenn es um das schulische »Sorgengeschlecht« geht, den Jungen als »Bildungsverlierer«, findet sich in zahlreichen Publikationen eine bunte Mischung aus Ängsten und Erwartungshaltungen.

Wirft man einen Blick in die Ratgeberliteratur zum Thema Jungs in der Schule, findet man auch in bekannteren Büchern von Jungenexperten und -expertinnen meist irgendwo ein kleines oder sogar größeres Begründungskapitel zum Thema Testosteron. »Mit vier Jahren verdoppelt sich dann aus Gründen, die bisher niemand so recht versteht, plötzlich wieder der Testosteronspiegel kleiner Jungen«, schreibt der berühmte australische Familienpsychologe Steve Biddulph etwa in seinem bekannten Weltbestseller *Jungen! Wie sie glücklich heranwachsen.*[66] Ähnliche Sätze finden sich in zahlreichen Blogs, Ratgeber-Büchern und Foren wieder. Kein Wunder, dass niemand versteht, warum sich der Testosteronspiegel mit vier Jahren verdoppelt – weil es schlicht nicht passiert! Die Keimdrüsen von Jungs und Mädchen stellen ihre Aktivität zwischen dem Säuglingsalter und der Pubertät quasi ein, es wird kein Testosteron mehr hergestellt. Zwar ist der pränatale Testosteronspiegel erhöht, das heißt, männliche Babys haben nach der Geburt einen deutlich höheren Testosteronspiegel als weibliche. Das Testosteron kommt aber von der Mutter und sorgt dafür, dass sich die biologischen Geschlechter entsprechend entwickeln. Selbst produziert wird es also erst mal nicht. Es ist vollkommen unklar, welchen Einfluss dieser zu Beginn erhöhte Hormonspiegel eines Babys auf die individuellen Unterschiede zwischen Mädchen und Jungs im Grundschulalter hat. Suchen wir nach biologischen Begründungen für die unterschiedliche individuelle Wildheit in den frühen Jahren der Kindheit, finden wir sie jedenfalls nicht im Hormonspiegel der Kinder.[67]

MÄNNER SIND VOM MARS UND FRAUEN VON DER VENUS?

Betrachten wir das Gehirn, steht eines fest: Wir sollten ganz sicher nicht mehr länger so tun, als seien Männer vom Mars und Frauen von der Venus. Es trifft wohl viel eher zu, dass Männer aus Wiesbaden und Frauen aus Mainz kommen, Städte, die einmal links und einmal rechts vom Rhein liegen, aber doch ein Paar sind. Denn die Unterschiede sind zwar da, in biologischer Hinsicht sind sie allerdings mehr oder weniger marginal. Der hauptsächliche Unterschied, und das ist wichtig, entsteht durch die Plastizität des Gehirns beim Älterwerden. Unser Gehirn ist formbar, wie beispielsweise die US-amerikanische Neurobiologin Lise Eliot in ihrem Buch *Wie verschieden sind sie? Die Gehirnentwicklung bei Mädchen und Jungen* anschaulich beschreibt.[68] Jede Erfahrung, die wir im Laufe unseres Lebens machen, führt dazu, dass sich das Gehirn ständig verändert: Je nach der zu bewältigenden Aufgabe baut es sich selbst um und reagiert mit Neuronen, Axonen, Dendriten, Synapsen, Glia- oder Stützzellen auf alle Erfahrungen, die wir machen: »Einfach ausgedrückt ist unser Gehirn das, was wir mit ihm tun«, schreibt Eliot.

Das heißt auch, dass die wahrgenommenen großen Unterschiede zwischen Mädchen und Jungen, die wir gerne als biologisch ursprünglich und erblich verstehen, oft einfach von unseren Lernerfahrungen abhängen. Anfänglich sind die Unterschiede zwischen den Gehirnen nur klein. Aber je nachdem, welches Angebot wir unseren Kindern zum Einüben bestimmter Eigenschaften und Fähigkeiten machen, je nachdem, welche Impulse wir setzen und Rollenvorbilder wir schaffen, sorgen wir dafür, dass dieser Unterschied immer größer wird. Viele auch prominente Studien, die wesentliche angeborene geschlechtsabhängige Unterschiede der Gehirne feststellen, machen einen gravierenden methodischen Fehler: Sie ignorieren die Plastizität des Gehirns und befassen sich lediglich mit der Gehirnstruktur, wie sie sich zum Zeitpunkt der Studie zeigt, dem Ist-Zustand des Gehirns sozusagen. Zudem wurde ein Großteil dieser Studien an erwachsenen Frauen und Männern durchgeführt. Im Erwachsenenalter kann man anhand des Gehirns sehr einfach und klar zwischen Mann und Frau unterscheiden, weil der Mensch hinter diesem Geschlecht in einer Welt groß geworden ist, in der dieser Trennung eine große Bedeutung zugewiesen wird – die Gehirne wurden sozusagen ordentlich nach Geschlechterrollen sozialisiert. Aussagen über Kinder und deren biologische Ausgangssituation können aus diesen Ergebnissen aber eher schlecht abgeleitet werden.

Der Unterschied zwischen Mädchen und Jungen ist mit Blick auf das Gehirn viel kleiner, als wir allgemein annehmen. Nun werden unsere Kinder in einer Welt groß, in der die Unterschiede vielleicht biologisch marginal sind, aber sozial unheimlich relevant. Wir müssen uns also fragen, inwiefern diese Unterschiede wichtig sind und wie die Schule gut damit umgeht, dass Kinder je nach Geschlecht ganz anders sozialisiert worden sind.

Zunächst einmal dürfen wir uns eines klarmachen: Gerechtigkeit und Chancengleichheit bedeutet auch in der Bildung nicht, dass alle einfach das Gleiche bekommen. Was aber bei dieser Form von Gleichheit nicht berücksichtigt wird, ist die ganz eigene, individuelle Bedürfniswelt. Wir brauchen nicht das Gleiche. Wir wollen nicht das Gleiche. Gesellschaften sind nicht darauf ausgelegt, dass alle gleich sind – denn wir sind es nicht! Für was wir aber einstehen, ist, dass alle Interessen, alle Bedürfnisse gleichermaßen unabhängig von Geschlecht, Herkunft, Hautfarbe oder gesellschaftlichem Status berücksichtigt werden. Das ist eine große Herausforderung für die Schule!

DAS »PROBLEMATISCHE GESCHLECHT« UND DIE SELFFULFILLING PROPHECY

Reinhard Winter beschreibt in seinem Buch *Wie Jungen Schule schaffen*[69], dass Jungs anders als Mädchen in Schulen häufiger nicht damit rechnen können, ausreichend anerkannt und respektiert zu werden. Jungs bekommen schlechtere Noten, fallen häufiger durch und werden entsprechend seltener in die nächste Klasse versetzt. Sie erreichen oft weniger anspruchsvolle Schulabschlüsse. Das ist schon seit Langem bekannt und lässt sich durch zahlreiche Studien belegen. Aber woran liegt das? Winter setzte zu dieser Frage am Sozialwissenschaftlichen Institut Tübingen die explorative Studie *Wie Eltern Jungen gut durch die Schule bringen*[70] auf. Er kam zu dem Ergebnis, dass wir als Eltern in jeder Hinsicht die Möglichkeit haben, die Beziehung unserer Kinder zur Schule und damit ihr Leben dort maßgeblich zu beeinflussen. Besonders bei unseren Söhnen kommen wir dieser Verantwortung, so sieht es zumindest aus, aber nicht so richtig nach. Das ist natürlich erst mal eine Vereinfachung. Die Faktoren, die dafür sorgen, dass Kinder je nach Geschlecht anders wahrgenommen und entsprechend behandelt werden, sind vielfältig. Darum aber geht es nach Winter: Wir dürfen als Gesellschaften nicht länger Bilder von Problemkindern erzeugen und über die Geschlechteridentität unserer Kinder stülpen. »Das Gerede von den armen, bildungsbenachteiligten Jungen und von der ›Jungenkrise‹ stürzt Jungen geradewegs in sie hinein«, schreibt Winter. Denn auch die Eltern nehmen die vielfach in den Medien erzeugten Echos von den »Problemjungs« und »Schulversagern« auf und vermitteln sie ganz unbewusst an ihre Kinder weiter. So werden durch Vorurteile Wahrheiten geschaffen und der ganze Komplex von Geschlechterrollen und -erwartungen wird an Schulen ein schwieriges Thema mit wenig Handlungsmöglichkeiten.

Eines steht jedoch fest: Nicht unser Kind ist das Problem, nicht unsere Jungs oder Mädchen oder alles darüber hinaus und dazwischen, sondern die Vorstellungen und Erwartungen, die wir mit Geschlechtern als biologischen Tatsachen verbinden und aus denen wir soziale Rollen ableiten.

UND WORIN LIEGT JETZT DER UNTERSCHIED?

Wie wir gesehen haben, ist gerade im Kindergarten und beim Eintritt in die Grundschule der biologische Unterschied zwischen den Geschlechtern allenfalls marginal. In was sich Jungs und Mädchen aber tatsächlich unterscheiden, ist der Reifungsprozess. Das zeigt sich auch konkret, wenn wir Kinder im Schuleintrittsalter vergleichen: Mädchen sind beispielsweise mit fünf oder sechs Jahren im Durchschnitt sprachlich etwas weiterentwickelt. Sie sprechen in längeren Sätzen und deutlicher. Das kann in uns als Eltern das Gefühl wecken, dass hier gravierende Geschlechterunterschiede bestehen – es sind im Endeffekt aber lediglich zwei IQ-Punkte, die sich im Laufe der Grundschulzeit nivellieren. Bis die Kinder zehn sind, ist davon quasi nichts mehr übrig. Das Gleiche gilt für visuell-räumliche Fähigkeiten und Mathe: Insgesamt sind Mädchen und Jungs in all diesen Bereichen mehr oder weniger gleichauf, wenn sie mit der Schule starten.

Dass Jungs etwas langsamer reifen als Mädchen, kann für eine Bildungseinrichtung, die Wert darauflegt, alle Kinder unabhängig von ihrer Individualität genau gleich zu behandeln, zu großen Problemen führen. Das unterschiedliche Tempo betrifft einerseits ganz praktisch die Feinmotorik, viel wesentlicher ist aber für die Institution Schule als sozialer Lebensraum ein anderer Punkt: Denn »alles in allem«, so Lise Elliot, »entwickelt sich die Selbstkontrolle, die für den Erfolg in der Schule und in anderen zwischenmenschlichen Situationen wesentlich ist, bei Jungen langsamer als bei

Mädchen«. Die Entwicklung dieser Inhibitionskontrolle ist der größte aller Geschlechterunterschiede, den Kinder im Alter zwischen drei und 13 Jahren aufweisen. Das zeigt sich neuropsychologisch darin, dass es Jungs in den frühen Jahren der Kindheit viel schwerer fällt, ihre Handlungsimpulse zu hemmen. Denn reifen bedeutet nicht nur Fähigkeiten zu verbessern und auszubauen, sondern auch zu lernen, bestimmten Impulsen nicht zu folgen, bestimmte Handlungen zu unterlassen, auch wenn es schwer ist: Eben nicht direkt loszureden, wenn ein Gedanke kommt, nicht aufzuspringen, wenn man aus dem Augenwinkel etwas Spannendes am Fenster vorbeifliegen sieht. Entsprechend wird Jungen häufiger eine Hyperaktivitätsstörung (ADHS) diagnostiziert – denn man nimmt dafür eine für alle Kinder eines Alters gültige Normkurve zur Hand. Jungs scheinen dann übermütiger, lauter, wilder. Sie hören scheinbar keine Warnungen, befolgen die Regeln nicht und explodieren geradezu in Bewegung. Sie können ihre Handlungsimpulse einfach nicht ausblenden. Still dazusitzen und sich zu konzentrieren, wird zur Unmöglichkeit.

All das wird mit Eintritt in die Schule aber von Ihrem Kind erwartet. Für eine erfolgreiche Schullaufbahn in unserem Bildungssystem ist es von kaum zu unterschätzender Bedeutung, dass Kinder ihre Impulse erfolgreich unterdrücken können. Wann immer wir davon sprechen, wie sehr sich doch Mädchen und Jungs unterscheiden, sprechen wir schlicht über die Geschwindigkeit, in der sich unser Frontallappen in der Großhirnrinde entwickelt bzw. die Effizienz, mit der unser Frontallappen dazu beiträgt, dass wir aus unseren Erfahrungen lernen. Das erscheint mir furchtbar banal. Gleichzeitig prallt diese Tatsache mit ungebremster Wucht gegen die oftmals eher unflexiblen Regeln an unseren Schulen, die unheimlich viel mit Selbstkontrolle zu tun haben. Die Schule muss sich daran anpassen, muss sich gegebenenfalls ein wenig verbiegen und neu zurechtfinden – nicht aber unsere Kinder. Was es dafür braucht, um den Bedürfnissen aller Kinder gerecht zu werden, ist eigentlich gar nicht so kompliziert: mehr Bewegung, mehr Action, weniger

Reden, mehr Selbsterfahrung, die Möglichkeit, Impulsen und der natürlichen, kindlichen Neugierde auch mal nachgeben zu dürfen. Wenn das nur so einfach umzusetzen wäre.

Was also muss Schule dafür tun, dass unabhängig von der Geschlechteridentität unserer Kinder, eine gleiche Interessensbefriedigung ermöglicht wird? Und was können Sie als Eltern dazu beitragen?

Was können Schulen tun?

- Mehr Raum schaffen, den kindlichen Bewegungsdrang auszuleben! Ortswechsel, Raumwechsel, im Schulhof oder auf dem Teppich im Klassenzimmer. Tisch und Stuhl lediglich als ein Angebot verstehen von vielen und den Kindern zugestehen, sich freier zu bewegen.

- Weniger Reden, mehr selbst Hand anlegen! Fünf- bis siebenjährige Kinder haben eine Aufmerksamkeitsspanne von 15 Minuten. Im Alter von zehn sind es dann immerhin zwanzig Minuten. Aber das war's! Die Kinder müssen unbedingt selbst ins Handeln kommen dürfen, sich und die Welt aktiv kennenlernen. Lernen durch Selbstaneignung statt durch Vorträge. Das betrifft auch das Lernmaterial – Bücher sind oft sinnvoll, wichtig ist aber auch andere Materialen zu nutzen, um das Lernen mit allen Sinnen erfahrbar zu machen.

- Angebote schaffen, um sich spielerisch in Selbstkontrolle zu üben. Rollenspiele, innere Rede, Partnerarbeiten, Techniken des Selbstgesprächs oder auch Kreisspiele (»Der Fuchs geht rum« oder Ähnliches), die schon im Kindergartenbereich Anwendung finden, schulen erwiesenermaßen die Selbststeuerung und Inhibitionskontrolle.[71] Auch in der Schule können diese entsprechend nützlich sein.

Was können wir Eltern tun?

- Vermeiden wir die Überzeichnung von Geschlechtsunterschieden. Die Neurobiologie zeigt: Betonen wir die Differenz zwischen Mädchen und Jungen, setzen wir die Stereotypen in die Selbstwahrnehmung der Kinder ein – daraus entsteht eine self-fulfilling prophecy, die wir nicht wollen.

- Die Unterschiede zwischen Junge und Mädchen sind viel geringer als etwa die intrageschlechtlichen Unterschiede zwischen Junge und Junge oder Mädchen und Mädchen. Konzentrieren wir uns auf die äußersten Ränder der Normkurven – die extremen Begabungen oder den äußersten Nachholbedarf –, befeuern wir lediglich das Denken in Stereotypen, statt tatsächliche Aussagen über Jungs und Mädchen zu treffen.

- Wir sind nicht alle baugleich. Es gibt sie, die biologischen Unterschiede. Aber wir Eltern sind viel zu früh schon damit beschäftigt, aus eigentlich marginalen Unterschieden sehr bedeutsame Tatsachen zu machen. Gerade wenn die geschlechterspezifischen Unterschiede unserer Kinder eigentlich kaum nennenswert sind, also etwa nach der Geburt und in der frühen Kindheit, wollen wir unbedingt aller Welt zeigen, was für einen starken Jungen oder was für ein zartes Mädchen wir doch haben.

- Bestimmte Erwartungen an unser Kind zu stellen, die mit dem biologischen Geschlecht in Zusammenhang stehen, bedeutet. aktiv den Freiheitsraum unseres Kindes einzuschränken: Zu sagen, du kannst kein Kleid tragen, weil du ein Junge bist, ergibt nur dann Sinn, wenn wir unseren Kindern beibringen wollen, dass Menschen mit Penis andere Rechte haben als Menschen mit Vulva. Konkreter: Wenn wir unseren Mädchen sagen, sie dürfen nicht raufen, toben oder mit den Jungs

Fußball spielen, weil sie Mädchen sind, bedeutet das, aktiv ihre Freiheit einzuschränken und einzuräumen, dass Freiheit und Geschlecht abhängig voneinander sein sollen. Wir können nicht wollen, dass unsere Kinder das zu ihrer Wahrheit machen.

- *Im Endeffekt wollen wir, dass unsere Kinder glücklich sind und irgendwann auch glückliche Erwachsene sind, die ein gutes Leben führen. Wir können uns also öfter fragen, was uns schulischer Erfolg als Eltern bedeutet und was Erfolg in der Schule für unsere Kinder bedeutet. Unsere Kinder brauchen Erfolgserlebnisse, sie schulden uns als Eltern aber nicht, schulischen Erfolg zu haben.*

Lernen mit Medien inner- und außerhalb des Klassenzimmers

Wer über digitale Medien schreibt, läuft stets Gefahr, bis zur Veröffentlichung bereits überholt zu sein. Was jedoch bleibt, ist die Frage, wie wir das Lernen mit und über Digitalität pädagogisch begleiten wollen. Wir dürfen das heutige Lernen nicht nur als digitale Version des »alten« analogen Lernens verstehen: »Buch raus – Tablet rein«. Vielmehr müssen wir uns fragen, welche digitalen Elemente einen tatsächlichen Mehrwert für den Unterricht darstellen und wie wir sie mit einer gemeinschaftlichen, kollaborativen Arbeitsform verbinden können. Denn gerade Digitalität schafft neue Möglichkeiten der Zusammenarbeit. Viele Arbeitnehmer mussten dies während den Homeoffice-Phasen in der Corona Pandemie neu erlernen. Diese Zeit hat auch das Thema »Einsatz digitaler Medien« mit einer überwältigenden Vehemenz in die Schulen gespült, die viele erst einmal überfordert hat.

Ich habe vor Kurzem meine Kinder beim Spielen beobachtet. Man muss schon sagen, dass in unserer Familie die regelmäßige Medienzeit einiges verändert hat – auch die Art und Weise, wie meine Kinder mit ihrer Umwelt interagieren. Ich als Vater war da skeptisch, das muss ich zugeben. Muss das wirklich sein, dass die Kinder jetzt schon im Grundschulalter oder früher so viel *Screentime* haben? Haben wir das damals gebraucht, als wir noch Kinder waren? Die sollen raus, spielen, toben, die Welt erobern! Nicht auf der Couch rumhängen und die Finger träge übers Tablet ziehen. Digitale Medien, die machen doch die ganze Fantasie, die Kreativität, kaputt! Und ja, verschiedene Studien zeigen recht deutlich, dass die extensive elterliche Nutzung des Smartphones das Bindungs- und Spielverhalten genauso wie die emotionale Intelligenz von Kindern in den ersten zwei Lebensjahren erheblich prägt und zwar negativ. Die Studien legen außerdem nahe, dass ein zu häufiger Gebrauch von Tablets, Computern oder Smartphones bei Kindern zu verminderter Konzentrationsfähigkeit, geringeren motorischen Fähigkeiten und sozialen Auffälligkeiten führen kann.[72]

Was aber machen nun meine acht und fünf Jahre alten Kinder mit dem Tablet? Sie nehmen es mit nach draußen und drehen einen kurzen Film im Garten. Mit *Slow Motion* filmen sie kleine Steinmännchen, planen dazu eine kurze Geschichte, filmen Bienen bei der Arbeit, Blumen, Ameisen. Ich bin schlicht begeistert von den Ergebnissen und beeindruckt von der Kreativität, die die Kinder da an den Tag legen. Selbstverständlich schauen sie auch einfach mal nur Filme, hören Hörbücher oder sehen sich ein YouTube-Video an. Aber, wie Leonie Lutz und Annika Osthoff in ihrem Buch *Begleiten statt verbieten* so treffend formulieren, geht es schon längst nicht mehr um das Ob, sondern um das Wie der Mediennutzung.[73] Nicht also um die Frage, ob Kinder überhaupt Zugang zu digitalen Medien haben sollten, sondern vielmehr darum, wie sie die Geräte nutzen und zu welchem Zweck. Denn Unterstützung, so die Autorinnen, brauchen die Kinder nicht beim YouTube-Videos schauen, Zocken oder Podcasts hören. Sondern eben dabei, zu erlernen, »diese Videos selbst drehen, die Spiele selbst programmieren, die Podcasts selbst produzieren« zu können.

Die Kultur der Digitalität, in die unsere Kinder bereits hineingeboren sind, und das soziale Miteinander sowie der Naturkontakt sind außerdem nicht unbedingt Gegenpole. Unsere Kinder erleben Begegnungen und Beziehungen in räumlich-physischer Nähe, aber auch digital, also räumlich und zeitlich versetzt. Nur noch wenige Eltern greifen heute zum Festnetzhörer, um eine Spielverabredung zu vereinbaren. Zur Kontaktpflege werden Verwandte, die nicht gerade um die Ecke wohnen, per Videocall angerufen, und Mama oder Papa schicken vielleicht ein kurzes Gute-Nacht-Video, weil sie nicht zu Hause sind. Mit alldem wachsen unsere Kinder ganz selbstverständlich auf, adaptieren, was wir ihnen vorleben und müssen ihrerseits selbstverständlich lernen, damit adäquat umzugehen.

DIGITALE MÖGLICHKEITEN – OUTDOOR

Medien und Draußensein? Kinder, die mit dem Tablet den Wald durchstreifen? Da spüren manche einen inneren Widerspruch. Mit Natur verbinden wir keine technischen Geräte – im Gegenteil, sie erscheinen uns fehl am Platz, vielleicht empfinden wir sie eher als störend, unauthentisch oder sogar »unnatürlich«. Natürlich lernen bedeutet aber auch, genau diese Trennung aktiv infrage zu stellen. Das Natürliche ist gar nicht so weit weg vom Kulturellen, wie wir das vielleicht gemeinhin annehmen. Ob Wurfspeer oder Kühlschrank: Seit jeher entwickelten Menschen technische Artefakte, um ihr Überleben zu sichern oder schlichtweg das Leben einfacher zu machen. Das Kulturelle gehört zur Natur des Menschen und Lernen ist genauso Kultur- wie Naturleistung. Und hier kommen wir auch zu den digitalen Medien. Sie sind ganz und gar nicht unnatürlich, sondern schlicht das Medium oder die Kulturtechnik unserer Zeit, um Wissen zu vermitteln, zu teilen, zugänglich zu machen und zu erhalten. Ob wir von Buchdruck, Höhlenmalerei oder den Mythen und Sagen indigener Volksgruppen sprechen – dafür ein Medium zu nutzen, ist uns Menschen ganz und gar nicht fremd, äußerlich oder unnatürlich. Insbesondere dann, wenn es um Schule geht. Sie ist ein Raum, der explizit geschaffen wurde, um gezielt solche Kulturtechniken zu erlernen und bewusst einzusetzen.

Die Frage aber, die wir uns in diesem Zusammenhang stellen, lautet: Wie lassen sich digitale Medien nutzen, ohne unmittelbare Erfahrungen in der Natur zu ersetzen – und diese Erfahrungen stattdessen vielleicht sogar zu befördern und zu verbessern? Zunächst sei gesagt, dass das Erleben von Natur- und Kulturräumen auf ganz unterschiedlichen Ebenen erfolgen kann: mittelbar, unmittelbar oder vermittelt. So können wir zum Beispiel durch ein Video vermittelt Kultur- und Naturräume in zentralen Ländern Afrikas kennen lernen, Dinge über Tiere und Kulturen erfahren, die ansonsten schlichtweg unvermittelt bleiben würden, sofern wir nicht selbst nach Afrika fliegen, um dort unmittelbare Erfahrungen zu machen. Man sollte also darüber diskutieren, wann es sinnvoll ist, vermittelnde Medien zu nutzen, und wann diese schlichtweg unnötig sind, weil Kinder direkte, unmittelbare Erfahrungen machen sollten.

Mir war es zum Beispiel immer ein Rätsel, warum wir jedes Frühjahr im Sachunterricht die gängigen Frühblüher wie Schneeglöckchen, Narzisse, Krokus, Hyazinthe und Tulpe in die Klassenzimmer geschleppt haben – zumal die genannten Pflanzen in der Natur auch zu unterschiedlichen Zeiten blühen. Regelmäßig haben wir dann frische und halbvertrocknete Exemplare *indoor* begutachtet, verglichen, abgezeichnet und die unterschiedlichen Speicherorgane untersucht. Hier kann man das *Outdoor*-Potenzial digitaler Medien gut demonstrieren: Als sinnvollen Einsatz könnte man beispielsweise mit den Kindern nach draußen gehen und mit dem Tablet Bilder von entsprechenden Frühblühern machen. Der Vorteil ist, dass man sie in ihrem natürlichen Lebensraum dokumentiert. Wo und wann wachsen sie? Wie sind die Lichtverhältnisse und wie verändern sich diese im Laufe des

Frühjahrs? Macht man dann daraus ein Langzeitprojekt, kann man wiederum durch einen Zeitraffer-Film auswerten, warum diese Pflanzen so früh im Jahr erscheinen, dass der Zeitpunkt des Auftretens ihre ökologische Nische ist und sie später durch den starken Wuchs der anderen Pflanzen verdrängt werden.

Das ist ein Beispiel für ein Lernformat, das ohne die digitale Unterstützung nicht möglich gewesen wäre. Digitale Medien können, wenn sie didaktisch geschickt eingesetzt werden, Naturerfahrungen bestärken. Tablets können mit Bestimmungs-Apps bestückt werden. Mit Hilfe mobiler Endgeräte und *Augmented-Reality*-Systemen[74] lassen sich Aufgaben vor Ort interaktiv umsetzen. Hier werden reale Orte und Objekte miteinbezogen und mit virtuellen Elementen kombiniert. Die Kinder können in eine interaktive Echtzeitumgebung eintauchen. So bekommen Schüler und Schülerinnen beispielsweise die Aufgabe, sich auf den Spuren historischer Figuren durch eine Stadt zu bewegen und unterwegs Fragen zu lösen.

Digitale Bildung bedeutet nicht, dass die Bildung im eigentlichen Sinne digitalisiert werden soll. Vielmehr geht es darum, digitale Elemente im Unterricht einzusetzen und generell im schulischen Umfeld zu verankern. Dabei ist es wichtig, immer eine doppelte Zielperspektive im Blick zu haben – das Lernen *mit* digitalen Medien und *über* sie. Kinder sollen nicht nur lernen, welche Knöpfe man wie am geschicktesten drückt, sondern auch, welche Chancen und Risiken der Umgang mit digitalen Medien birgt. Eltern und Schulen können gemeinsam daran arbeiten, dass Kinder diese kritisch-reflexive Perspektive einüben.

Wie die KIM-Studie[75] (Kindheit, Internet und Medien) im Jahr 2022 zeigte, gehen nach Angaben der befragten Eltern rund 48 Prozent der Kinder alleine ins Internet. Auch schon im Grundschulalter ist die Internetnutzung für viele Haushalte in Deutschland zur Normalität geworden: Im Alter von sechs bis sieben Jahren tun dies bereits 38 Prozent der Kinder. Mit zunehmendem Alter steigt dieser Anteil deutlich, sodass 85 Prozent der Kinder im Alter zwischen zehn und elf Jahren das Internet selbstständig nutzen. Gleichzeitig aber geben zwei Drittel der Eltern, deren Kinder online gehen, an, keinerlei Dienstleistungen zum Jugendmedienschutz vor ungeeigneten Inhalten im Netz in Anspruch zu nehmen. Die Studie hebt besonders hervor, dass gerade die Sechs- bis Siebenjährigen Medien immer selbstständiger, allein und ohne Begleitung von Erwachsenen nutzen. Das Lernen mit und über digitale Medien gehört daher auch unbedingt an die Schulen, einerseits um Kinder in der selbstständigen Nutzung digitaler Medien besser zu begleiten, andererseits um einen produktiven Umgang zu befördern. Die Ausstattung mit entsprechender Hardware ist an vielen Schulen im Rahmen des Digitalpaktes umgesetzt worden, es fehlt jedoch noch an Personal und Konzepten, wie das Material gut eingesetzt werden kann.

Wie aber kann Medienbildung an Schulen nun konkret umgesetzt werden? Einmal die Woche »Medien« als eigenständiges Fach oder Medien als Querschnittsaufgabe, die in allen Fächern zum Tragen kommt? Die Entscheidung liegt bei der jeweiligen Schule und die Umsetzung ist sicherlich im Zusammenhang mit Ausstattung, personellen Ressourcen und Organisationsstruktur der Schule zu sehen. Möglich sind selbstverständlich auch Mischformen.

An der Draußenschule nutzen wir etwa das Tablet in allen Fächern anwendungsbezogen. So kommt es als unterstützendes Medium mit allen möglichen Apps und Funktionen in allen fachlichen Bereichen zum Einsatz: Für Leseübungen wird beispielsweise die Aufnahmefunktion des Tablets genutzt, in Mathematik stehen individualisierte Matheaufgaben in *Anton* bereit, in Kunst schauen wir uns ein Tutorial zu einer bestimmten Maltechnik auf *YouTube* an oder die Zeitlupen-App kann naturwissenschaftliche Versuche wie den Pupillenreflex verlangsamt festhalten.

Oft dient uns das Tablet auch als Dokumentationshilfe, um Inhalte, die im Draußenunterricht stattfinden, festzuhalten und dann von draußen nach drinnen ins Klassenzimmer zu überführen. Beispielsweise werden die Stationen einer mehrstündigen Mittelalter-Stadttour währenddessen digital durch Bilder oder kleine Filme festgehalten und im Plenum können wir diese Etappen am nächsten Unterrichtstag nochmal durchsprechen und so das Gelernte wiederholen und festigen.

Digitale Medien sind als didaktische Werkzeuge fester Bestandteil unseres (Draußen-)Unterrichts. Darüber hinaus haben wir pro Woche zwei Schulstunden *Medien* als eigenständiges Fach in unserem Stundenplan verankert, um auch die anderen Kompetenzbereiche mit Inhalten zu füllen. Insbesondere die Bereiche *Analysieren und Reflektieren* sowie *Problemlösen und Modellieren* kommen in dieser Extra-Medienzeit zum Tragen. Hier ein kleiner Teilbereich aus unserem Medien-Curriculum:

Analysieren und Reflektieren	Problemlösen und Modellieren
1. Medienanalyse: Entwicklung und Bedeutungen von Medien kennen, analysieren und reflektieren z. B. Thema »Früher und Heute«: Daten, Kamera, Telefon u. a.	**1. Prinzipien der digitalen Welt:** Grundlegende Prinzipien der digitalen Welt kennen und nutzen z. B. Geschichte des Telefons und des Internets / Morse-Codes/ Schallwellen sichtbar machen/ Geräusche für Film aus Alltags-gegenständen
2. Meinungsbildung: Die interessengeleitete Verbreitung von Themen in Medien erkennen und in Bezug auf die Meinungsbildung beurteilen z. B. Online-Werbung, analoge Werbung, Foto-Blogs	**2. Algorithmen erkennen:** Algorithmische Muster und Strukturen in verschiedenen Kontexten erkennen, nachvollziehen und reflektieren z. B. Knobelaufgaben, »Wenn-Dann«-Aufgaben
3. Identitätsbildung: Chancen/Herausforderungen von Medien für die Realitätswahr-nehmung und für die eigene Identitätsbildung nutzen z. B. Wirkung von Musik, Bild	**3. Modellieren und Programmieren:** Probleme formalisieren, Lösungen durch eine algorithmische Sequenz planen und durch Programmieren umsetzen z. B. Einfache Übungen mit Bee Bot oder Calliope

Wie kann Schule auf die Welt von morgen vorbereiten?

Irgendwie spüren wir doch alle, dass momentan sehr vieles im Umbruch ist: wie wir arbeiten, wirtschaften, uns ernähren oder im täglichen Leben organisieren. Das 21. Jahrhundert stellt ganz neue Herausforderungen an unsere Schulen. Betrachten wir diese Herausforderungen durch die ökonomische Brille, landen wir schnell beim Thema *New Work* und einem veränderten Anforderungsprofil für Bildungspläne und Abschlüsse. *New Work* beschreibt ein neues Verständnis von Arbeit in einer stark globalisierten und digitalisierten Lebenswelt. Zentral sind Werte wie Freiheit und Selbstständigkeit genauso wie die Partizipation an der Gemeinschaft. Praktische Beispiele sind Freelancing, die Vier-Tage-Woche oder Coworking-Spaces.

Der Blick durch die ökologische Brille verdeutlicht die Schwierigkeiten und Dilemmata hinsichtlich nachhaltiger Entscheidungs- und Handlungsweisen. Und dann wäre da noch die soziale Brille: Wir müssen uns fragen, wie wir zukünftig friedlich und sozial gerecht miteinander leben und Generationengerechtigkeit herstellen wollen.

Diese unterschiedlichen Perspektiven hängen eng miteinander zusammen. Was muss die Schule leisten, wenn sie mit unserer sich wandelnden Gesellschaft Schritt halten möchte? Was bedeutet Bildung, die den ganzen

Menschen umfassend im Blick hat – nicht nur als rationales, sondern auch als fühlendes und soziales Wesen? Wir werden Mut und einen langen Atem brauchen, um neue Schulmodelle zu etablieren sowie die Toleranz, Zwischenlösungen auf dem Weg dorthin auszuhalten.

ÖKONOMIE: WANDEL DURCH TECHNIK UND DIGITALISIERUNG

Unser Lebens- und Arbeitsumfeld verändert sich derzeit radikal. Wir befinden uns mitten in der Digitalen oder Vierten Industriellen Revolution.[76] Die technisch gestaltete Welt ist für uns mittlerweile eine Art zweite Natur, mit der wir uns ganz anders in Beziehung setzen, in der wir uns ausleben, aber auch wesenhaft verändern. Wir alle sind Teil dieser Welt, denn wir nutzen täglich Endgeräte und digitale Systeme.

Die Fähigkeit, Technik zu nutzen, zu verstehen und zu beurteilen sowie technische Konzepte zu entwickeln, um Probleme zu lösen, ist entscheidend geworden. Wir bezeichnen diese Befähigung als technische Literalität (*Technical Literacy*) und, in Kombination mit dem Digitalen, als *Digital Literacy*. Dabei geht es um weit mehr als nur den bloßen Erwerb einer Fähigkeit, wie etwa lesen und schreiben. Der *Literacy*-Begriff[77] lässt sich im erweiterten Sinn am besten mit »mündiger Teilhabe« übersetzen. Der Auftrag an die Schule lautet daher: Sie muss die Kinder und Jugendlichen in die Lage zu versetzen, *in* und *mit* einer digitalisierten Lebenswelt gebildet und reflektiert umzugehen. Wer in der Lage ist, an den Entwicklungen von Wissenschaft und Technik teilzuhaben, darf die Zukunft formen und mitgestalten.

Im Umkehrschluss bedeutet es aber auch, dass es eine Menge Menschen geben wird, welche die Welt und ihre Zusammenhänge im Kleinen und

Großen nicht mehr verstehen und dadurch unweigerlich abgehängt werden – wie das teilweise auch schon heute der Fall ist. Natürlich werden auch sie in der Lage sein, Technik zu nutzen und nach Vorgabe anzuwenden. Sie wurden aber nie befähigt, sich kritisch damit auseinanderzusetzen. Insofern muss sich die Schule bei Ausrichtung ihrer Lerninhalte dieser doppelten Zielsetzung bewusst sein. Es gibt neben einem nutzungs- und anwendungsbezogenen Lernen *mit* Medien (Bedienen digitaler Werkzeuge) auch ein kritisch-reflektierendes Lernen *über* Medien (z. B. Recherche, Quellen, Analyse, Vergleich, Meinungsbildung).

Welche Fähigkeiten und Haltungen brauchen also die Menschen, um die Welt von morgen zu gestalten? Kürzlich hat eine Freundin ein Baby bekommen und uns ist gemeinsam beim Plaudern bewusst geworden, dass dieses zufrieden in seine Decke eingerollte Kind im Jahr 2050 bereits in den späten Zwanzigern sein wird und damit, bei entsprechendem Rentenalter im Jahr 2100, auch schon aktiver Bürger des 22. Jahrhunderts. Wie kann eine berufliche Laufbahn bis dahin aussehen? Wird dieses Kind später einen oder gar mehrere Berufe haben? Wird es vielleicht eine Tätigkeit haben oder in einem Berufsfeld unterwegs sein, dass wir jetzt noch gar nicht benennen können? Genauso wenig, wie wir heute noch Ammen, Flößer, Korbflechter oder Schriftgießer finden, könnte es uns in einigen Jahren mit Bänkern, Gebärdensprachendolmetschern, Logistikern oder Callcenter-Angestellten gehen. Ganz zu schweigen von der Frage, ob bis dahin überhaupt noch so etwas wie ein staatliches Rentenmodell existiert.

Die Zukunft ist gerade mit Blick auf unsere Kinder oft so viel näher, als wir denken und vielleicht auch wollen. Es ist schwer vorherzusehen, wie die Lebenswelt dieser und kommender Generationen aussehen wird. Was wir aber schon sagen können, ist, dass die heutige Kindergeneration durch das rasante Tempo der Veränderung weniger Zeit hat, sich den Bedingungen ihrer Lebenswelt anzupassen, als dies vorangegangene Generationen hatten. Was diese Veränderungen für unsere Kinder bedeuten und welche

Anforderungen in einem potenziellen Zukunftsjob damit verbunden sind, können wir ebenfalls nur erahnen. Trotzdem finden Schule und Ausbildung im Hier und Jetzt statt. Neben vielen anderen Aufgaben hat Schule die Pflicht, auch »auf die Mannigfaltigkeit der Lebensaufgaben und auf die Anforderungen der Berufs- und Arbeitswelt mit ihren unterschiedlichen Aufgaben und Entwicklungen vorzubereiten«, wie es beispielsweise im baden-württembergischen Schulgesetz heißt.[78]

Was vor rund zwanzig Jahren noch als klarer Auftrag umrissen war, ist nun viel weniger greifbar. Vielen Lehrenden ist mittlerweile bewusst, dass sie ihre Schüler und Schülerinnen anders auf eine zukünftige Berufswelt vorbereiten müssen. Gunter Dueck, Mathematiker, Vordenker und langjähriger Berater bei IBM, skizziert das zukünftige Persönlichkeitsideal folgendermaßen: »Routineaufgaben, die immer und immer wiederholt werden, erledigen Maschinen und Computer. Nur noch das Neue, das Schwierige, das Individuelle, das Maßgeschneiderte oder das Spezielle verbleibt in der Domäne des Menschen.«[79]

Arbeit wird voraussichtlich organisatorisch komplexer und verstärkt in (digitalen) Netzwerken mit Menschen aus unterschiedlichen fachlichen Spezialgebieten sowie unterschiedlichen sprachlichen und kulturellen Backgrounds stattfinden. Folgendes Arbeitsumfeld wäre beispielsweise denkbar und ist teilweise heute schon Realität: Eine virtuelle Freizeitbeschäftigung soll entwickelt und auf den Markt gebracht werden. Grafiker, Spieledesigner, Marketingspezialisten, Influencer, Content-Creators und viele weitere Personen werden an dem Projekt beteiligt sein, miteinander kommunizieren und organisieren, sich dabei an unterschiedlichen Orten auf der Welt befinden und sich höchst wahrscheinlich persönlich nie begegnen.

ÖKOLOGIE: VOM WOLLEN ZUM TUN

Die gewaltigen globalen, ökologischen und sozialen Probleme, mit denen wir als Gesellschaft und Einzelne ständig konfrontiert werden, betreffen uns nicht nur heute, sondern alle uns nachfolgenden Generationen und damit im Grunde alles Leben auf diesem Planeten. Die Ausbeutung der natürlichen Ressourcen, das Selbstverständnis einer Industrie, die immer mehr Umwelträume ökonomisch erschließt, die Vermüllung unserer natürlichen Lebensräume, die veränderten Wetterbedingungen im Rahmen des Klimawandels, die kritischen Zustände der großen und kleinen Wasserkreisläufe, der Rückgang der biologischen Vielfalt in Flora und Fauna sowie die katastrophalen Auswirkungen der Agrarindustrie auf die (Widerstandsfähigkeit) von Böden und Biotopen ist im allgemeinen gesellschaftlichen Diskurs und der medialen Berichterstattung angekommen.

Gerade Umwelt- und Nachhaltigkeitsthemen erzeugen regelmäßig kognitive Dissonanzen: Obwohl es die Einsicht gibt, dass sich etwas verändern muss, bleibt dementsprechendes Handeln aus. Die Theorie der kognitiven Dissonanz wurde Mitte des 20. Jahrhunderts vom amerikanischen Psychologen Leon Festinger entwickelt.[80] Die kognitive Dissonanz ist der unangenehme Gemütszustand, wenn eigene Überzeugungen und Vorstellungen nicht mit dem Handeln übereinstimmen – also Uneinigkeit (Dissonanz) entsteht. Wir kennen das in ganz unterschiedlichen Lebenssituationen, beispielsweise beim Rauchen, aber eben auch im Rahmen des Klima-, Natur- und Umweltschutzes. Obwohl die Menschen faktisch wissen, dass ihr Handeln schädlich für sich und alle anderen ist, passen sie es trotzdem nicht an, sondern entwerfen Rechtfertigungsstrategien, um das ungute Gefühl zu überspielen, mit sich selbst im Unreinen zu sein.

Wenn Schule quasi das Vorzimmer der Gesellschaft darstellt, muss der ganz grundsätzliche Umgang mit dem Leben auch allgemeines Bildungsziel sein. Denn wie wir die Welt wahrnehmen und für uns erklären, hat Einfluss darauf, wie wir mit anderen Menschen und Lebewesen umgehen sollten. Es geht also nicht darum, die Mechanismen dieser Welt aus einer rein naturwissenschaftlichen, technischen Sicht zu verstehen, sondern Wissen auch eine ethische Bedeutung zuzuschreiben. Das hat wiederum mit Wertvorstellungen zu tun, die wir vertreten und die auch immer ein Produkt ihrer Zeit sind. Die Vermittlung ethischer Werte ist deshalb auch Aufgabe von Schule. Dabei ist wichtig, dass bestimmte Grundsätze beachtet werden und die Schule nicht für Ideologien genutzt wird. Die Gefahr bestand schon immer, dass junge Menschen innerhalb der Schule Manipulationen erfahren. Eine wichtige Leitplanke für politische Bildung in Schulen ist der Beutelsbacher Konsens, der in den 1970er-Jahren formuliert wurde. Das pädagogische Gebot lautet: »Was in Wissenschaft und Politik kontrovers ist, muss auch im Unterricht kontrovers erscheinen.«

Das ist schwieriger, als es zunächst klingt. Denn es gibt mittlerweile Kritik an der Art und Weise, wie Umwelt- und Nachhaltigkeitsthemen (BNE-Themen: Bildung für nachhaltige Entwicklung) im Unterricht behandelt werden. Sehr häufig werden diese zukunftsorientierten, globalen Herausforderungen nämlich stark problemorientiert statt lösungsorientiert vermittelt. Ein provokantes Beispiel, dem ich als Pädagogin sofort zustimmen kann, stellte Thomas Hoffmann, Professor am Institute for Sustainability Education and Psychology der Leuphana Universität Lüneburg vor: Das Thema »Plastik im Meer« steht in einer 8. Klasse an. Was denken Sie, mit welchem Bild der Lehrer ins Thema einsteigt? In Plastik umwickelte Schildkrötenpanzer? Plastikstrudel im Meer in der Größe von Kleinstädten? Aufgeschnittene Fische mit Mikroplastik im Körper? Höchstwahrscheinlich jedenfalls kein *Ocean-clean-up-Boot*[81] und keine Luise Mast[82], die 18-jährige Gewinnerin des Regionalwettbewerbs »Jugend forscht«. Sie hat einen Waschmaschinenfilter entwickelt, der Mikroplastikfasern herausfiltern kann, die sonst ins Abwasser und in die Meere gelangen.

Natürlich müssen wir grundsätzlich vermeiden, dass Plastik überhaupt ins Meer gelangt, und sollten nicht ausschließlich gutgläubig auf technische Lösungen bauen. Hier geht es aber um die didaktischen Vermittlungsmuster solcher globaler Herausforderungen. Leider verfallen wir im Unterricht oft in folgende Schemata: Problem-Einstieg (schlimmes Bild), Problem-Ursachen (Raubbau, industrielle Produktion, mangelnde Gesetze), Problem Dimensionen (Zerstörung Ökosystem Meer) Problem-Folgen (Artensterben, Nahrungskette/Mikroplastik), noch schlimmere Folgen (Zerstörung, Tod) – Panik!

Wir wollen unsere Kinder über die drohenden Gefahren informieren, in der Hoffnung, dass sie es einmal besser machen. Es reicht aber nicht, unsere Kinder lediglich auf die ökologischen Katastrophen hinzuweisen, ihnen aber zu wenig Handlungswissen zu vermitteln. Wie wäre hier beispielsweise eine Einheit zur Vermeidung von Verpackungsmüll, in der die Klasse sich mit dem Thema »Einkauf« beschäftigt, aber Produkte wie Joghurt etc. selbst herstellt? Ein lösungsorientierter Ansatz verharmlost das Problem keinesfalls und die Schülerinnen und Schüler dürfen die Lösungsvorschläge selbstverständlich ebenso kritisch hinterfragen. Es geht darum, in einen positiven Denkmodus zu kommen, in Verbindung mit einem kritischen Blick, statt in eine Schockstarre.

Bildung für nachhaltige Entwicklung ist eben nicht nur ein Denk-, sondern vor allem ein Handlungsprinzip in der echten Welt. Die reale Umgebung – mit all ihren unbeantworteten Fragen und Problemstellungen – sollte bei Nachhaltigkeitsthemen zum »Klassenzimmer« werden. So würde man sich wünschen, dass Schulklassen im Rahmen des Unterrichts in ihrer Umwelt aktiv werden und vergleichsweise Wochenmarkt, Supermarkt oder einen Unverpacktladen besuchen, um darin beispielsweise Erfahrungen zu sammeln, wie man plastikfrei und mit unterschiedlichen finanziellen Budgets einkaufen kann. Wie realistisch und praktisch ist der Einkauf an den unterschiedlichen Orten? Wie sozial gerecht ist ein bestimmtes, nachhaltigeres Marktsystem eigentlich wirklich, und wie viel Zeit nimmt es in Anspruch? Wenn Sie als Eltern diese Handlungsperspektiven in Ihren Alltag mit den Kindern einbauen, ist auch schon viel gewonnen. Es geht immer darum: Welche alternativen Handlungsoptionen haben wir, was können wir konkret tun? Auch viele kleine Schritte von vielen Menschen sind zielführend.

SOZIALES: GEERBTE PROBLEME

Sagen wir es einfach mal geradeheraus: Politisch werden momentan viele Themen verschleppt: hohe Staatsschulden, eine problematische Energieversorgung und eine nicht nachhaltige Nahrungsmittelproduktion. Unsere Kinder (und nachfolgende Generationen) werden die Folgen in jeder Hinsicht tragen müssen. Milde formuliert: Wir handeln aktuell gerade nicht so, dass die Wahlmöglichkeiten und Spielräume unserer Kinder zukünftig größer werden. Ganz im Gegenteil! Aller Voraussicht nach werden sie die Hypothek der Kosten gegenwärtiger Entscheidungen und Handlungen erben, da diese in die Zukunft verlagert werden. Egal, ob es die Folgen ökologischer Schäden oder die Konsequenzen aus volkswirtschaftlicher Verschuldung betreffen – all das wird zeitversetzt erst in der Zukunft in vollem Ausmaß sichtbar werden.

Eins ist klar: Je ungünstiger die gesellschaftliche Entwicklung sich gestaltet, desto weniger Menschen werden ihr volles Potenzial ausschöpfen können. Diese Chancenungleichheit ist nicht nur ein Problem, das sich in ärmeren Ländern beobachten lässt, sondern auch in westlichen Industrienationen. Das Problematische dabei ist, dass das Verursacherprinzip nicht greift. Es müssen nicht hauptsächlich diejenigen mit dem Resultat ihrer Entscheidungen leben und klarkommen, die sie getroffen haben, sondern die Generation(en) danach, die daran nicht aktiv mitgewirkt haben. Das

generationelle Versprechen, gegenseitig gut füreinander zu sorgen, wird dadurch brüchig. Wie sollen unsere Kinder die Schulden zahlen, die daraus entstehen, dass wir heute über unsere Verhältnisse leben, und auch die noch nicht realisierten Kosten in Form von beispielsweise Renten und Pensionen stemmen?

Westliche Gesellschaften leben aber nicht nur über ihre eigenen Verhältnisse, sondern auch konsequent über die anderer. Daraus lässt sich schließen, dass wir hier und überall auf der Welt mit größeren sozialen Schwierigkeiten rechnen müssen, was wiederum vermehrt Flucht und Migration zur Folge haben könnte.

Was hat das aber nun alles mit unseren Schulen zu tun? Viele Heranwachsende machen sich große Sorgen um die Entwicklung der Welt. Die junge Generation begehrt auf – mal auf friedlichere, mal auf recht aggressive Weise. Momentan ist dieser Protest eher auf die ökologische Ausbeutung unseres Planeten gerichtet. Was passiert aber, wenn eine jüngere Generation realisiert, dass sie enorm verschuldete Volkswirtschaften mit geringem Wohnraum, zu wenig vernünftig bezahlten Arbeitsangeboten sowie zahlreichen Ruheständlern erben wird? Diese fiskalische Ungerechtigkeit könnte sich als soziale Zeitbombe entpuppen und ist momentan noch nicht im Mainstream angekommen. Vermutlich stehen wir daher erst am Anfang einer Bewegung, die unterschiedlich radikale Ausrichtungen haben könnte. Die Haltung einer heranwachsenden Generation wird mit Sicherheit Auswirkungen auf den gesamten Bereich der Bildung haben – sowohl Schulen als auch Universitäten werden es mit einem anderen Schlag junger Menschen zu tun haben, als dies heute der Fall ist.

Fassen wir also zusammen: Die soziale Ungleichheit wächst, Ausbildung und Arbeitsmarkt spielen einander nicht zu, weiterhin gibt es zu viel Gewalt und ökologische Ausbeutung weltweit. Als wäre das nicht deprimierend genug, schreitet der digitale Wandel rasch voran. Wir sind Zeitzeugen einer Transformation, die längst in Gang gesetzt ist und einschneidende Veränderungen für die gesamte Menschheit mit sich bringt. Die Welt, wie wir sie kannten, existiert nicht mehr. Damit hat auch das in einer »alten Welt« erschaffene Bildungssystem seine Legitimation verloren.

Wie können wir also die Herausforderung des 21. Jahrhundert mit der Ausgestaltung eines passenderen Bildungssystems verbinden? Schulen müssen mehr leisten, als Heranwachsende fit für einen zukünftigen Arbeitsmarkt zu machen. Selbstverständlich sollen sie Themen unserer Zeit vermitteln und soziale und gemeinschaftliche Entwicklung fördern. Bei all diesen komplexen Herausforderungen geht es aber auch darum, kindgerechter werden – dem Wesen und den Bedürfnissen unserer Kinder also ein ganzes Stück näher zu kommen, als dies momentan der Fall ist. Kinder müssen aus ihrer evolutionären Natur heraus *natürlich lernen* dürfen!

Eltern und Schule – für gemeinsame Werte und eine gute Erziehungspartnerschaft

Es geht nur gemeinsam. Egal, ob wir uns fragen, wie Schule den Herausforderungen des 21. Jahrhunderts begegnen kann, oder ob wir uns einen schulischen Lebensraum wünschen, der kinder- und lebensnäher ist. Wir müssen kreativ werden und Neues entwickeln – wenn wir nicht den Status quo akzeptieren wollen. Sie fragen sich an dieser Stelle vielleicht: »Was können wir als Eltern denn überhaupt aktiv tun?« Wir können diese Unsicherheit nachvollziehen, da wir Schule bisher auch eher als geschlossene Veranstaltung wahrnehmen, bei der Eltern nur zu ausgewählten Events eingeladen werden und sich sonst »draußen vor der Tür« befinden.

Wir fordern daher, Schulen strukturell mehr nach außen zu öffnen! Denn unser am Ende dieses Kapitels vorgestelltes Beispiel der Generationenwerkstatt zeigt, dass Kinder, Eltern, Lehrer und auch Gemeinden davon profitieren, wenn sich Externe in die Schulen einbringen. Die Vermittlung von Wissen und Kulturtechniken, das Einüben von Kompetenzen ist nicht das einzige Ziel von Schule. Eine weitere Aufgabe stellt die »kulturelle

Reproduktion der Gesellschaft« dar, so der emeritierte Professor für pädagogische Psychologie, Helmut Fend.[83] Die Funktion von Schule ist, Gesellschaft abzubilden und die Kinder auf ein Leben in der Gesellschaft vorzubereiten. Auch im »Kleinen«, in den Gemeinden, Städten und Dörfern, ist Schule der Ort, an dem wir *voneinander* lernen, um *miteinander* zu wachsen. Stark individualisierte Gesellschaften wie unsere brauchen neue Beziehungskulturen, denn auch unser Begriff von Familie und die damit einhergehenden sozialen Erfahrungsräume haben sich geändert. Entsprechend ist Gemeinschaft mehr als jemals zuvor in der Pflicht, der Raum zu sein, in dem sich jeder zugehörig, geborgen und sicher fühlt und sich seiner Potenziale gemäß entfalten kann.[84]

WIE STEHEN WIR ZUR SCHULE?

Richten wir den Blick zunächst nach innen, auf unser eigenes Denken, Sprechen und Handeln. Machen wir dazu gemeinsam einen kleinen Selbstversuch:

Denken Sie an ein positives schulisches Miteinander. Eine Vision von Schule, in der sich Kinder, Lehrer und Eltern wohlfühlen. Ein echtes Vorzeigemodell des Gelingens. Schließen Sie gleich die Augen und lassen Sie vor Ihrem geistigen Auge kurze Momentaufnahmen wie Blitzlichter entstehen: Schulszenen, Highlights, vielleicht aber auch den Alltag …

Was haben Sie gesehen? Wo sind die Kinder, was tun sie? Wie sehen sie aus? Und die Lehrer? Tauchen Sie als Eltern auf? Wenn ja, wo und was tun Sie?

Schreiben Sie Ihre Lieblingsszene an die Buchseite (oder zeichnen Sie eine Bild).

Wenn Sie sich auf dieses kleine Gedankenexperiment einlassen konnten, dann würden wir gerne noch eine Stufe weiter gehen. Wir könnten so tun, als wären die Bilder und Gefühle, die gerade in Ihnen entstanden sind, zur Realität geworden. Es ist geschehen – die Schullandschaft hat einen radikalen Wandel vollzogen. Sie blicken auf diese Transformation *wie auf eine längere Reise zurück und sehen ganz klar und deutlich die Wegkreuzungen, Wendepunkte und Entscheidungen, die zu der Veränderung geführt haben. Im Rückblick erscheint vieles so klar, so einfach – warum ist man nicht schon früher darauf gekommen?*

Beenden Sie diese Sätze möglichst spontan und ergänzen Sie gerne noch eigene Ideen:

- *Wir haben begonnen …*
- *Wir haben es geschafft …*
- *Wir können rückblickend nicht glauben, warum …*
- *Wir sind stolz, dass …*

An welchem Satz sind Sie hängen geblieben, über welche Veränderung haben Sie am intensivsten nachgedacht? Erscheinen manche Veränderungen greifbarer, realistischer, und andere in weiterer Ferne? Sicherlich fallen Ihre Einschätzungen sehr unterschiedlich aus.

Wie wir mit der Wirklichkeit umgehen, beruht auf vielen Faktoren: auf unserer (eingeschränkten) sinnlichen Wahrnehmung, auf Gewohnheiten und nicht zuletzt auf unseren Gefühlen. Frei zitiert nach Ludwig Wittgenstein, einem der bedeutendsten Philosophen des 20. Jahrhunderts: »Dass es mir *so scheint*, heißt nicht, dass es so *ist*.«[85] Durch unsere Wahrnehmung erzeugen wir Bedeutung. Insofern ist jede Veränderung auch eine Selbstveränderung.

Zunächst dürfen wir uns als Eltern eines klarmachen: Schule findet statt, ob wir sie mögen oder nicht, ob wir uns einbringen oder nicht. Die Veränderung im Denken verändert auch das »Außen«, denn wie wir Schule wahrnehmen, was wir fühlen, wenn wir an Schule denken, wirkt sich auf das ganze System aus. Es lohnt sich also, unsere Alltagswahrnehmung etwas genauer unter die Lupe zu nehmen, denn es ist nicht immer so, wie es auf den ersten Blick scheint.

Manchmal hat man als Eltern den Eindruck, dass die Schule eine Blackbox ist. Man gibt sein Kind morgens dort hinein, dann passiert irgendwas in diesem unbekannten Universum und nachmittags werden die Kinder dann wieder herausgespuckt. Es verwundert nicht, dass Eltern beklagen, dass sie unter diesen Umständen wenig bis keinen Zugang zur Schule finden. Auf der anderen Seite erleben Lehrer den Kontakt zu den Eltern oftmals eher als zusätzliche Belastung. Die Begegnung mit den Eltern beschränkt sich vielerorts auf Elternabende und formelle Gespräche. Dies sind naturgemäß eher herausfordernde Anlässe. Wesentlich seltener haben Eltern und Lehrer informelle Begegnungen abseits von Pflichtveranstaltungen. Bei Festen, Ausflügen oder Sportevents merkt man, dass alle etwas lockerer werden. Auch hier gilt: Je besser die persönliche Beziehung zwischen Lehrkraft und Eltern, desto größer ist die Vertrauensbasis.

Sich als Eltern für ein gelingendes Miteinander an Schulen einzubringen, bedeutet vor allem, zunächst genauer darüber nachzudenken, wie wir selbst zum Thema Schule stehen und wie die Kommunikation über die Schule und mit den entsprechenden Beteiligten im Allgemeinen so abläuft. Das bedeutet auch, an unseren eigenen Haltungen und der eigenen Kommunikation zu arbeiten. Wollen wir als Eltern etwas dafür tun, dass Schule für alle Beteiligten zu einem noch besseren Ort wird, können wir uns dafür stark machen. Wir können einen echten Beitrag zur Transformation der Beziehungskultur an Schulen leisten. Denn schon so etwas Einfaches wie ein freundliches Gespräch kann das soziale Miteinander an Schulen aktiv und nachhaltig fördern.

Anregungen für ein gutes Miteinander

Für Eltern

- Echtes Interesse ist ein wichtiger Teil der Wertschätzung. Was steht in welchem Fach in den nächsten Wochen an? Vielleicht können Sie etwas beitragen für eine bestimmte Unterrichtseinheit, ein bestimmtes Projekt?
- Machen Sie sich bewusst, dass hinter der Arbeit, die Sie an Schulen sehen können, ein ungleich höherer Arbeitsaufwand durch die Lehrkraft steht. Diese Arbeit ist meist unsichtbar, aber Bedingung für gelingenden Unterricht und ein gelingendes Miteinander.
- Auch Lehrkräfte dürfen gelobt werden. Denn viele geben sich große Mühe, einen spannenden und motivierenden Unterricht zu organisieren und haben ebenso den Wunsch, für ein gutes Miteinander einzustehen. Das darf und sollte man anerkennen.
- Lassen Sie die Lehrkraft wissen, was derzeit zu Hause gut läuft, was gar nicht funktioniert und wie Sie sich damit fühlen (überfordert, vielleicht auch wütend). Wir sollten dabei vermeiden, die Schuld bei unserem Gegenüber zu suchen. Das Gespräch mit Lehrern und Schule ist vielmehr eine Möglichkeit, Menschen mit anderen Kompetenzen und Perspektiven auf unser Kind mit an Bord zu holen.
- Wir dürfen uns davon verabschieden, als strafender Elternteil aufzutreten, der höchstens mal am Elternabend die Schule besucht und auch dann eher, um die Lehrer mal ins Verhör zu nehmen. Unseren Kindern schulden wir, dass wir uns aktiv für eine gute Lehrer-Eltern-Beziehung einsetzen.

- Welche Mitgestaltungsmöglichkeiten ergeben sich aus der Organisation der Schule? Feste, Veranstaltungen, regelmäßige Aufführungen oder Ausflüge? Erstellen Sie einen Jahreskalender und bitten Sie die Eltern um Mitgestaltung und Begleitung.
- Stehen Projekte & Aktionen an (z. B. Müllsammelaktion, Kinderflohmarkt organisieren), bei denen Eltern sich einbringen können? Schreiben Sie die Eltern regelmäßig durch einen Rundbrief an. Informieren Sie über anstehende Projekte und Aktionen und werben aktiv um Mithilfe.
- Lassen Sie die Eltern an den Lernerfolgen ihrer Kinder teilhaben. Open Classroom am Freitag zur 6. Stunde: In lockerer Atmosphäre dürfen alle interessierten Eltern kommen, in die Hefte schauen, Materialien können gemeinsam aufgeräumt werden. Von den Kindern Erarbeitetes wird ausgestellt (Werkstücke, Plakate, Gedichte, Bilder, Basteleien usw.)
- Elternvertreter und Lehrer organisieren mindestens einen gemeinsamen Ausflug pro Schuljahr für alle.

FÜR GUTE GESPRÄCHSKULTUREN AN SCHULEN

Werfen wir einen Blick auf die Art und Weise, wie wir miteinander kommunizieren. Denn im Gespräch bauen wir Beziehungen auf, errichten Brücken zueinander oder reißen sie ein. Ausgangspunkt für das gelingende Lehrer-Eltern-Gespräch sollte immer das Vertrauen sein, dass meinem Gegenüber genauso wie mir am Wohl des Kindes gelegen ist. Wenn wir uns also bewusst machen, dass wir bei den wesentlichen Fragen des Schulalltags das Gleiche im Blick haben, schafft das eine gute Grundlage für ein gelingendes Gespräch. Wenn wir uns dann mit unserem Gegenüber ehrlich in

Beziehung setzen und auf Grundlage von gegenseitiger Anerkennung den anderen in seinen Bedürfnissen sehen, können wir auch Gespräche über sensible Themen führen. Geben wir also unser Bestes, wertschätzende Gespräche zu führen, die nicht die *Empfindlichkeiten* der Erwachsenen zum Thema machen, sondern die *Befindlichkeiten* des Kindes.

Was können Eltern tun? Manchmal bräuchte es neben etwas mehr Gelassenheit auch etwas mehr Vertrauensvorschuss. Gemäß einer viel zitierten Lehreraussage: »Wenn Sie versprechen, nicht alle Geschichten zu glauben, die Ihnen Ihr Kind aus der Schule erzählt, verspreche ich, nicht alles zu glauben, was es von zu Hause erzählt«, hilft es manchmal einfach durchzuatmen, eine Nacht über den Vorfall zu schlafen, bevor wir kurzentschlossen eine Mail schreiben oder die Eltern-Messenger-Gruppe mobilisieren. Wir können Distanz zu den eigenen Emotionen schaffen, Abstand von der Unmittelbarkeit eines Gefühls nehmen, bevor wir einen Gesprächsversuch unternehmen. Tür-und-Angel-Gespräche sind daher oft schwierig, da vieles ungesagt bleibt oder nicht so gesagt werden konnte, wie wir uns das wünschen würden.

Was brauchen Lehrkräfte? Gut ausgebildete kommunikative Kompetenzen, um mit Eltern und Schülern aus allen Bereichen der Gesellschaft angemessen umgehen zu können. Denn oft werden sonst die eigenen Botschaften im Gespräch entweder nicht erfolgreich übermittelt oder die kommunikativen Angebote des Gegenübers werden nicht so verstanden, wie sie eigentlich gemeint waren. Das Thema Gesprächsführung spielt bisher aber eine eher untergeordnete Rolle in der Lehrerausbildung. Der ausgezeichnete Film *Das Lehrerzimmer* vom Regisseur Ilker Çatak zeigt eindrücklich, wie aus kommunikativen Schieflagen und Missverständnissen schnell unüberwindbare Hürden entstehen können und wie die Dynamik der agierenden Personen sich zu einer Spirale von verbaler Gewalt und Mobbing für die Protagonistin entwickelt.[86]

Wir müssen uns also genauer anschauen, wie wir miteinander ins Gespräch gehen, vor allem auch dann, wenn es ungemütlich wird. Was wir dabei brauchen, ist eine wohlwollende und authentische Art und Weise, wie wir unsere Gespräche gestalten. Und dieser Bedarf an einer veränderten Gesprächskultur ist alles andere als eine Randnotiz: Lehrkräfte geben Elterngespräche als Hauptstressor ihres Alltags an. Einer US-amerikanischen Studie gemäß bezeichnen etwa 45 Prozent der Lehrkräfte, die ihren Beruf verlassen, den belastenden Umgang mit Eltern als Hauptgrund dafür an.[87]

Eltern wiederum fühlen sich mit den Fragen oder Problemen, die sie beschäftigen, manchmal nicht ernst genommen und nicht gesehen. Besonders dann, wenn ein gut gemeinter, aber eher rationaler Ratschlag einer Lehrkraft aus Sicht der Eltern der emotionalen Dichte des Problems nicht gerecht wird. Wichtig wäre der Blick dahinter. Was bereitet der Familie Sorgen, worin besteht die Not?

So bleibt man auf beiden Seiten oft distanziert-höflich und denkt sich schließlich seinen Teil. Auf Englisch bezeichnet man dies als *tiptoeing*. Sowohl Schule als auch Eltern schleichen vorsichtig auf Zehenspitzen umher – freundlich, angemessen, professionell. Es gilt dabei, ja nicht zu laut zu sein und gut darauf zu achten, niemandem auf die Füße zu treten. Kommunikation, die nicht offen und echt geführt wird, ist unbefriedigend und löst meist nicht das Problem. Entsprechend ploppt das gleiche ungelöste Thema einfach später wieder in der einen oder anderen Form im Schulalltag auf.

Waren Lehrkräfte früher hauptsächlich mit der Rolle der Unterrichtsvermittlung beschäftigt, haben sie heute vielleicht eine viel stärkere Berater- und Begleitfunktion. Wo aber liegen die Grenzen dieser Erziehungspartnerschaft zwischen Eltern und Lehrkräften? Wo endet die Verantwortung, an welchem Punkt wird es zu viel oder sogar schon übergriffig? Das sind schwierige Fragen, deren Beantwortung oft situationsabhängig ist. Sie als Eltern können mit Gesprächsbereitschaft viel beitragen, dass gute Lösungen gefunden werden.

KÖNNEN WIR UNSERE SCHULE VERÄNDERN?

Wenn es doch, wie wir im Laufe des Buches gesehen haben, eindeutige Schnittmengen in den Vorstellungen und Wünschen von allen an Schule Beteiligten gibt, warum ist es dann so schwer, diese »perfekte Schule« zum Leben zu erwecken? Man könnte doch so eine Art Traumschul-Prototypen entwickeln, den man dann nur reproduzieren braucht und mit der richtigen Zielgruppenanalyse und dem entsprechenden Marketing als »Produkt« auf den Markt bringt.

Vielleicht haben Sie nun einen privaten Bildungsanbieter oder eine Akademie vor Ihrem geistigen Auge. Sicherlich gibt es dies auch schon in der realen Welt und nicht umsonst sprießen die Privatschulen wie Pilze aus dem Boden. Aber es gehört mehr zu einer »Traumschule« als die die neuesten Designs, moderne Ausstattungen und der ideale Standort. Neben diesen materiellen Faktoren gibt es auch etwas Immaterielles, das nicht gleich greifbar ist und auch Zeit braucht, um sich zu entwickeln. Die Rede ist von einer Art Spirit, der das Zusammenleben, die Kommunikation und die Haltung der Beteiligten an eben dieser Schule prägt. Dieser Spirit, oder anders ausgedrückt diese Geisteshaltung, variiert von Schule zu Schule und ist nichts Statisches.

Dass diese Haltung auch veränderbar ist, kann Fluch und Segen sein. Fluch, weil man sich im Schulbusiness nie ausruhen, die Früchte seines Schaffens genießen und es einfach mal so laufen lassen kann. Segen, weil die augenblickliche Stimmung noch so mies und trüb sein kann, sie muss nicht von Dauer sein, wenn der Wille zur Veränderung vorhanden ist. Wie kommt man diesem Spirit auf die Spur? Wie fasst man das in Worte, was verschiedene Personengruppen auch noch unterschiedlich

empfinden können? Eltern und Kinder haben andere Wahrnehmungen als die Lehrerschaft und erst recht als die Schulleitung.

In den letzten Jahren bemühen sich auch öffentliche Schulen darum, mehr Bewusstheit in das allgemeine Handeln und Wirken zu bringen. Schulische Leitbilder wurden entwickelt und auf Webseiten dokumentiert, Teambuilding- und Fortbildungsangebote fanden statt und in den flankierenden Schulentwicklungsprozessen wurden Steuergruppen erschaffen, um gemeinsam mit dem Kollegium ein schulisches Konzept zu entwickeln. Daraus allein ergibt sich aber noch keine kollektive Geisteshaltung, die mit Werten unterfüttert ist und vor allem gemeinsam gelebt und getragen wird. Also keine Sache, die sich eben mal schnell beschließen lässt.

Wenn sich eine Gruppe von Menschen auf bestimmte Entwicklungsziele hin einigen soll, kommen immer auch persönliche Einstellungen und ethische Werte zum Vorschein, die bewusst oder unbewusst darunterliegen. Es kann also durchaus zu Aha-Momenten kommen, wenn wir uns gewahr werden, dass (schulisches) Handeln nicht mit unseren inneren Werten übereinstimmt. Je deutlicher wiederum eine Schule ihre grundsätzlichen Werte und Prinzipien formulieren kann, desto mehr Menschen mit ähnlichen Vorstellungen werden sich auch von dieser besonderen Schule angezogen fühlen. Das gilt für Lehrer, Eltern und natürlich Kinder, die diese Schule besuchen.

Für was steht die Schule, die Ihr Kind besucht oder besuchen wird? Haben Schulleitung und Lehrerschaft eine gemeinsame Vorstellung davon, wohin die pädagogische Reise in ihrem Arbeitsalltag geht? Wenn die unterschiedlichen Personen an der jeweiligen Schule darauf ähnliche Antworten finden, dann hat das Einfluss auf den gesamten Spirit an dieser Schule. Es ist schwierig zu erklären, aber deutlich spürbar. Wie können Sie nun Einfluss nehmen? Ist Veränderung überhaupt möglich?

Eine disruptive Riesenwelle gab es vor Kurzem erst: Mit den bundesweiten Schulschließungen im Rahmen der Corona-Maßnahmen wurde von heute auf morgen alles einmal auf den Kopf gestellt. Gelernt wurde zu Hause, korrigiert in der Schule, dann hin und her, teils analog, teils digital. Das war für alle, Kinder, Eltern und Lehrer absolut unbekanntes Terrain. Unbestritten war diese Zeit sehr nervenaufreibend, da alles komplett außerhalb der gewohnten Routine und Komfortzone lief – und definitiv wollen die wenigsten noch mal dorthin zurück. Was hier verdeutlicht werden soll, ist lediglich das Momentum des plötzlichen Wandels, eine Umkehr von einer Routine, die sonst als völlig unmöglich erklärt worden wäre. Es geht also! Schulische Strukturen kann man von heute auf morgen verändern. Nehmen wir einfach zur Kenntnis, dass diese Phase uns im Umgang mit digitalen Kommunikationsplattformen alle ein gutes Stück weitergebracht hat.

Es ist möglich, Schulen zu verändern. Auch die Schule in Ihrer Gemeinde ist nichts Statisches, sie ist ein gestaltbarer Ort. Es gibt leider keinen Prototyp, keine Muster-Schule von der Stange. Schulen müssen ihren Weg und ihr individuelles Konzept finden, weg vom schulischen Einheitsbrei hin zu mehr Vielfalt und unterschiedlichen Schulprofilen. Es gibt unterschiedliche Stellschrauben, um sich als Schule anders aufzustellen und durch ein *besonderes pädagogisches Profil* zu überzeugen.

Eltern sollten, insbesondere im Primarbereich, mehr Optionen haben und nicht nur *die* eine Grundschule, der sie durch ihren Wohnort automatisch zugeteilt werden. Denn nicht jede Schule, die zufällig im entsprechenden Schulbezirk liegt, passt automatisch auch zu dem eigenen Kind. Auch wenn wir Grundschulen weitestgehend standardisieren, sodass wir überall das gleiche Beschulungskonzept erwarten können, sind viele Eltern damit unzufrieden. Ebenso ist nicht jedes besondere Profil auch für jedes Kind geeignet.

Zu viel Zeit verbringen wir im Allgemeinen damit, uns über unerfüllte Wünsche und Vorstellungen zu beklagen oder auf »die da oben« zu schimpfen und gleichermaßen passiv abzuwarten, bis sich etwas ändert. »Machen ist wie wollen, nur krasser!«, lautet ein Spruch, den ich irgendwo einmal gelesen habe und der jetzt an meiner Schultür hängt. Die Gesellschaft sind wir – jeder Einzelne von uns. Und hier kommen Sie ins Spiel, liebe Eltern. Wer sonst könnte diese Veränderung anstoßen?

Schauen Sie sich die Schule vor Ort an, die Ihr Kind besucht oder demnächst besuchen wird, welches Potenzial und Chancen erkennen Sie?

- Wie ist die Umgebung der Schule? Gibt es natürliche oder kulturelle Orte, die man schulisch nutzen könnte?
- Welche lokalen Angebote im Umkreis der Schule gibt es, die man ansprechen und gegebenenfalls einbinden könnte?
- Welche Fähigkeiten und Kompetenzen haben Sie selbst, die Sie in die Schule einbringen könnten?
- Wäre vielleicht die im Anschluss vorgestellte Idee der Generationenwerkstatt etwas, was Sie an Ihrer Schule anregen und umsetzen könnten?

IMPULS AUS DER DRAUSSENSCHULE – DIE GENERATIONEN-WERKSTATT

Viele Eltern wünschen sich, stärker in die soziale Gemeinschaft Schule eingebunden zu sein. An der Draußenschule haben sie die Möglichkeit, das auf regelmäßiger Basis aktiv zu tun. Nicht nur durch Kuchenverkauf, als Organisator eines Basars oder als Elternvertreter, sondern direkt im Schulalltag der Kinder. Dafür gibt es an der Schule das Format der Generationenwerkstatt, das uns Eltern dazu einlädt, mit unseren eigenen Ideen und Fähigkeiten Teil der Schulkultur zu werden. Ich selbst habe vor einigen Jahren eine Ausbildung zum Wildnispädagogen gemacht, mein Tandempartner ist outdoor-begeisterter Geograf. Einmal die Woche am Nachmittag bieten wir gemeinsam die Generationenwerkstatt *Into the Wild* an. Wir gehen dafür in Kleingruppen von acht bis zehn Kindern in den nahegelegenen Waldpark und machen typische Wald- und Wildnisaktivitäten – vom Schnitzen über

Karten lesen, im Gelände orientieren und Feuer machen bis hin zum Schutz-
hütten bauen, Spuren lesen oder Federn bestimmen.

Das Konzept

An zwei Wochentagen bieten Eltern, Externe, Vereine und engagierte
Ehrenamtliche unterschiedliche Generationenwerkstätten von 90 Minuten
an, die parallel in Nachmittagsblocks des verbindlichen Ganztages stattfinden. Mittwochs gibt es etwa die Angebote *Entdeckerlabor, Schulgarten, Fußball* und *Improvisationstheater*, donnerstags *Into the Wild, Kunstwerkstatt,
Schach* und *Neue Ideen entwickeln*. Zum Schuljahresstart schauen sich die
Kinder das bunte Angebot in einem rollierenden System zunächst an. Dann
entscheidet sich jedes Kind verbindlich für zwei Generationenwerkstätten.
Im Schulhalbjahr wird neu gewählt, sodass jedes Kind insgesamt vier unterschiedliche Angebote pro Schuljahr besucht.

Zwei Erwachsene leiten die jeweilige Werkstatt. Manche Aktivitäten finden ganzjährig draußen statt, andere wechseln zwischen den Klassenräumen
und dem umliegenden Schulgelände. Der äußere Organisationsrahmen der
zwei Nachmittage ist nicht ganz unerheblich. Für eineinhalb Stunden sind
plötzlich 16 schulexterne Erwachsene vor Ort, die ihr Werkstattangebot in
und um die Schule herum veranstalten. Es braucht verschiedene Listen: Wer
ist mit welchen Kindern wo? Ebenso sind interne Schulungen, zum Beispiel
zu rechtlichen Fragen wie Aufsichtspflicht oder auch zu Themen wie Erste
Hilfe notwendig.

Was haben die Erwachsenen davon?

Die positiven Lerneffekte für Kinder und Erwachsene sind vielschich-
tig und unserer Erfahrung nach absolut lohnenswert. Beginnen wir – vielleicht etwas unerwartet – mit den Erwachsenen. Im ersten Durchgang waren
wir, zwei Väter der Generationenwerkstatt *Into the Wild*, mit voller Kraft in
die Planung gegangen. Wir hatten jahreszeitengerecht einen inhaltlichen

Plan für sechs Monate Wildnisangebote, also Spiele, Aktionen und Themen, vorbereitet. Tja, kein Plan überlebt den Kontakt mit der Wirklichkeit, wie es so schön heißt. Denn so richtig hatten wir wohl nicht mit den Kindern gerechnet. Die hatten nämlich ganz andere Pläne! Sie waren voller Ideen, Tatendrang, Energie und Wildheit, brauchten vor allem Spiel und Freiheit. Wir lernten, uns viel stärker an diesen großartigen, kindlichen Vorlieben zum Spiel zu orientieren, ließen die Kinder auch inhaltlich die Regie übernehmen und begleiteten sie eher durch Impulse und Angebote. Manchmal ganz frei, manchmal angeleitet, fingen die Kinder an, ein *Into-the-Wild-Lager* zu bauen, an dem seitdem stetig weitergearbeitet wurde. Wir entwickelten gemeinsame Rituale. Schon bald bauten die Kinder Brücken und Festungswälle, rannten als Pferde, Elfenkönige und Trolle durch den Wald.

Hat uns als Eltern die wöchentliche Mitarbeit in der Generationenwerkstatt beeinflusst? Definitiv. Zum einen waren wir viel näher an den Mitschülern unserer Kinder dran, wir lernten ihre Persönlichkeiten, ihre Talente und auch Eigenheiten viel besser kennen, als das normalerweise der Fall ist. Das gab uns das Gefühl, viel stärker mit den Kindern und ihrem Leben in der Schule verbunden und in die Schulgemeinschaft als solche integriert zu sein.

Was haben die Kinder davon?

Unsere Kinder finden es toll, dass Mama, Papa, Oma und Opa an die Schule kommen, ihr Wissen und ihre Kompetenzen mit allen teilen. So viel Expertise und Know-how an einem Ort versammelt – das ist einmalig. Wir können inspirieren durch Menschen, die vom Fach sind und für bestimmte Themen brennen. Das spüren auch die Kinder. Plötzlich entdecken sie ihre Leidenschaft fürs Gärtnern, ihr schauspielerisches Talent oder genießen einfach das gemeinsame soziale Spiel. Die verschiedenen Personen, die mit ihrem Wissen an die Schule kommen, vermitteln die Thematik auf ihre Weise – das hat mit Pädagogik meist nichts zu tun. Kinder lernen dadurch auch auf informelle und unverschulte Art. Denn zugegebenermaßen stecken wir Lehrerinnen und Lehrer aufgrund unseres Studiums und unserer Alltagserfahrung manchmal ein wenig in einer *Bubble* – so wie das jedes Berufsfeld eben mit sich bringt. Wenn wir bei unseren Mentorengesprächen fragen, was die Kinder in ihrem Schulalltag als besonders positiv empfinden, ist »Die Generationenwerkstatt« eine der häufigsten Antworten.

Was hat die Gesellschaft davon?

Es ist eine Alltagsbeobachtung, dass wir Jahre später oftmals die erwachsenen Kinder in den gleichen Vereinen, Ehrenämtern und Initiativen wiederfinden, die sie über ihre Eltern oder Großeltern kennengelernt haben und die ihnen vorgelebt wurden. Wir können Schule durchaus als Übungsfeld für späteres Engagement und eine aktive Teilhabe an unserer Gesellschaft verstehen. Auch dem viel beklagten Mangel in den Handwerksberufen könnten wir entgegenwirken, indem man das Handwerk in die Schulen bringt. Es braucht eben genau diese Experten, die ihr Können zeigen und die Kinder dafür begeistern. Die Generationenwerkstatt wäre vor allem auch für die weiterführenden Schulen geeignet, um Jugendlichen möglichst vielfältig die unterschiedlichen Möglichkeiten in handwerklichen Berufen näherzubringen.

Was können Eltern an der Schule ihres Kindes tun?

Entsprechend sinnvoll ist es, sich als Schule nicht hermetisch nach außen zu verschließen, sondern mit offenen Armen sinnvolle Bildungsangebote zu integrieren und Schulen lokal stärker einzubinden. Vielleicht gibt es in Ihrer Gemeinde oder Ihrem Stadtteil Vereine, Initiativen oder engagierte Personen, die Lust haben, für eine kurze Zeitspanne ihr Können und Wissen weiterzugeben? Dafür gibt es ganz unterschiedliche Möglichkeiten. Zunächst kann Schule öffnen bedeuten, lokale, außerschulische Lernumgebungen einzubeziehen. Gibt es einen Wald, ein Feld, eine Wiese oder einen Fluss in der

Umgebung? Oder Orte des historisch-kulturellen Erlebens, wie etwa Museen, Burgen, Ruinen, Brücken oder Stadtmauern? Lassen sich diese Umgebungen in Schule und Unterricht integrieren? Gibt es Experten, Zeitzeugen oder ehrenamtliche Personen aus der Stadtgesellschaft, die man für Lernen außerhalb des Klassenzimmers einmalig hinzuziehen könnte? Durch die Vernetzung mit lokalen Partnern kann man mit der Zeit eine Art Bildungsnetzwerk aufbauen, das viele Synergieeffekte hat. Ihr Engagement hilft dem lokalen Umfeld, etablierte Vereine wieder zu verjüngen und gewachsene Strukturen fortzuführen.

Ebenso brauchen Kinder Chancen, um Gestaltungsmöglichkeiten in unserer Gesellschaft zu nutzen. Die Schulen können durch ihre Öffnung genau solch einen Aktionsrahmen schaffen und ihnen Mut zu ziviler Verantwortungsübernahme machen. Das naheliegendste Betätigungsfeld stellt die eigene Gemeinde, der eigene Stadtteil dar. Es fördert das Gemeinschaftsgefühl, wenn wir mit unserem unmittelbaren Lebensumfeld verbunden sind. Das schafft Identität und wirkt dem Auseinanderdriften der Generationen entgegen. Wenn es also unser erklärtes Ziel ist, sozialen Fortschritt und eine nachhaltige und friedliche Lebensweise zu fördern, müssen wir diese Erfahrungs- und Gestaltungsräume in die Schulen bringen. Diese Verantwortung können wir nicht ausschließlich an bezahlte Kräfte auslagern. Die Generationenwerkstatt an Schulen ist ein Modell, wie wir intergenerationelles Lernen praktizieren können und Menschen unterschiedlichen Alters miteinander in Kontakt kommen.

Eltern und Kinder erzählen: Ideen und Visionen von gelingender Schule

Kommen wir noch mal zurück zu unserem kleinen Gedankenexperiment, dem Selbstversuch, sich ein gutes schulisches Miteinander vorzustellen. Alltagsszenen, Ideen, eigene Vorstellungen, Bilder, die auftauchen und bei jedem ganz individuell sind. Wir haben das natürlich auch selbst getan. Zudem haben unterschiedliche Menschen aus unserem Umfeld mitgemacht. Hier ein paar Schilderungen:

Eva (32 Jahre): Wenn ich die Augen schließe, dann sehe ich einen naturnahen, liebevoll gestalteten, bunten Ort, an dem sich Kinder und Erwachsene wohlfühlen. Ich stelle mir Kinder unterschiedlicher Altersstufen vor, die sich selbstsicher und vertieft mit einem Sachverhalt beschäftigen. Dabei sind sie nicht im Klassenraum, sondern dort, wo sie vor Ort die realen Gegebenheiten auskundschaften können. Es ist egal, ob dabei die Hände oder Kleider schmutzig werden. Sie erzählen und diskutieren angeregt mit den anderen über ihre sinnlichen Eindrücke und Erkenntnisse und entschlüsseln so Stück für Stück Zusammenhänge. Während dieser Momente hält sich die Lehrkraft zurück und liefert den Kindern neue Impulse und Ansätze. Sie respektiert und schätzt die Ansichten der Kinder und bringt auch ihre persönlichen Gedanken mit ein. Die Eltern teilen dieselbe Philosophie des Lernens und führen ähnliche Wege des Erkenntnisgewinns zu Hause fort.

Lisa (34 Jahre): Beim Betreten des Schulbereichs fällt mir eine Gruppe von Kindern auf, die draußen unter Bäumen sitzen und zahlreiche Werkzeuge und Naturmaterialien um sich gesammelt haben. Sie arbeiten geschäftig an einem kleinen Bauwerk. Gerade scheinen sie zu berechnen, welche Länge die Stöcke haben müssen, die sie zum Fertigstellen noch benötigen. Sie bemerken mich gar nicht, so vertieft sind sie in ihr Projekt. Ich gehe ins Schulgebäude und in einer offenen Sitzgruppe unterhalten sich einige Schüler miteinander. Es erweckt den Eindruck, als ob zwei kleinere Kinder sich gestritten hätten. Ein älteres Kind vermittelt kompetent zwischen ihnen und unterstützt beim sozialen Miteinander. Ich gehe weiter durch die geöffnete Tür des nächsten Raumes, in dem ich gerade Applaus gehört habe. Die Kinder in diesem Bereich der Schule haben wohl gerade einen Stromkreis erfolgreich zum Leuchten gebracht. Überall liegen offene Bücher, ein Computer sowie ein Tablet scheinen auch zum Gelingen des Experiments beigetragen zu haben. Dabei stelle ich fest, dass nicht nur die Lampe leuchtet, sondern vor allem die Augen der Kinder und die der Lehrperson, die mir gerade erst auffällt, da sie sich dezent im Hintergrund gehalten hat.

Linda (45 Jahre): Auf der Waldbühne stehen Kinder im Kreis. Es erklingt Musik und ein Kind macht eine Bewegung vor. Alle anderen Kinder machen sie nach. Als ein Kind sich nicht traut, helfen ihm andere ermunternd weiter. Im Bücherclub erzählt eine Schülerin von einem Buch, das sie gelesen hat. Während sie davon berichtet, stellt sie Figuren oder Gegenstände auf, die sie passend zu der Geschichte gebastelt hat. Alle anderen Kinder sind begeistert und hören aufmerksam zu.

Martin (66 Jahre): Ich sitze auf der Bank vor dem Schulgebäude, Kinder rennen vorbei. Ich träume 30 Jahre voraus, wie geht es den Kindern dann, was ist aus ihnen geworden? Vielleicht kommt ein Kind als Lehrkraft wieder zurück, wer weiß? Ich stelle mir auch vor, dass digitale Unterrichtsvorbereitung einfacher, individueller und schneller wird. Aber auch Kreativität und handwerkliche Fähigkeiten sind wichtig. Eine gelingende Schule bildet den Wissenskreislauf vollständig ab. Dieser Kreislauf funktioniert auch deswegen so gut, weil sich alle Beteiligten in einem Team um die Weiterentwicklung kümmern – das Zeitalter der Einzelkämpfer ist lange vorbei und mit der alten Schule obsolet geworden.

Bettina (63 Jahre): Ich sehe Kinder verschiedener Altersstufen zusammenstehen. Lehrer, die wissen, wer ihre Schüler sind. Sie kennen sich gut. Ich sehe einen Unterricht, an dem Schüler auch aktiv beteiligt sind in Form von Interessen, die in den Unterricht integriert werden. Ansprechende Klassenräume. Die Kinder lernen frei zu reden und zu diskutieren. Aufklärung über und Handhabung von Medien, und eine gesunde Ernährung. Ach, mir fällt so viel ein! Miteinander ist für mich ein wichtiges Schlagwort. In meiner »Lieblingsszene« sehe ich tatsächlich vor allem ausgeglichene Kinder, die nicht total gestresst sind.

Theo (9 Jahre): Wir laufen mit der ganzen Schule ins Freibad zum Schwimmtraining. Wir haben verschiedene Übungen gemacht und ich habe mich getraut »Köpfer« zu machen. Dann haben wir dort noch Volleyball gespielt. Danach sind wir sehr hungrig zur Schule zurückgelaufen und es gab Spaghetti zum Mittagessen. Das war mein perfekter Schultag.

Manaia (8 Jahre): Die Kinder sind ganz arg nett, sodass niemand alleine ist und alle zusammen spielen können. Die Lehrer haben Verständnis für einen, auch wenn man traurig ist. Und wir sind ganz viel draußen. Wenn man mal nach Hause möchte, weil man keinen guten Tag hat, rufen die Lehrer bei den Eltern an, und das ist kein Problem. Man muss sich auch nicht zu Hause hinsetzen und Hausaufgaben machen. Man wird nie bestraft, wenn man irgendetwas gemacht hat, was man nicht sollte. Es wird einfach darüber gesprochen. Es wäre schön, wenn sich Lehrer und Kinder an die Regeln halten und keiner geschlagen oder geschubst oder ausgelacht wird, wenn er einen Fehler macht.

Sabine (41 Jahre): Kinder starten entspannt in den Tag und kommen in einem vorgegebenen Zeitraum zur Schule. Jeder darf in seinem Tempo ankommen. Gearbeitet wird individuell mit wählbaren Schwerpunkten. Lehrer sind eher Coach und Begleiter. Prüfungen und Tests werden dann geschrieben, wenn sich der Einzelne gut vorbereitet fühlt und nicht alle gleichzeitig zu einem vorgegebenen Termin. Das Wichtigste: Kinder freuen sich auf die Schule und möchten gerne und freiwillig dorthin! Das erinnert schon etwas an den Wunsch an eine gute Fee aus einem Märchen. Im Prinzip fühlt sich ein gutes Schulsystem für mich wohlig warm an. Aufgehoben, stressfrei, gesehen werden in seiner Individualität. Ohne Druck!

Alex (35 Jahre): Der perfekte Alltag. Mein Kind freut sich auf die Schule, weil es weiß, dass dort eine gute Atmosphäre in der Klasse herrscht. Die Klassengemeinschaft ist geprägt von Hilfsbereitschaft und klaren und erprobten Vorgehensweisen zur Konfliktbewältigung. Es gibt Raum, um Probleme anzusprechen. Es wird angemessen gefordert. Mein Kind freut sich darauf, etwas zu lernen von einer Lehrkraft, die eine klare Linie vertritt, mit Freude und Spaß arbeitet und die Kinder motiviert. Gleichzeitig aber auch mein einzelnes Kind fördern kann, so wie es mein Kind braucht. Ich als Elternteil bin einbezogen in die Methoden, und ich weiß, was mein Kind gerade lernt, wo Schwierigkeiten beim Lernen und im Umgang miteinander sind. Die Erziehung zu Hause und in der Schule gehen Hand in Hand und verfolgen sich gut ergänzende Ziele.

Caro (47 Jahre): Ich sehe diesen Sommertag vor Augen, der kurz vor der Eröffnung der Draußenschule stattgefunden hat. Wir haben gemeinsam mit Eltern, Kindern und Lehrern das Grundstück, welches wir am Waldtag mit den Kindern aufsuchen, »sicherheitstauglich« gemacht. Das war eine Menge Arbeit, aber wir hatten diese gemeinsame Mission! Alle waren am Werkeln und Tun und den ganzen Tag irgendwo auf diesem großen Grundstück verteilt. Gemeinsam haben wir diesen Tag am Feuer ausklingen lassen – das hat sich nach Gemeinschaft angefühlt.

Matthias (37 Jahre): Wenn ich die Augen schließe, sehe ich Kinder, denen erlaubt wird, selbstwirksam, staunend und spielerisch – ganz im Flow – Natur- und Kulturerlebnisse zu sammeln und dabei alle wesentlichen Kompetenzen zu erlernen, die zukunftsfähige Gesellschaften ausmachen. Ich sehe Kinder, die sich gesehen und gehört fühlen, selbstbewusst und unbelastet von den Erwartungshaltungen anderer sind und in der Schule auch dann aufgefangen werden, wenn es zu Hause gerade nicht so läuft. Und ich sehe Lehrkräfte, die sich dabei unterstützt und anerkannt fühlen, ihre Schüler und Schülerinnen liebevoll als Persönlichkeiten zu begleiten. Ich sehe Schule als einen Ort, an dem die Gesellschaft von heute zusammenkommt und willkommen ist teilzuhaben, um dabei zu sein, wenn die Gesellschaft von morgen entsteht.

Nachwort

Liebe Eltern,

wir freuen uns, wenn wir Sie ermutigen konnten, Visionen und auch konkrete Ideen für eine zukunftsfähige, natürliche, kinder- und lebensnahe Schule zu entwickeln. Sie können einen wesentlichen Beitrag dazu leisten, indem Sie sich dafür stark machen: zu Hause, in den Städten und Gemeinden – direkt vor Ort an den Schulen.

Jede Gesellschaft hat ihre Schule, und Schule spiegelt diese Gesellschaft. Wir sollten uns für eine Schule einsetzen, die sich diesen Spiegel vorhält und dann entscheidet, nicht weiterhin die immer gleichen Wege zu gehen. Denn Schule kann auch anders! Und wir alle sind viel näher dran, als es uns vielleicht manchmal erscheint.

Lasst uns die Schulen nach außen öffnen! Nicht nur räumlich und inhaltlich – sondern auch für Personen, die üblicherweise nicht täglich das Schulhaus von innen sehen. Es geht um Experten, Vereine, Zeitzeugen, Koryphäen, Sachverständige und natürlich um Sie als Eltern.

Denn in vielerlei Hinsicht können Sie sich aktiv einbringen und mitgestalten. Durch Unterstützung vor Ort, aber auch durch die positive Gestaltung einer gemeinsamen Partnerschaft von Elternhaus und Schule. Sie sind die Spezialisten für Ihr Kind, und es ist wirklich für alle Beteiligten eine Win-win-Situation, wenn Eltern sich mit der Schule ihres Kindes identifizieren können und die Verantwortung für eine gelingende Schulzeit von allen gemeinsam getragen wird.

Lasst uns daher wieder näher zusammenrücken, denn wir haben das gleiche Anliegen: Uns sind die Kinder wichtig und wir *wollen* das Lernen in den Schulen verändern! Und selbstverständlich freuen wir uns sehr darüber, wenn viele Menschen in pädagogischen Berufsfeldern durch dieses Buch inspiriert  werden. Ein großer, systemischer Wandel fängt im Kleinen an, und jeder ist dazu in der Lage, einen Beitrag zu leisten. Wir haben in unserer Schullandschaft eine Menge zu tun – aber weder stehen Sie noch unsere vielen, begeisterten Lehrkräfte allein damit da.

Carolin Rückert
Matthias Kerr

Anhang

MATERIALLISTE FÜR DEN DRAUSSENUNTERRICHT

Kinder

- Feste Schuhe (Gummistiefel für längere Laufstrecken eher ungeeignet, ebenso komplizierte Schnürschuhe)
- Wetterangepasste Kleidung (»Zwiebelprinzip«), die auch schmutzig werden darf
- Frühstück und Trinkflasche – beides sollte das Kind selbst öffnen können
- Geeigneter Rucksack, anstelle eines Schulranzens mit Outdoorfunktion (d. h. mit Regenschutz). Das Kind sollte den Rucksack selbst gut tragen können!

Inhalt Rucksack:
- Stabile Trinkflasche
- Stabile Brotdose
- Kleines Handtuch, Taschentücher, Feuchttücher, ein paar eigene Pflaster
- Plastiktüte zum Einpacken nasser Sachen
- Wechselsocken, Wechselunterwäsche
- Kleines Sitzpolster für nassen Untergrund (z. B. zerschnittene Isomatte)

Begleitperson(en)

Immer-Dabei-Grundausrüstung:
- Akustisches Signal (gut hörbar: Pfeife, Flöte)
- Erste-Hilfe-Notfalltasche
- Mobiltelefon und Notfall-Telefonliste (Eltern müssen mindestens unter einer Nummer immer erreichbar sein)
- Handtuch, Müllsäcke, Klopapier/Taschentücher
- Kleine Plane (Tarp), Schnüre, Blumendraht, Outdoormesser, Feuerzeug
- Seil für »Versammlungskreis« (Größe: alle Kinder sollten daran festhalten können)
- Kleines Notizbuch + Bleistift (Fragen und Ideen der Kinder notieren)

Zusätzliches pädagogisches Material:
- Becherlupen
- Augenbinden/Tücher
- Einfarbiges Tuch für Kreismitte zum Auslegen von Gegenständen (z. B. altes Bettlaken)
- Beutel zum Sammeln

Unterrichtsmaterial:
- So viel wie nötig, so wenig wie möglich
- Bleistifte und Papier (ggf. Klemmbretter)
- Laminierte Kärtchen zum Unterrichtsgegenstand. Achtung: fliegen bei Wind umher
- 1–2 Spielideen mit wenig Aufwand (immer in Reserve)

STARTTIPPS FÜR DEN DRAUSSENUNTERRICHT

Sie möchten sich auf den Weg machen, Draußenunterricht auszuprobieren? Prima! Wir haben hier ein paar Umsetzungstipps für Einsteiger zusammengestellt:

Erste planerische Schritte vorab:

Gleichgesinnte suchen:

- Suchen Sie sich mindestens eine weitere gleichgesinnte Person in Ihrem Kollegium. Vielleicht können Sie auch mehrere Personen für das Vorhaben »Draußenunterricht« begeistern.

Organisationsplan ausarbeiten:

- Welche Klasse(n) an welchem Tag in welchem Zeitfenster?
- Suchen Sie einen oder unterschiedliche Orte in Laufnähe zur Schule (Wald, Wiese, Park usw.).
- Zwei Begleitpersonen (andere Lehrer u./o. Elternteil) müssen die Gruppe begleiten.
- Ist eine organisatorische und zeitliche Verstetigung möglich? Lässt sich der Draußenunterricht jede Woche oder jede zweite Woche zu denselben Bedingungen kontinuierlich durchführen?

Mit der Schulleitung ins Gespräch gehen:

- Präsentieren Sie der Schulleitung Ihren Organisationsplan. Kommunizieren Sie es als einen »Testlauf«, den Sie planen, durchführen und verantworten.
- Starten Sie mit einer inhaltlichen Einheit als Unterricht außerhalb des Klassenzimmers. Hier eignen sich z. B. jahreszeitliche Themen aus dem Bereich Sachunterricht oder fächerverbindende Themen. Bauen Sie eine kleine Mathematik- und/oder Deutschsequenz mit ein. Auch musisch-künstlerische Themen sind als kurze Sequenzen am Draußenunterrichtstag denkbar.
- Wenn Sie »grünes Licht« seitens der Schulleitung haben, holen Sie die Eltern ins Boot.
- Fragen Sie, ob der »Draußenunterrichtstag« bei der nächsten Gesamtlehrerkonferenz präsentiert werden darf.

Eltern informieren:

- Auch die Eltern gilt es frühzeitig (per Elternrundschreiben) zu informieren und ggf. auch ins Boot zu holen.
- Vielleicht möchte ein Elternteil Sie begleiten? Es ist gut, immer ein bis zwei freiwillige Begleiteltern in petto zu haben, falls die andere Lehrperson am Draußentag krank wird.
- Machen Sie eine kleine Ausrüstungsliste, was die Kinder an dem Tag brauchen (siehe Materialliste) und übermitteln Sie diese den Eltern. Gegebenenfalls müssen Sie kurz vor dem ersten Draußenunterrichtstag noch mal eine kurze »Erinnerungs-Mail« an die Eltern schreiben, sonst kommen einige Kinder am Draußenunterrichtstag nur mit ihrem Schulranzen sowie ungeeigneten Schuhen.
- Dokumentieren Sie den Draußenunterrichtstag durch Bilder oder kurze Videosequenzen. Mit Einverständniserklärung der Eltern können Sie die Bilder und Kurzfilme intern am Elternabend oder bei der nächsten Gesamtlehrerkonferenz zeigen. Sie können auch vorab eine Liste machen, welche Kinder nicht fotografiert/gefilmt werden dürfen.

Planung des ersten Draußenunterrichts

Organisation:
- Planen Sie den ersten Draußentag gründlich, aber inhaltlich nicht überladen.
- Gehen Sie vielleicht zuvor die Laufstrecke zum Zielort einmal ab. Wie lange brauchen Sie? Kalkulieren Sie mindestens 15 Minuten ein, bis alle sich gerichtet haben (unbedingt Kinder vor dem Loslaufen noch mal auf die Toilette schicken). Bedenken Sie: Der Rückweg dauert immer etwas länger als der Hinweg.
- Planen Sie immer eine weitere Begleitperson mit ein.
- Checken Sie vorab das Wetter und besprechen mit den Kindern, was sie möglichst an dem Tag anziehen sollten. Organisieren Sie einen Satz »Ausleihkleidung«.

Regeln & Rituale:
- Überlegen Sie sich im Vorfeld die Regeln, die für Ihre Klasse und für den Lernort wichtig sind.
- Auch der Weg lässt sich nutzen: Bauen Sie »Verkehrsregeln« ein, wenn Sie mehrere Straßen überqueren müssen. Sie können auch Lieder singen oder den Kindern vorab Beobachtungsaufträge für den Weg geben.
- Planen Sie eine Vesperpause von 15 bis 20 Minuten ein. Es sollte keine Spielpause sein – diese können Sie nach dem Draußenunterricht in Aussicht stellen. Geht die Essenspause gleich ins Spielen über, ist es mitunter etwas schwieriger, die Kinder wieder für ihre Planung zu motivieren.
- Legen Sie am Zielort einen Versammlungsort fest – hier hat sich der Seilkreis bewährt. Definieren Sie, bis wohin die Kinder sich frei bewegen dürfen (Sicht- und Hörweite), und nehmen Sie ein gut hörbares akustisches Signal mit (Pfeife, Trommel, Klapper). Legen Sie immer fest, auf wel-

ches Zeichen die Kinder wieder zum Versammlungsort kommen müssen. Das Ganze können Sie mit den Kindern auch einmal durchspielen. Nehmen Sie sich Zeit, die Draußenregeln durchzusprechen und Rituale zu etablieren.

Equipment:
- Schleppen Sie nicht die Schule ins Draußen. Alles, was Sie für den Unterricht brauchen, muss neben der *Immer-Dabei-Grundausrüstung* (siehe Materialliste) in einen Rucksack passen, den Sie tragen.
- Nehmen Sie eine Erste-Hilfe-Tasche, Ihr Handy und eine Liste mit den (Notfall-) Telefonnummern der Eltern mit. Dies ist nicht nur Standard für den Draußenunterrichtstag, es gilt auch für alle Ausflüge, die Sie sonst so mit der Klasse machen.

Inhalte & Methoden:
- Machen Sie sich eine Skizze, wie der Draußenunterricht ablaufen soll. Wie soll das Thema am Lernort vermittelt werden?
- Bedenken Sie, dass beim ersten Draußenunterrichtstag auch Regeln und Abläufe thematisiert werden müssen. Halten Sie es inhaltlich lieber überschaubar und überlegen sich noch ein bis zwei passende gemeinsame Spiele.
- Was können die Kinder am Lernort exemplarisch herausfinden/bearbeiten? Aktive, handelnde Phasen für die Kinder einplanen, z. B. in Partnerarbeit oder Kleingruppe.
- Gibt es geeignete Spiele, die zum Unterrichtsgegenstand passen? Inspiration hier: http://waldmeister.hausdeswaldes.de/show/start
- Planen Sie minimalistisch: Bringen Sie nicht das Klassenzimmermaterial nach draußen, sondern nutzen Sie die Naturmaterialien der Umgebung.
- Falls möglich, kann die Gruppe auch geteilt werden. Sie bereiten eine thematische Einheit vor, Ihre Begleitperson eine andere Einheit. Nach einer bestimmten Zeit wird getauscht.

- Planen Sie unterschiedliche Sozialformen und Aktivitätsphasen. Zum Beispiel: Versammlungskreis, Kleingruppen/Partnerarbeit, Versammlungskreis.

Nachbereitung:

- Schreiben Sie Ihre ersten Draußenunterrichtserfahrungen nieder. Sammeln Sie in einer Tabelle: Was hat schon gut geklappt? Was ist noch ausbaufähig?
- Stellen Sie eine kleine Präsentation für die Eltern bzw. ihre Kollegen zusammen. Werben Sie für Ihr Anliegen.
- Bleiben Sie ambitioniert. Besuchen Sie (gemeinsam) eine Fortbildung, holen Sie sich Inspiration und Anregung.
- Versuchen Sie, für Ihre Ausrüstung finanzielle Mittel zu akquirieren. Fragen Sie beim Förderverein der Schule nach. Auch örtliche Sparkassen und Volksbanken sind eine gute Adresse, um nachzufragen.

Verstetigung:

Um den Draußenunterricht längerfristig an Ihrer Schule zu etablieren, braucht es Kontinuität:

- Der Draußenunterricht muss in den Stundenplan fest eingeplant werden. Zum Beispiel: jeden Montag, 2.–5. Stunde.
- Eine (besser zwei) Lehrkräfte müssen eine Gruppe begleiten. Falls dies nicht möglich ist, muss eine externe Begleitperson organisiert werden. Z. B. Eltern, Freiwillige, Berufsfreiwilligendienst.

LITERATUR

Atucha, Erika et al. (2017): Noradrenergic Activation of the Basolateral Amygdala Maintains Hippocampus-Dependent Accuracy of Remote Memory. In: *Proceedings of the National Academy of Sciences* 114(34).

Au, Jakob (2016): Einführung und Überblick. In: Ders. / Gade, Uta (Hg.): *Raus aus dem Klassenzimmer. Outdoor Education als Unterrichtskonzept.* Weinheim, Basel: Beltz Verlag, S. 14–40, hier S. 16.

Baird, Benjamin et al. (2012): Inspired by Distraction. Mind Wandering Facilitates
Creative Incubation. In: *Psychological Science* 23 (10), S. 1117–1122.

Barfod, Karen et al. (2016): Increased Provision of Udeskole in Danish Schools: An Updated National Population Survey. In: *Urban Forestry Greening* 20, S. 277–281.

Barth, Kathrin et al. (2017): *Deutsch mit dem ganzen Körper. 60 Bewegungsspiele für alle Bereiche des Deutschunterrichts.* Verlag an der Ruhr.

Becker, Christoph (2017): Effects of Regular Classes in Outdoor Education Settings: A Systematic Review on Students Learning, Social and Health Dimensions. In: *International Journal of Environmental Research and Public* Health 14(5), S. 485.

Becker-Stoll, Fabienne (2018): Entwicklungspsychologische Grundlagen padagogischer Interaktionsqualitat, https://paedagogische-beziehungen. eu/wp-content/uploads/2019/01/BeckerStoll2018_Interaktionsqualität. pdf (zuletzt: 12.09.2023).

Becker-Stoll, Fabienne (2009): Sichere Bindung an die Erzieherin – Voraussetzung für gelingende Bildung. In: *Für die Jüngsten das Beste –*

Gute Qualität in Krippe und Kindertagesbetreuung 6, https://liga-kind.
de/fk-609-becker-stoll/ (zuletzt: 12.09.2023).

Biddulph, Steve (2002): *Jungen! Wie sie glücklich heranwachsen.*
München: Heyne Verlag.

Bierbrauer, Anne et al. (2021): The Memory Trace of a Stressful Episode.
In: *Current Biology* 31(23).

Bisson, Christian (1996): *The Outdoor Education Umbrella:
A Metaphoric Model to Conceptualize Outdoor Experiential Learning
Methods.*

Bundesministerium für Gesundheit (2018): *BLIKK Medien Studie Abschlussbericht BLIKK Medien: Kinder und Jugendliche im Umgang mit
elektronischen Medie*n, https://www.bundesgesundheitsministerium.de/
service/publikationen/details/blikk-medien-kinder-und-jugendliche-
im-umgang-mit-elektronischen-medien-kurzbericht.html

Cahill, L. et al. (1994): Beta-adrenergic Activation and Memory for
Emotional Events. In: *Nature* 371(6499), S. 702–704.

Cornell, Joseph Bharat (2006): *Mit Cornell die Natur erleben. Naturerfah-
rungsspiele für Kinder und Jugendliche. Der Sammelband.* Mülheim:
Verlag an der Ruhr.

Csíkszentmihályi, Mihály (2000): *Das Flow-Erlebnis. Jenseits von Angst
und Langeweile im Tun aufgehen* (Originaltitel: *Beyond Boredom and
Anxiety. The Experience of Play in Work and Games*, 1975). Stuttgart:
Klett-Cotta, 8. Auflage.

Deci, Edward L./Ryan, Richard M. (1995): Human Autonomy: The Basis
for True Self-Esteem, in: Kernis, M. H. (Hg.): *Efficacy, Agency, and
Self-Esteem.* New York: Plenum Press, S. 31–49.

Diamond, Adele et al. (2007): Preschool Program Improves Cognitive
Control. In: *Science* 318 (2007), 1387 f.

Dittmer, Arne / Gebhard, Ulrich (2021): Zur Unverfügbarkeit von
Bildungs- und Erfahrungsprozessen am Beispiel Natur. In: Ders. et.

al (Hg.) (2021): *Naturerfahrung und Bildung*. Wiesbaden: Springer VS,
S. 1–17.

Dueck, G. (2011): *Professionelle Intelligenz – Worauf es morgen
ankommt*. Köln: Eichborn, 1. Auflage.

Dweck, Carol (2017): *Selbstbild. Wie unser Denken Erfolge oder
Niederlagen bewirkt*. München: Piper Taschenbuch Verlag.

Einsiedler, W. (1994): *Das Spiel der Kinder*. Bad Heilbrunn:
Klinkhardt.

Eliot, Lise (2010): Wie verschieden sind sie? Die Gehirnentwicklung
bei Mädchen und Jungen. Berlin: Berlin Verlag.

Fadel, Charles et al. (2017): *Die vier Dimensionen der Bildung. Was
Schülerinnen und Schüler im 21. Jahrhundert lernen müssen*. Hamburg:
Verlag ZLL21 e. V.

Fend, Helmut (1974): *Gesellschaftliche Bedingungen schulischer Sozialisation*.
Weinheim, Basel: Beltz Verlag.

Festinger, Leon (1957*): A Theory of Cognitive Dissonance*, Stanford
University Press.

Fine, Cordelia (2012): *Die Geschlechterlüge. Die Macht der Vorurteile über
Frau und Mann*. Stuttgart: Klett Verlag.

Fliess, Ingo & Çatak, lker (2023): *Das Lehrerzimmer*. Deutschland:
if … Production.

Frey, Gunda (2020): Kindern geben, was sie brauchen: Wie sich Kinder
frei und selbstbewusst entwickeln. München: Kösel-Verlag.

Gardner, Howard (1985): *Abschied vom IQ. Die Rahmen-Theorie der
vielfachen Intelligenzen*. Stuttgart: Klett-Cotta.

Gebhard, Ulrich et. al (Hg.) (2021): *Naturerfahrung und Bildung*.
Wiesbaden: Springer VS.

Goleman, Daniel (1995): *EQ. Emotionale Intelligenz*. München: Dtv
Verlagsgesellschaft.

Graube, G./Mammes, I. (2016): *Gesellschaft im Wandel. Konsequenzen*

für natur- und technikwissenschaftliche Bildung in der Schule.
Bad Heilbrunn: Klinkhardt Verlag.

Grawe, Klaus (2000): *Psychologische Therapie*. Göttingen: Hogrefe
Verlag.

Griebel, Wilfried/Niesel, Renate (2004): *Transitionen. Fähigkeit von
Kindern in Tageseinrichtungen fördern, Veränderungen erfolgreich zu
bewältigen*. Weinheim: Beltz Verlag.

Haenisch, Hans (1991): Schools Change Slower than Churches (Richard
Gross, Stanford University). In: *Pädagogik* 43/5, S. 27–31.

Huber, G. / Köppel, M. (2017): Analyse der Sitzzeiten von Kindern und
Jugendlichen zwischen 4 und 20 Jahren. In: *Deutsche Zeitschrift für
Sportmedizin* 68,4 (2017), S. 101–106.

Hüther, Gerald (2013): *Kommunale Intelligenz. Potenzialentfaltung in
Städten und*
Gemeinden. Rastede: Edition werkstatt Körber.

Johnson, S. et al. (2005): Who Stays in Teaching and Why. A Review
of the Literature on Teacher Retention. Harvard Graduate School of
Education. Washington: AARP, https://assets.aarp.org/www.aarp.org_/
articles/NRTA/Harvard_report.pdf [Zuletzt: 21.09.2023].

Laewen, H. J. et al. (2003): *Die ersten Tage – ein Modell zur Eingewöhnung in Krippe und Tagespflege*. Weinheim: Beltz Verlag,
4. Auflage.

Largo, Remo / Beglinger, M. (2009): *Schülerjahre. Wie Kinder besser
lernen*. München: Piper.

Law, Evelyn et al. (2023): Associations Between Infant Screen Use,
Electroencephalography Markers, and Cognitive Outcomes. In: *JAMA
Pediatr.* 177(3), S. 311–318.

Lutz, Leonie / Osthoff, Annika (2022): *Begleiten statt verbieten. Als Familie
kompetent und sicher in die digitale Welt*. Mit einem Vorwort von
Verena Pausder. München: Kösel-Verlag.

Maak, Angela et al. (2021): *Mathe mit dem ganzen Körper. 50 Bewegungs-spiele zum Üben und Festigen*. Mülheim: Verlag an der Ruhr.

Meinel, Christoph / Krohn, Timm (Hrsg.) (2021): *Design Thinking in der Bildung: Innovation kann man lernen*. Weinheim: Wiley-VCH.

Mikic, Aleksandra / Klein, Annette (2022): Smartphone-Nutzung in Gegenwart von Babys und Kleinkindern. Ein systematisches Review. In: *Prax. Kinderpsychol. Kinderpsychiat.* 71, S. 305–326.

Nabi, Robin / Wolfers, Lara (2022): Does Digital Media Use Harm Children's Emotional Intelligence? A Parental Perspective. In: *Media and Communication* 10(1): Digital Child- and Adulthood: Risks, Opportunities, and Challenges.

Nolte, Björn (2022): *Upgrade. Kollaboratives Lernen. Sehen. Fördern. Bewerten*. Hannover: Klett / Kallmeyer.

Peschel, F. (2002): *Offener Unterricht. Idee, Realität, Perspektive und ein praxiserprobtes Konzept zu Diskussion*. Hohengehren: Schneider Verlag.

Petermann, F. (2013): *Lehrbuch der Klinischen Kinderpsychologie*. Göttingen: Hogrefe.

Poulain, T. et al. (2018): Reciprocal Associations between Electronic Media Use and Behavioral Difficulties in Preschoolers. In: *International Journal of Environmental Research and Public Health* 15, S. 814.

Rackwitz, Rüdiger-Philipp (2006): Schüler brauchen differenzierte Rück-meldungen. Interview mit Hans Brügelmann. In: *Bildung & Wissenschaft*, Juli/August 2006, S. 18 ff.

Reith, Karl-Heinz (2021): 20 Jahre PISA-Schock. Schlusslicht in Sachen Chancengleichheit. In: *Erziehung und Wissenschaft. Allgemeine Deutsche Lehrerzeitung* 73,11 (2021).

Roozendaal, B. et al. (2009): Stress, Memory and the Amygdala. In: *Nature Reviews Neuroscience* 10, S. 423–433.

Schmidt, Nicola (2018): *artgerecht – Das andere Kleindkinderbuch. Gefühle liebevoll begleiten – Entwicklungsschritte verstehen – mit Kindern wachsen. Von 2 bis 6 Jahren.* München: Kösel-Verlag.

Schmidt, Nicola (2019): *Erziehen ohne Schimpfen. Alltagsstrategien für eine artgerechte Erziehung.* München: Gräfe und Unzer.

Sliwka, Anne et al. (2022): *Deeper Learning in der Schule. Pädagogik des digitalen Zeitalters.* Weinheim, Basel: Beltz-Verlag.

Spitzer, M. (2018): Eltern und Smartphones. Auswirkungen auf die Kinder. In: *Nervenheilkunde 37*, S. 469–477.

Spitzer, M. (2017): Exekutive Funktionen – Basis für erfolgreiches Lernen, http://www.znl-fex.de/Fex_Broschuere.pdf abgerufen (zuletzt: 13.09.2023).

St. Ange, Caroline von (2023): *Alles ist schwer, bevor es leicht ist. Wie Lernen gelingt.* Hamburg: Rowohlt Taschenbuch.

Träder, René (2020): *Das Leben so: NEIN! Ich so: DOCH! Wie du besser mit Stress, Krisen und Schicksalsschlägen umgehst.* Berlin: Ullstein Taschenbuch.

Vester, F. (1998): *Denken, Lernen, Vergessen. Was geht in unserem Kopf vor, wie lernt das Gehirn und wann lässt es uns im Stich?* München: dtv.

Weiß, Otmar et al. (2016) (Hg.): *Effizientes Lernen durch Bewegung. 1. Wiener Kongress für Psychomotorik.* Münster, New York Waxmann Verlag 2016.

Werner, Emmy (1977): *The Children of Kauai. A Longitudinal Study from the Prenatal Period to Age Ten.* University of Hawai'i Press.

Winter, Reinhard (2018): *Wie Jungen Schule schaffen. Ein Ratgeber für Eltern.* Weinheim, Basel: Beltz Verlag.

Winter, Reinhard / Hartmann, Christian (2007): Die motorische Entwicklung (Ontogenese) des Menschen (Überblick). In: Meinel, Kurt / Schnabel, Günter (Hg.): *Bewegungslehre-Sportmotorik. Abriss*

einer Theorie der sportlichen Motorik unter pädagogischem Aspekt.
Aachen: Meyer & Meyer. 11. überarb. u. erw. Ausg., S. 243–373.

Wittgenstein, Ludwig (2023): *Über Gewißheit.* Herausgegeben von G. E. M.
Anscombe und G. H. von Wright. Neu durchgesehen mit Rush Rhees.
Frankfurt am Main: Suhrkamp Verlag, 16. Auflage.

Wolfers, L. et al. (2020): Phone Use while Parenting: An Observational
Study to Assess the Association of Maternal Sensitivity and Smartphone
Use in a Playground Setting. In: *Computers in Human Behavior* 102,
S. 31–38.

Wustmann, C. (2004): *Resilienz. Widerstandsfähigkeit von Kindern
in Tageseinrichtungen fördern.* Beiträge zur Bildungsqualität,
hrsg. von W.E. Fthenakis. Weinheim, Basel: Beltz.

Wyl, Agnes von et al. (2021): Smartphones können die frühe Eltern-
Kind-Interaktion stören. In: *Pädiatrie* 03/2021, S. 11–15.

Young, Jon et al. (2014): *Grundlagen der Wildnispädagogik. Mit dem
Coyote-Guide zu einer tieferen Verbindung zur Natur. Buch 1 – Handbuch
für Mentoren.* Extertal: Biber-Verlag.

Young, Jon et al. (2014): *Mit dem Coyote-Guide zu einer tieferen Verbindung
zur Natur. Grundlagen der Wildnispädagogik. Buch 2 – Handbuch der
Aktivitäten.* Extertal: Biber-Verlag.

Zimmer, Renate (2006*): Handbuch der Bewegungserziehung. Grundlagen
für Ausbildung und pädagogische Praxis.* Freiburg i. Br.: Herder,
4. Ausg. d. überarb. u. erweit. Neuausgabe, 16. Gesamtaufl.

Zomorodi, Manoush (2017): *Bored and Brilliant. How Spacing Out
Can Unlock Your Most Productive and Creative Self.* New York:
St. Martins Press.

Anmerkungen

1   Deci, Edward L./Ryan, Richard M. (1995): Human Autonomy: The Basis for True Self-Esteem, in: Kernis, M. H. (Hg.): *Efficacy, Agency, and Self-Esteem*. New York: Plenum Press, S. 31–49.

2   Fabienne Becker-Stoll hat viele sehr wertvolle Beiträge zum Thema Bindungsentwicklung und Entwicklungspsychologie geschrieben. Oben wird sie aus den folgenden Aufsätzen zitiert: Becker-Stoll, Fabienne (2018): Entwicklungspsychologische Grundlagen pädagogischer Interaktionsqualität, https://paedagogische-beziehungen.eu/wp-content/uploads/2019/01/BeckerStoll2018_Interaktionsqualit%C3 %A4t.pdf (zuletzt: 12.09.2023). Und: Sichere Bindung an die Erzieherin – Voraussetzung für gelingende Bildung. In: *Für die Jüngsten das Beste – Gute Qualität in Krippe und Kindertagesbetreuung* 6/2009, https://liga-kind.de/fk-609-becker-stoll/ (zuletzt: 12.09.2023).

3   Zum Thema emotionale Verfügbarkeit und Co-Regulationstechniken können wir Ihnen auch hier wieder unbedingt Nicola Schmidt mit ihrem *Artgerecht-Projekt* ans Herz legen. Insbesondere Schmidt, Nicola (2019): *Erziehen ohne Schimpfen. Alltagsstrategien für eine artgerechte Erziehung*. München: Gräfe und Unzer. Oder auch Schmidt, Nicola (2018): *artgerecht – Das andere Kleindkinderbuch. Gefühle liebevoll*

begleiten – Entwicklungsschritte verstehen – mit Kindern wachsen. Von 2 bis 6 Jahren. München: Kösel-Verlag.

4 Frey, Gunda (2020): Kindern geben, was sie brauchen: Wie sich Kinder frei und selbstbewusst entwickeln. München: Kösel-Verlag.

5 Grawe, Klaus (2000): *Psychologische Therapie.* Göttingen: Hogrefe Verlag.

6 Gerald Hüther ist einer der bekanntesten deutschen Neurobiologen, der sich in zahlreichen wissenschaftlichen und populärwissenschaftlichen Texten mit experimenteller Hirnforschung beschäftigt. Dabei geht es ihm häufig auch um Alltagsthemen wie Schule. Er ist Vorstand und Initiator der Akademie für Potentialentfaltung (https://www.gerald-huether.de/akademie-fuer-potentialentfaltung/ (zuletzt: 12.09.2023).

7 Vester, F. (1998): *Denken, Lernen, Vergessen. Was geht in unserem Kopf vor, wie lernt das Gehirn und wann lässt es uns im Stich?* München: dtv, S. 83 f.

8 Petermann, F. (2013): *Lehrbuch der Klinischen Kinderpsychologie.* Göttingen: Hogrefe, S. 277.

9 Spitzer, M. (2017): Exekutive Funktionen – Basis für erfolgreiches Lernen, http://www.znl-fex.de/Fex_Broschuere.pdf abgerufen (zuletzt: 13.09.2023).

10 Dazu ausführlicher: Gebhard, Ulrich et. al (Hg.) (2021): *Naturerfahrung und Bildung.* Wiesbaden: Springer VS.

11 Siehe dazu auch: Dittmer, Arne / Gebhard, Ulrich (2021): Zur Unverfügbarkeit von Bildungs- und Erfahrungsprozessen am Beispiel Natur. In: Ders. et. al (Hg.) (2021): *Naturerfahrung und Bildung.* Wiesbaden: Springer VS, S. 1–17.

12 Vgl. Einsiedler, W. (1994): *Das Spiel der Kinder.* Bad Heilbrunn: Klinkhardt.

13 Ebd.

14 Deutsches Schulportal (26. November 2021): *Bewegte Schule. Bewegungspausen für die Konzentration*, https://deutsches-schulportal. de/konzepte/bewegteschule-konzentration-durch-springen-rennen-kraefte-messen/ (zuletzt: 21.09.2023).

15 Zu dieser Tatsache gibt es ganz unterschiedliche Quellen, die einerseits direkte Wirkungen von Bewegung auf Lernvorgänge beschreiben, andererseits indirekte (etwa auch mit Bezug auf Hormonausschüttung etc.). Als Beispiele ein paar Links und Bücher dazu: Weiß, Otmar et al. (2016) (Hg.): *Effizientes Lernen durch Bewegung. 1. Wiener Kongress für Psychomotorik.* Münster, New York Waxmann Verlag 2016. Oder: Winter, Reinhard / Hartmann, Christian (2007): Die motorische Entwicklung (Ontogenese) des Menschen (Überblick). In: Meinel, Kurt / Schnabel, Günter (Hg.): *Bewegungslehre-Sportmotorik. Abriss einer Theorie der sportlichen Motorik unter pädagogischem Aspekt.* Aachen: Meyer & Meyer. 11. überarb. u. erw. Ausg., S. 243–373. Außerdem: https://www.tk.de/techniker/magazin/ familie/kinder-und-jugendliche/besser-lernen-mit-bewegung-2009494 (zuletzt: 21.09.2023).

16 Zur Soziomotorik: Zimmer, Renate (2006*): Handbuch der Bewegungs-erziehung. Grundlagen für Ausbildung und pädagogische Praxis.* Freiburg i. Br.: Herder, 4. Ausg. d. überarb. u. erweit. Neuausgabe, 16. Gesamtaufl.

17 Huber, G. / Köppel, M. (2017): Analyse der Sitzzeiten von Kindern und Jugendlichen zwischen 4 und 20 Jahren. In: *Deutsche Zeitschrift für Sportmedizin* 68,4 (2017), S. 101–106.

18 Passend dazu hier als Buchempfehlungen für die Grundschule: Maak, Angela et al. (2021): *Mathe mit dem ganzen Körper. 50 Bewegungsspiele zum Üben und Festigen.* Mülheim: Verlag an der Ruhr. Oder: Barth, Kathrin et al. (2017): *Deutsch mit dem ganzen Körper. 60 Bewegungs-spiele für alle Bereiche des Deutschunterrichts.* Verlag an der Ruhr.

19 Hier noch zwei Bücher, die wir Ihnen ans Herz legen wollen zum Thema Wildnispädagogik. Das erste führt sehr ausführlich in den Hintergrund und die Anwendung der Wildnispädagogik ein: Young, Jon et al. (2014): *Grundlagen der Wildnispädagogik. Mit dem Coyote-Guide zu einer tieferen Verbindung zur Natur. Buch 1 – Handbuch für Mentoren.* Extertal: Biber-Verlag. Das zweite, ergänzende Buch ist vor allem zu empfehlen, wenn Sie praktische Spiele und Übungen für Naturerfahrungen suchen: Young, Jon et al. (2014): *Mit dem Coyote-Guide zu einer tieferen Verbindung zur Natur. Grundlagen der Wildnispädagogik. Buch 2 – Handbuch der Aktivitäten.* Extertal: Biber-Verlag.

20 Dazu mehr beispielsweise in folgendem Sammelband: Au, Jakob von / Gade, Uta (Hrsg.) (2016): *Raus aus dem Klassenzimmer. Outdoor Education als Unterrichtskonzept.* Weinheim, Basel: Beltz Verlag. Oder auch Bisson, Christian (1996): *The Outdoor Education Umbrella: A Metaphoric Model to Conceptualize Outdoor Experiential Learning Methods.*

21 Von dem norwegischen Wissenschaftler Arne N. Jordet stammt die einflussreichste Theorie von Outdoor Education, die wir hier ebenfalls verwendet haben. Zitiert nach Au, Jakob (2016): Einführung und Überblick. In: Ders. / Gade, Uta (Hg.): *Raus aus dem Klassenzimmer. Outdoor Education als Unterrichtskonzept.* Weinheim, Basel: Beltz Verlag, S. 14–40, hier S. 16.

22 Gebhard, Ulrich et. al (Hg.) (2021): *Naturerfahrung und Bildung.* Wiesbaden: Springer VS.

23 Dazu das am 12.10.2021 herausgegebene Ganztagsförderungs-gesetz (GaFöG) zum Rechtsanspruch auf Ganztagsbetreuung: https://www.bmfsfj.de/bmfsfj/service/gesetze/gesetz-rechtsanspruch-ganztagsbetreuung-grundschulen-178966 und der Rechtsanspruch aus dem Bundesgesetzblatt Jahrgang 2021 Teil I Nr. 71, ausgegeben

zu Bonn am 11. Oktober 2021, https://www.bgbl.de/xaver/bgbl/_
start.xav?startbk=Bundesanzeiger_BGBl&jumpTo=bgbl121s4602.
pdf#__bgbl__%2F%2F*%5B%40attr_id%3D%27bgbl121s4602.
pdf%27 %5D__1694598216062

24 Barfod, Karen et al. (2016): Increased Provision of Udeskole in Danish
    Schools: An Updated National Population Survey. In: *Urban Forestry
    Greening* 20, S. 277–281.

25 Die Stiftung für Draußenlernen hat sich zum Ziel gemacht,
    Lernerfahrungen, die draußen stattfinden, regelmäßig in
    den Schulalltag zu integrieren. Siehe dazu die Webseite
    der Stiftung https://www.draussenlernen.net/
    (zuletzt: 13.09.2023).

26 Becker, Christoph (2017): Effects of Regular Classes in Outdoor
    Education Settings: A Systematic Review on Students Learning, Social
    and Health Dimensions. In: *International Journal of Environmental
    Research and Public* Health 14(5), S. 485.

27 Csíkszentmihályi, Mihály (2000): *Das Flow-Erlebnis. Jenseits von
    Angst und Langeweile im Tun aufgehen* (Originaltitel: *Beyond Boredom
    and Anxiety. The Experience of Play in Work and Games*, 1975).
    Stuttgart: Klett-Cotta, 8. Auflage.

28 Die dänische TEACHOUT-Studie fand über mehrere Jahre statt und
    untersuchte die Auswirkungen von *Education outside the Classroom* in
    Bezug auf körperliche Aktivität, Wohlbefinden, soziale Beziehungen,
    Motivation und Lernen.

29 siehe Anmerkung 27.

30 Cornell, Joseph Bharat (2006): *Mit Cornell die Natur erleben.
    Naturerfahrungsspiele für Kinder und Jugendliche. Der Sammelband.*
    Mülheim: Verlag an der Ruhr.

31 Diese Orientierungspläne sind einsehbar über die jeweiligen
    Kultusministerien der Länder. Für Baden-Württemberg etwa:

https://kindergaerten.kultus-bw.de/Orientierungsplan (zuletzt: 12.09.2023).

32 Mit einer Rhythmisierung der Schule sind die verlässlichen Strukturen gemeint, die den Kindern eine Orientierung im Schulalltag bieten. Etwa die Aufteilung der Unterrichtsphasen in Stunden, kleinere und größere Pausen, der Wechsel von Unterrichtsmethoden oder auch die Rituale innerhalb eines Unterrichtsblocks – alles, was zur Gliederung der Schulzeit beiträgt.

33 Bierbrauer, Anne et al. (2021): The Memory Trace of a Stressful Episode. In: *Current Biology* 31(23). Atucha, Erika et al. (2017): Noradrenergic Activation of the Basolateral Amygdala Maintains Hippocampus-Dependent Accuracy of Remote Memory. In: *Proceedings of the National Academy of Sciences* 114(34). Cahill, L. et al. (1994): Beta-adrenergic Activation and Memory for Emotional Events. In: *Nature* 371(6499), S. 702–704. Roozendaal, B. et al. (2009): Stress, Memory and the Amygdala. In: *Nature Reviews Neuroscience* 10, S. 423–433.

34 Z. B. Griebel, Wilfried / Niesel, Renate (2004): *Transitionen. Fähigkeit von Kindern in Tageseinrichtungen fördern, Veränderungen erfolgreich zu bewältigen*. Weinheim: Beltz Verlag.

35 Das Berliner Modell basiert auf John Bowlbys Bindungstheorie und wurde 2003 durch infans, das Institut für angewandte Sozialisationsforschung/Frühe Kindheit e. V., begründet. Laewen, H. J. et al. (2003): *Die ersten Tage – ein Modell zur Eingewöhnung in Krippe und Tagespflege*. Weinheim: Beltz Verlag, 4. Auflage.

36 Zu diesem und auch anderen Themen rund um eine Gewaltfreie Kommunikation wollen wir Ihnen den Instagram-Kanal Herzenssache von Kathy Weber empfehlen. Viele der hier aufgeführten Impulse wurden direkt von ihr inspiriert.

37 Siehe auch Wustmann, C. (2004): *Resilienz. Widerstandsfähigkeit von Kindern in Tageseinrichtungen fördern*. Beiträge zur Bildungsqualität, hrsg. von W.E. Fthenakis. Weinheim, Basel: Beltz.

38 Werner, Emmy (1977): *The Children of Kauai. A Longitudinal Study from the Prenatal Period to Age Ten*. University of Hawai'i Press.

39 Diese personalen Schutzfaktoren sind inspiriert von der Kindheitspädagogin und Resilienztrainerin Leandra Vogt. Vogt bietet Workshops und Einzelcoachings für Familien, Mütter und Fachkräfte an und bildet über ihre eigene Plattform *reifam* Resilienzcoaches aus. Wir beziehen uns hier und auch unten bei den Übungen und Tipps auf einen Gastbeitrag, den sie 2018 auf der Seite der Bestseller-Autorin Jeannine Mik (*Mini and Me*) gepostet hat: https://www.mini-and-me.com/resilienz-bei-kindern-foerdern-vom-immunsystem-der-kinderseelen-und-wie-wir-es-staerken-koennen-teil-1-von-3/ (zuletzt: 12.09.2023).

40 Träder, René (2020): *Das Leben so: NEIN! Ich so: DOCH! Wie du besser mit Stress, Krisen und Schicksalsschlägen umgehst*. Berlin: Ullstein Taschenbuch.

41 Siehe Anm. 39.

42 Remo Largo R. / Beglinger M. (2009): *Schülerjahre. Wie Kinder besser lernen*. München: Piper, S. 19.

43 Ebd., S. 285, Tabelle.

44 Auch hier klare Empfehlung zum Thema *Growth Mindset* und darüber hinaus: Die Beiträge der Influencerin Caroline von St. Ange auf ihrer Webseite und ihrem Instagram-Kanal: *learnlearning. withcaroline*. Dazu auch ihr Buch: St. Ange, Caroline von (2023): *Alles ist schwer, bevor es leicht ist. Wie Lernen gelingt*. Hamburg: Rowohlt Taschenbuch.

45 Struck, Peter (2005): *Das Erziehungsbuch*. Darmstadt: Primus Verlag.

46 Baird et al. (2012): Inspired by Distraction. Mind Wandering Facilitates Creative Incubation. In: *Psychological Science* 23 (10), S. 1117–1122.

47 Eine Buchempfehlung zur Bedeutung der Langweile: Zomorodi, Manoush (2017): *Bored and Brilliant. How Spacing Out Can Unlock Your Most Productive and Creative Self.* New York: St. Martins Press.

48 Vgl. von Abendroth, Isabelle (2019): *5 Gründe, warum Langeweile gut für Kinder ist*, https://isabelle-von-abendroth.de/5-gruende-warum-langeweile-gut-fuer-kinder-ist/ (zuletzt: 06.11.2023).

49 Vgl. Peschel, F. (2002): *Offener Unterricht. Idee, Realität, Perspektive und ein praxiserprobtes Konzept zu Diskussion.* Hohengehren: Schneider Verlag.

50 Dweck, Carol (2017): *Selbstbild. Wie unser Denken Erfolge oder Niederlagen bewirkt.* München: Piper Taschenbuch Verlag.

51 Siehe dazu St. Ange, Caroline von (2023): *Alles ist schwer, bevor es leicht ist. Wie Lernen gelingt.* Hamburg: Rowohlt Taschenbuch. Die Lehrer-Umfrage ist nicht repräsentativ, da sie lediglich unter den Followern der Sinnfluencerin erfolgte. Sie ist allerdings als eine Stichprobe besonders auffallend, da anzunehmen ist, dass Lehrkräfte, die der Bildungsaktivistin auf Social Media folgen, damit bereits Interesse an Impulsen für progressive Lernformate zum Ausdruck bringen.

52 Ebd.

53 Das Deutsche Schulportal (26.11.2019): Lerne ohne Noten (1) – Warum gibt es immer noch Ziffernnoten? Quelle: https://www.youtube.com/watch?v=lnnnWa0Eb38&t=1s (zuletzt: 13.09.2023)

54 Rackwitz, Rüdiger-Philipp (2006): Schüler brauchen differenzierte Rückmeldungen. Interview mit Hans Brügelmann. In: *Bildung & Wissenschaft*, Juli/August 2006, S. 18 ff.

55 Reith, Karl-Heinz (2021): 20 Jahre PISA-Schock. Schlusslicht in Sachen Chancengleichheit. In: *Erziehung und Wissenschaft. Allgemeine Deutsche Lehrerzeitung* 73,11 (2021), S. 24 f.

56 Haenisch, Hans (1991): Schools Change Slower than Churches (Richard Gross, Stanford University). In: *Pädagogik* 43/5, S. 27–31.

57 Dazu passend ein paar Literaturhinweise von uns: Meinel, Christoph / Krohn, Timm (Hrsg.) (2021): *Design Thinking in der Bildung: Innovation kann man lernen.* Weinheim: Wiley-VCH, https://www. superloop.ch/ideen/ideenbox-design-thinking-fuer-kinder-und-jugendliche/ (zuletzt: 14.09.2023); https://kidpillar.com/design-thinking-for-kids/ (zuletzt: 14.09.2023).

58 Vgl. Sliwka, Anne et al. (2022): *Deeper Learning in der Schule. Pädagogik des digitalen Zeitalters.* Weinheim, Basel: Beltz-Verlag, S. 25.

59 Vgl. Fadel, Charles et al. (2017): *Die vier Dimensionen der Bildung. Was Schülerinnen und Schüler im 21. Jahrhundert lernen müssen.* Hamburg: Verlag ZLL21 e. V., S. 1.

60 Ebd. S. 112–121.

61 Gardner, Howard (1985): *Abschied vom IQ. Die Rahmen-Theorie der vielfachen Intelligenzen.* Stuttgart: Klett-Cotta.

62 Goleman, Daniel (1995): *EQ. Emotionale Intelligenz.* München: Dtv Verlagsgesellschaft.

63 Siehe Anmerkung 59, S. 146–164.

64 Ebd.

65 Nolte, Björn (2022): *Upgrade. Kollaboratives Lernen. Sehen. Fördern. Bewerten.* Hannover: Klett / Kallmeyer, S. 12 f.

66 Biddulph, Steve (2002): Jungen! Wie sie glücklich heranwachsen. München: Heyne Verlag.

67 Unter Medizinern und Neurowissenschaftlern ist das eine unbestrittene Tatsache. So beispielsweise der Kinderarzt und Hormonspezialist Oliver Blankenstein hier im Interview: Müller-Lissner, Adelheid (16.05.2020): Unterschiede bei Jungen und Mädchen: Das Märchen

vom frühen Testosteron-Anstieg. In: *Tagesspiegel*, https://www.tagesspiegel.de/berlin/das-marchen-vom-fruhen-testosteron-anstieg-5025529.html (zuletzt: 21.09.2023). Zu diesem Thema und vielen anderen in diesem Kapitel thematisierten Studien zu den Geschlechterunterschieden auch das Buch der Neuropsychologin Cordelia Fine (2012): *Die Geschlechterlüge. Die Macht der Vorurteile über Frau und Mann.* Stuttgart: Klett Verlag.

68 Eliot, Lise (2010): Wie verschieden sind sie? Die Gehirnentwicklung bei Mädchen und Jungen. Berlin: Berlin Verlag.

69 Winter, Reinhard (2018): *Wie Jungen Schule schaffen. Ein Ratgeber für Eltern.* Weinheim, Basel: Beltz Verlag.

70 Diese Studie wird hier zitiert nach ebd., S. 18.

71 Hierzu beispielsweise: Diamond, Adele et al. (2007): Preeschool Program Improves Cognitive Control. In: *Science* 318 (2007), 1387 f.

72 Quellen zum Thema Elterliche Mediennutzung und Auswirkung von intensiver Mediennutzung auf das kindliche Gehirn und Aktivität: Law, Evelyn et al. (2023): Associations Between Infant Screen Use, Electroencephalography Markers, and Cognitive Outcomes. In: *JAMA Pediatr.* 177(3), S. 311–318. Mikic, Aleksandra / Klein, Annette (2022): Smartphone-Nutzung in Gegenwart von Babys und Kleinkindern. Ein systematisches Review. In: *Prax. Kinderpsychol. Kinderpsychiat.* 71, S. 305–326. Wolfers, L. et al. (2020): Phone Use while Parenting: An Observational Study to Assess the Association of Maternal Sensitivity and Smartphone Use in a Playground Setting. In: *Computers in Human Behavior* 102, S. 31–38. Wyl, Agnes von et al. (2021): Smartphones können die frühe Eltern-Kind-Interaktion stören. In: *Pädiatrie* 03/2021, S. 11–15. Nabi, Robin / Wolfers, Lara (2022): Does Digital Media Use Harm Children's Emotional Intelligence? A Parental Perspective. In: *Media and Communication*

10(1): Digital Child- and Adulthood: Risks, Opportunities, and Challenges. Spitzer, M. (2018): Eltern und Smartphones. Auswirkungen auf die Kinder. In: *Nervenheilkunde 37*, S. 469–477. Bundesministerium für Gesundheit (2018): BLIKK Medien Studie Abschlussbericht BLIKK Medien: Kinder und Jugendliche im Umgang mit elektronischen Medien, https://www. bundesgesundheitsministerium.de/service/publikationen/details/blikk-medien-kinder-und-jugendliche-im-umgang-mit-elektronischen-medien-kurzbericht.html. Poulain, T. et al. (2018): Reciprocal Associations between Electronic Media Use and Behavioral Difficulties in Preschoolers. In: *International Journal of Environmental Research and Public Health* 15, S. 814.

73 Lutz, Leonie / Osthoff, Annika (2022): *Begleiten statt verbieten. Als Familie kompetent und sicher in die digitale Welt.* Mit einem Vorwort von Verena Pausder. München: Kösel-Verlag.

74 In *Augmented-Reality*-Systemen (erweiterte Realitäten) werden Dinge, die wir in der realen Welt etwa durch einen Bildschirm, eine Kamera oder Brille betrachten, durch zusätzliche virtuelle Informationen erweitert. Die AR-Software nutzt in der Regel das Kamerabild, das Mikrofon oder andere Sensoren, um dann in Echtzeit digitale Objekte in die reale Umgebung einzubetten. Ein gutes Beispiel ist etwa das Spiel *Pokémon Go*, bei dem man durch das Smartphone Pokémons sehen kann, die in das Kamerabild der in Echtzeit dargestellten Umgebung eingesetzt werden.

75 Die KIM-Studie wird seit 1999 regelmäßig durch den Medien-pädagogischen Forschungsverbund Südwest herausgegeben. Es handelt sich dabei um eine Basisstudie zum Stellenwert der Mediennutzung im Alltag von Kindern von 6 bis 13 Jahren. Als Langzeitprojekt können natürlich gut Trends und Veränderungen abgebildet werden, auch wenn gerade das Thema Digitale Medien von permanentem Wandel

betroffen ist. Es werden jeweils 1 200 Kinder mündlich befragt und ein Erziehungsberechtigter schriftlich. Einsehbar unter: https://www.mpfs. de/studien/ (zuletzt: 13.09.2023)

76 Graube, G. / Mammes, I. (2016): *Gesellschaft im Wandel. Konsequenzen für natur- und technikwissenschaftliche Bildung in der Schule.* Bad Heilbrunn: Klinkhardt Verlag.

77 Der Begriff Literalität, abgeleitet aus dem Lateinischen *littera* (Buchstabe), ist die deutsche Übersetzung zum englischen *Literacy* und wird zunächst mit Lese- und Schreibfähigkeit oder Bildung übersetzt.

78 SchG § 1, Abs. 2 zum Erziehungs- und Bildungsauftrag der Schule, Fassung vom 1. August 1983, hier zitiert in der aktuellen verfügbaren Fassung der Gesamtausgabe vom 14.09.2023.

79 Dueck, G. (2011): *Professionelle Intelligenz – Worauf es morgen ankommt.* Köln: Eichborn, 1. Auflage, S. 15.

80 Festinger, Leon (1957*): A Theory of Cognitive Dissonance*, Stanford University Press.

81 https://theoceancleanup.com/ (Zuletzt: 14.09.2023)

82 https://www.swr.de/swraktuell/baden-wuerttemberg/tuebingen/ luise-aus-pfalzgrafenweiler-bei-jugend-forscht-108.html (zuletzt: 14.09.2023)

83 Fend, Helmut (1974): *Gesellschaftliche Bedingungen schulischer Sozialisation.* Weinheim, Basel: Beltz Verlag.

84 Vergleich dazu auch Hüther, Gerald (2013): *Kommunale Intelligenz. Potenzialentfaltung in Städten und Gemeinden.* Rastede: Edition werkstatt Körber.

85 Wittgenstein, Ludwig (2023): *Über Gewißheit.* Herausgegeben von G. E. M. Anscombe und G. H. von Wright. Neu durchgesehen mit Rush Rhees. Frankfurt am Main: Suhrkamp Verlag, 16. Auflage.

86 Fliess, Ingo & Çatak, lker (2023): *Das Lehrerzimmer.* Deutschland: if … Production.

87 Johnson, S. et al. (2005): Who Stays in Teaching and Why. A Review of the Literature on Teacher Retention. Harvard Graduate School of Education. Washington: AARP. Verfügbar unter https://assets.aarp.org/www.aarp.org_/articles/NRTA/Harvard_report.pdf [Zuletzt: 21.09.2023].

© Hanna Fuchs-Brecht

Die Gründerin und Schulleiterin der Draußenschule Ladenburg Carolin Rückert ist Lehrerin, staatlich zertifizierte Waldpädagogin und engagiert sich in Netzwerken wie »Bildung für nachhaltige Entwicklung« oder »Draußen lernen«. Sie ist Mutter von zwei Kindern.

Matthias Kerr ist Doktorand an der Christian-Albrechts-Universität Kiel, Wildnispädagoge, Artgerecht-Coach und Dozent. Darüber hinaus ist er Vater eines Draußenschulkinds. Gemeinsam setzen sie sich für eine Bildung ein, die nicht nur Wissen vermittelt, sondern inspiriert, ermutigt und vor allem den Kindern gerecht wird.

»Klug recherchiert, humorvoll und erfrischend undogmatisch«

Hebammenforum

  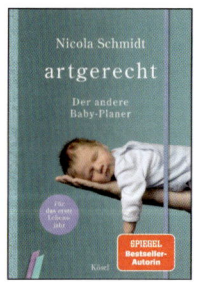

www.koesel.de